Un bouddhiste en colère

Du même auteur,
chez le même éditeur

Mister Bones, 2007
(et « Piccolo » n°58)

Un patron modèle, 2008
(et « Piccolo » n°84)

Seth Greenland

Un bouddhiste en colère

Traduit de l'anglais (États-Unis)
par Jean Esch

Traduit avec le concours
du Centre national du livre

Liana Levi

Titre original : *The Angry Buddhist*

ISBN : 978-2-86746-579-6
www.lianalevi.fr

À la mémoire de mon père

Prologue

Tout le monde sait qu'un certain type d'Américaine célibataire qui boit trop de téquila durant ses vacances au Mexique a toutes les chances de se retrouver tatouée. Et si elle réside dans une charmante ville côtière comme Puerto Vallarta avec une petite amie, elles finiront avec le même tatouage.

Les deux femmes en question formaient un duo séduisant; elles étaient sous l'emprise irrésistible du pays depuis presque une semaine et se jetaient dans les bras l'une de l'autre chaque fois que se refermait la porte de leur chambre, dans cet hôtel situé au sommet d'une falaise à deux pas d'une plage de sable blanc bordée de petites collines boisées. Elles venaient des contrées arides du désert de Mojave, et les brises salées et odorantes qui soufflaient du Pacifique avaient dénoué les liens arachnéens qui enveloppaient leurs inhibitions de *gringas.*

La célibataire, svelte, séduisante, âgée d'une vingtaine d'années, et sa maîtresse mariée, de vingt ans son aînée, mais pas moins séduisante, avaient passé les douces journées du début de décembre à jouer au tennis, à bronzer sous des palmiers, à s'ébattre dans les eaux turquoise, et à arroser les savoureux fruits de mer locaux avec d'innombrables pichets de margarita. Le soir, agréablement ivres, elles rentraient à leur hôtel en flânant, et passaient devant le Tango Tatoo, un commerce louche, coincé entre un fleuriste et une boutique de souvenirs, à l'entrée duquel une pancarte rédigée en anglais annonçait: *Choisissez vos motifs ou les nôtres.* Les artisans du Tango puisaient leur inspiration dans leur cadre de vie et proposaient une large variété de thèmes mythologiques, architecturaux et religieux empruntés à la culture indigène. Sur les murs, des créatures mayas, incas et aztèques jouaient des coudes au milieu des crânes, des serpents et des saints. Des dessins inspirés de la Fête des morts proliféraient à côté de personnages de dessin animé et de fleurs aux couleurs si éclatantes qu'elles semblaient dégager un parfum.

Enivrées par le mélange d'anonymat et d'alcool, les deux femmes se mettaient mutuellement au défi de franchir le seuil de la boutique, et chaque fois elles passaient leur chemin en riant. Mais ce soir-là, c'était leur dernière soirée avant le vol de retour pour Los Angeles, la correspondance pour Palm Springs, puis le trajet en voiture qui les ramènerait vers leurs vies séparées et divergentes. Ces vacances avaient été un petit moment de folie, décidé par la célibataire et accepté par la femme mariée dont l'époux, qui ignorait tout des penchants saphiques de sa femme, estimait qu'elle avait mérité de prendre un peu de repos avec une amie. Les festivités touchaient à leur fin et ce parfum d'irrévocabilité rendait l'occasion plus propice, plus solennelle.

La femme mariée n'était pas heureuse en ménage, et ce séjour mexicain avait été pour elle une bouffée de liberté, atténuée par la conscience de son évanescence. Dès le lendemain, elle retournerait auprès de sa famille. S'enfuir avec une femme, se déclarer lesbienne, procéder à des changements de vie draconiens auxquels la plupart des gens ne songeaient même pas, cela ne faisait pas partie de sa personnalité, voilà tout. Mais la perspective de célébrer cette semaine de liberté et de licence avec juste quelques photos à visionner clandestinement et tristement sur un ordinateur pendant que son mari ronflait, cette perspective lui donnait envie de pleurer.

Un des avantages du célibat, c'est qu'un tatouage réalisé lors d'un séjour au Mexique n'exige aucune explication.

Mais une personne mariée qui part en vacances sans son conjoint ne peut pas s'offrir un tel luxe. À son retour viendra inévitablement le moment du jugement, et la toile humaine peut uniquement espérer que l'œuvre exposée rencontrera l'approbation du spectateur. Alors, félicitez-la d'avoir franchi le seuil du salon de tatouage, où elle commença par hésiter et douter de son impulsion. Ce qui poussa cette épouse et mère de famille à sauter le pas au moment où sa détermination vacillait, ce fut la suggestion de sa maîtresse de choisir des tatouages identiques. Si je m'en fais un, avait demandé la jeune femme, tu t'en feras un aussi ? Si je remonte ma jupe en lin blanc pour laisser cet artiste accomplir sa magie, tu le feras aussi ? Que ce soit à cause de cette semaine de soleil et d'air salé, d'huile bronzante mêlée au Chanel n° 5 ou du souvenir sensoriel de la langue habile de sa maîtresse quand elles étaient couchées nues et enlacées entre les draps en coton d'Égypte, elle ne le saurait jamais, mais quand l'aiguille se mit à ronronner, quand la pointe appuya sur sa peau, juste assez pour percer délicatement la surface, la femme mariée sut que, quoi qu'il arrive, elles seraient liées à tout jamais, pour le meilleur ou pour le pire.

Compte tenu de son état d'ébriété, elle aurait pu tout aussi bien choisir une tête de mort avec un piton qui sortait par les orbites ou la reproduction du corps de sa jeune maîtresse, mais elle opta pour un Hello Kitty. Qui pourrait y trouver à redire, franchement ? Et pas sur son biceps, ni sur le haut de la poitrine, ni dans le creux des reins ou tout autre endroit destiné à exhiber un tatouage, mais plutôt, parce qu'elle incarnait la discrétion même, sur sa fesse gauche, là où personne ne pourrait le voir, à part son mari.

Plus tard ce soir-là, après s'être fait longuement et douloureusement percer et colorier le postérieur, leur étreinte fut un peu plus crispée que d'habitude et elles se réveillèrent avec des douleurs, une horrible gueule de bois et divers degrés de remords. Si la jeune instigatrice de cette farce avait espéré que le tatouage lierait les deux femmes, cette supposition fut très vite remise en cause par la froideur de sa compagne qui, moins d'une demi-heure après son réveil, était levée, douchée et plantée dans le hall de l'hôtel avec ses bagages. Elle ne voulait pas parler de ce qui s'était passé et quand sa cadette essaya de plaisanter à ce sujet, en proposant de revenir l'année suivante pour se faire tatouer l'autre fesse, elle ne sourit même pas.

Le trajet jusqu'à l'aéroport s'effectua en silence et pendant le vol, la femme mariée parcourut compulsivement des quotidiens et des magazines sur une tablette numérique, incapable de fixer son attention plus de quelques minutes, pendant que sa voisine écoutait une sélection de ses goûts personnels sur un iPod.

Dans la salle d'embarquement de l'aéroport de Los Angeles, elles échangèrent quelques paroles gênées, et durant le court vol jusqu'à Palm Springs, la femme mariée fit semblant de dormir. Sur le trottoir devant le terminal, la plus jeune essaya de déposer un petit baiser sur la bouche de son ancienne maîtresse, mais celle-ci, qui ressentait encore les effets de la gueule de bois et la douleur de l'aiguille, tourna la tête, et le baiser se transforma en un vague frottement d'oreilles et de cheveux. Puis chacune prit un taxi pour rentrer, l'une dans une famille qui lui apportait peu de réconfort ; l'autre dans une maison vide.

Lundi 29 octobre

1

Dans le désert, le soleil est un anarchiste. Les molécules dansent comme des folles dans sa lumière aveuglante et impitoyable. L'unité fait place au chaos. Et chaque jour, des gens perdent la raison.

Mais à Palm Springs, en Californie, vous ne pouvez pas vous en rendre compte. Terrain vague il y a encore cent ans, territoire de la tribu indienne des Cahuilla et d'une poignée de colons blancs venus de l'Est s'installer dans cet avant-poste désolé, aujourd'hui oasis pour touristes privilégiés vivant sous des climats plus froids, en quête de soleil, d'air pur, et d'un endroit hors du monde. À bord de voitures climatisées, ils traversent des quartiers huppés, béats devant les maisons modernes et parfaitement restaurées du milieu du siècle dernier, qui s'accrochent à cette terre inhospitalière. Les pelouses verdoyantes sont aussi bien entretenues que des tombes. Les rues aussi calmes que le Paradis.

Vous pourriez penser qu'il ne se passe jamais rien ici.

Vous auriez tort.

En ce lundi après-midi torride de la fin octobre, Jimmy Duke prend place en marge d'un rassemblement politique, sur le parking d'un Save-Mart, à la sortie de la voie express Sonny Bono. De stature moyenne, il porte un large T-shirt noir, un pantalon cargo vert et des baskets. Derrière ses lunettes de soleil, ses yeux injectés de sang observent Harding Marvin, le chef de la police de Desert Hot Springs, raide comme un piquet, sur une estrade qui rend encore plus imposants son mètre quatre-vingt-quinze et sa carcasse de presque cent dix kilos. Son crâne rasé domine un océan d'uniformes bleus. Marvin, que tout le monde appelle Hard, déborde d'énergie lorsqu'il s'avance vers le micro devant plus d'une centaine de personnes. Jimmy l'a écouté parler d'innombrables fois quand il travaillait pour lui.

– Les élections ont lieu dans une semaine demain, tonne Hard, dont le visage épais ruisselle de sueur. Et ce jour-là, on va envoyer du sang neuf à la Chambre des représentants. On va envoyer un message aux élites : Il est grand temps que ça change ! La peur est en train de gagner l'autre camp. Eh bien laissons-les détaler comme des lapins.

Il attend les applaudissements, qui jaillissent au moment prévu. Jimmy regarde Hard se laisser caresser par la clameur comme par les mains habiles d'une masseuse thaïlandaise. Le chef de la police conclut par les inévitables remarques sur l'incurie de leurs adversaires. La soif de fadaises recyclées étant inextinguible dans les meetings politiques, les applaudissements repartent un temps, jusqu'à ce que Hard proclame :

– Voici quelqu'un qui prône une défense forte, qui prône un dollar fort et – en tant que représentant de l'ordre, cela est particulièrement important pour moi – qui est pour la peine de mort.

La foule se délecte et de nouveaux applaudissements jaillissent, avant de laisser place à une attente bouillonnante.

– J'ai l'immense plaisir de vous présenter une fille qui va faire du raffut d'un bout à l'autre de ce grand pays. Mesdames et messieurs, voici l'enfer en talons hauts…

Nouveaux cris et hourras. C'est une image qu'ils aiment : l'enfer, les chaussures chics, le manteau de la religion transpercé par des talons aiguilles, voilà qui résume à merveille cette dualité hautement exploitable.

– Veuillez accueillir comme il convient Mary Swain !

Hard recule avec panache sur l'estrade et déclenche les applaudissements.

Elle glisse vers le micro. Jimmy remarque la peau hâlée, le sourire aveuglant, le balayage à cinq cents dollars, le chemisier rouge ajusté qui contraste avec la jupe et la veste en lin blanc qui l'enveloppent comme de la cellophane. Il l'imagine nue. C'est l'effet recherché, il le sait bien.

Mary Swain remercie le chef Marvin puis se tourne vers la foule et dit :

– Quelle merveilleuse journée dans le désert américain.

On agite des pancartes à son nom, on brandit des téléphones portables vers le ciel, des gens la photographient. Jimmy se demande comment une personne saine d'esprit peut venir écouter un politicien en cet après-midi brûlant. Il inspire à fond, il essaye de se détendre. Depuis peu, il tente de se mettre à la méditation, et dans ce but s'attaque à des livres sur le bouddhisme. Épuisé après une mauvaise nuit de plus, il est ici pour une unique raison : s'entraîner à voir la vie clairement, sans charge émotionnelle, afin de se libérer de ses souffrances. Et quel meilleur endroit qu'un meeting politique ?

Jimmy assiste au spectacle pendant encore vingt minutes, durant lesquelles Mary Swain débite un mélange d'anecdotes et de plaisanteries ; elle chauffe, triture, tord et façonne l'assistance pour en faire une matière malléable au potentiel frémissant. Chaleureuse et simple, elle vous invite à entrer, vous prie de vous asseoir et vous sert une tasse de café. Elle se confie à vous, affirme que vous êtes amis et vous explique : vous, électeur, vous avez une alliée aussi belle et bien faite que moi, et ensemble nous partagerons la munificence dont Dieu nous a fait cadeau. Mary Swain a appris ces balivernes de son mari, passé maître dans l'escroquerie haut de gamme. Shad Swain s'est enrichi en revendant des subprimes et en se retirant avant que la combine implose. Ils se sont rencontrés il y a dix ans quand Mary était hôtesse à bord de son Gulfstream 6 ; ils ont maintenant quatre enfants photogéniques.

Mon adversaire est parti pour Washington et vous a oubliés, vous qui l'avez envoyé là-bas. Quand j'aurai gagné, on l'oubliera lui aussi, mais moi je ne vous oublierai pas, vous les vrais Américains !

Les vrais Américains ? Qu'est-ce que ça veut dire ? Jimmy se contrefiche des palabres affriolantes de Mary Swain et pourtant, c'est un vrai Américain comme les autres. Mais la foule dévore ses paroles, communie avec Mary et scande : ma-RY, ma-RY, ma-RY, tandis que le sourire éclatant de la candidate s'élargit. Crinière châtain chatoyante cascadant sur ses larges épaules, elle revient à un simple rictus, satisfait et plein d'assurance, et déclare :

Nous livrerons ce combat jusqu'au cœur de la bête.

Et ils savourent chaque mot, le *nous*, le *combat*, la *bête*, chaque élément de la rhétorique les entraîne avec cette nouvelle icône et sa séduisante promesse de pouvoir et de libération.

Jimmy voit Mary Swain contempler la masse ondoyante des citoyens ; les visages blancs ou basanés, les membres du Tea Party portant des costumes de la guerre d'Indépendance, qui braillent à pleins poumons, malgré la chaleur qui monte du bitume comme un rayon de la mort, et il entend l'appel au renouveau, à la prospérité, à la foi. Mary Swain a du magnétisme, c'est une actrice-née et Jimmy se surprend à apprécier son numéro. Il sait que ce n'est qu'une politicienne qui vend le baratin habituel, difficile cependant de détacher son regard de cette femme, de son apparence décontractée. Il a les aisselles trempées de sueur, mais Mary Swain semble aussi sèche que le vent du désert. Son maintien est celui d'un coureur: dos droit, épaules en arrière, menton au vent. Et ses jambes! Jimmy n'a jamais vu un politicien avec des jambes pareilles. Sa jupe s'arrête à quelques centimètres au-dessus du genou, la longueur idéale pour mettre en valeur des mollets souples qui s'effilent vers une paire d'escarpins rouges. Jimmy estime que Mary Swain est un peu plus jeune que lui; elle approche la quarantaine, mais les spas, les coaches et le Botox lui enlèvent une dizaine d'années. Elle ressemble plus à une héroïne de jeu vidéo qu'à une candidate à la Chambre des représentants.

Jimmy regarde Arnaldo Escovedo, cheveux noirs gominés et lunettes à verres miroir, s'avancer vers lui. Boxeur poids moyen amateur il y a vingt ans, il se déplace toujours avec légèreté. Encore récemment, ils étaient collègues au sein de la police de Desert Hot Springs. Désormais, Jimmy n'est plus qu'un ex-officier. Les deux hommes se saluent d'un hochement de tête.

– Elle te plaît? demande Jimmy.

Arnaldo hausse un sourcil: oui, elle lui plaît bien. Jimmy ricane et lui demande s'il est en service. Arnaldo acquiesce. Son boulot: se mêler aux électeurs, repérer les comportements suspects, les cinglés qui pourraient avoir envie de faire parler d'eux au journal télévisé, et veiller à ce qu'il n'arrive rien de fâcheux. S'il n'avait pas démissionné de la police, Jimmy aurait été chargé de cette mission, il aurait scruté la foule à la recherche des individus trop excités ou mentalement déficients. Il reste en alerte, par habitude. Mais la foule est bruyante, pas indisciplinée.

Arnaldo lui demande ce qu'il fait ici. Aucune provocation dans son ton, c'est juste pour savoir.

– Je suis un citoyen concerné.

– Tu essayes de flanquer la frousse au chef?

– Ce n'est pas mon intention, dit Jimmy.

– Il vaut mieux qu'il ne me voie pas parler avec toi.

Arnaldo sourit à Jimmy et reprend ses déambulations.

– Tu ne peux pas te passer de Hard Marvin, hein ?

Jimmy se retourne et découvre Cali Pasco à ses côtés. Un jean moulant et un T-shirt blanc étreignent son corps svelte ; par-dessus, elle a enfilé une veste gris perle légère pour masquer le holster et le Beretta qu'il contient. Les bottes de cow-boy la grandissent de deux centimètres. Ses cheveux châtains épais, attachés en queue-de-cheval, dépassent par l'ouverture d'une casquette de base-ball bleue et la font paraître plus jeune que ses trente-deux ans.

– Sergent Pasco, dit Jimmy avec un grand sourire.

– Sergent inspecteur, rectifie-t-elle. Tu veux qu'on se dispute ?

Elle joue, une lueur s'allume dans ses yeux marron.

– Je n'ai pas envie de me faire botter le cul si tôt dans la journée.

Ils se sont toujours appréciés quand ils étaient collègues dans la police de Desert Hot Springs et Cali est reconnaissante à Jimmy de n'avoir jamais essayé de coucher avec elle du temps où il était marié.

– Alors, dit-il, tu as pris du galon ?

– Hard a poussé un gars vers la sortie, plaisante-t-elle. Il s'appelait Jimmy Duke, je crois. Alors, j'ai profité d'une ouverture.

– De nos jours, ils nomment n'importe qui inspecteur.

– Quand on est une fille, ça aide.

Cali lui sourit et continue à flâner autour de la foule. Jimmy aime son maintien, sa démarche souple ; voilà une fille capable d'encaisser.

Je discutais avec ma fille aînée pour savoir ce que signifie être un Américain, et vous savez ce qu'elle m'a répondu ? C'est une question de liberté !

Jimmy se retourne vers l'endroit où se tient Hard Marvin, derrière la candidate. Il la regarde avec ce mélange de respect et de concupiscence qui semble être l'effet qu'elle produit sur les mâles sensibles à sa philosophie : une armée musclée et pas d'impôts. Il remarque que Hard tripote son alliance comme s'il voulait l'ôter. Il imagine les pensées tantriques du chef pendant qu'il se tient au garde-à-vous dans le dos de Mary Swain.

Personnellement, Jimmy estime être immunisé contre les charmes de la candidate. Elle lui rappelle ces filles populaires au lycée : battements de cils et langues délicieusement empoisonnées. Non pas qu'il ressente pour elle une vive aversion, pas plus que pour les autres politiciens ; le tohubohu politique ne l'a jamais beaucoup intéressé. Chaque fois qu'il prend la peine d'écouter un politicien, ça se résume à la même chose. *L'avenir de l'Amérique. Dieu. Mon adversaire est opposé à tout ce que vous aimez.* En outre, Mary Swain semble un peu en colère, ce que n'apprécie guère Jimmy. Il remarque qu'aujourd'hui l'assistance est en colère aussi, et Mary Swain s'en nourrit pour atteindre le point d'orgue ; elle se dresse de toute sa hauteur – un mètre quatre-vingt avec des talons – et les exhorte à reprendre le pouvoir aux socialistes, aux athées et à tous les escrocs antipatriotes qui ont trahi leur confiance sacrée car les jours meilleurs sont devant nous, et s'ils votent pour elle, le jour se lèvera à nouveau en Amérique et notre nation reprendra son destin en main, tel un phare dans un monde de ténèbres.

Que Dieu vous garde, que Dieu veille sur nos soldats et que Dieu bénisse les États-Unis !

Jimmy conserve sa position près de l'estrade pendant que le meeting se disperse. Il n'a nulle part où aller ; il attend que Hard le repère, pour voir s'il fait un commentaire. Mary

Swain serre des mains au milieu de la foule en sueur, des gens la prennent en photo, lui crient des encouragements. Jimmy observe Hard à côté d'elle ; le soleil se reflète sur son crâne, lui aussi serre des mains, en souriant, il distribue des tapes dans le dos ; il se démène comme quelqu'un qui a quelque chose à prouver, quelqu'un qui veut compter. Plusieurs minutes s'écoulent, Jimmy tient bon. Mary et Hard continuent à serrer des mains. La plupart des gens ont regagné leurs voitures, mais il reste un groupe d'irréductibles, dans les premiers rangs, qui ont besoin de leur dose de magie.

Jimmy a suffisamment attendu ; il se fraye un chemin à coups de coude. Hard l'aperçoit et son sourire se fige en un rictus de panique. Sa main droite descend vers son arme, un Glock 9 mm, et Jimmy se dit alors : *il croit que je pourrais essayer de la flinguer.* Il est un peu déçu que Hard, qui pourtant le connaît, bon sang, puisse envisager, même une seule seconde, qu'il soit le Lee Harvey Oswald de Mary Swain. Jimmy se demande si Hard va réellement faire un geste dans sa direction, mais le grand chef reste à sa place. Mary Swain saisit la main d'un retraité en chemise hawaïenne, coiffé d'une casquette de base-ball sur laquelle est brodé, avec du fil doré, U.S.S. Ronald Reagan ; l'homme tremble d'excitation et de gratitude. Jimmy tend sa main droite et la candidate la prend dans la sienne.

– Bonne chance, Mary, dit-il, en maintenant sa main gauche éloignée de son corps pour que son ex-patron voie bien qu'elle ne tient aucune arme.

– Je compte sur votre vote, dit-elle, entre ses dents d'une blancheur aveuglante.

– Bien sûr, répond Jimmy.

Il remarque la main fine et manucurée, il sent son écran solaire à la noix de coco. De près, l'expérience viscérale

Mary Swain se déclenche. Jimmy se laisse aller à la respirer brièvement, ses cheveux, sa peau parfaite et son sourire infini.

Et soudain, *pof*, elle passe à la personne d'à côté et Jimmy redescend brutalement sur terre. Hard et lui se retrouvent face à face pendant un instant, au bord de l'implosion, et il se dit: oui, de nos jours les gens sont dingues des armes et capables de tout. Il sait que Hard le sait, il le voit tressaillir, déjà sous pression, comme la capsule d'une bouteille de bière, prêt à exploser, et Jimmy, avec la malice innée d'un type qui ne sait pas éviter les ennuis, ne peut se retenir. Il lui adresse un clin d'œil. À cet instant, il sent la gêne de l'autre et savoure le plaisir de l'avoir provoquée. Jimmy se soucie de la réaction de Hard. Il aimerait que ce ne soit pas le cas, mais il s'en soucie. Il reste prisonnier de l'idée que tout cela a de l'importance. Il sait que ce genre d'illusion ne mène pas au dharma. Sa réaction face à Hard Marvin lui montre qu'il est encore loin d'être libéré de ses souffrances. Pourtant, il a soif de liberté. Et qu'y a-t-il de plus américain que ça?

Alors qu'il se dirige vers sa camionnette, il entend «Oncle Jimmy!» et en se retournant, il voit Brittany, la fille de dix-sept ans de son frère aîné Randall. Maigre et débordante de vie, avec un sourire séduisant. Jimmy pense qu'elle serait mieux sans ses mèches rouges, mais il garde ça pour lui. Dans son uniforme composé d'une paire de Converse, d'une jupe écossaise, de collants déchirés et d'un T-shirt extra-large arborant le nom d'un groupe qu'il ne connaît pas, elle ressemblerait à n'importe quelle adolescente, si elle n'avait un carnet à spirale dans la main. Brittany lui demande ce qu'il fait là, à ce meeting, et Jimmy lui répond qu'il est de son devoir, en tant que citoyen, d'écouter les âneries de tous les candidats. Elle le dévisage quand il dit cela, elle le regarde au fond des yeux comme si, en plus de recevoir cette information, elle l'analysait et se livrait à des extrapolations dans le but d'en tirer profit. Pour son oncle, elle ne ressemble pas à une adolescente ordinaire, elle a quelque chose de plus déterminé. C'est un peu déstabilisant. Quand il lui demande pourquoi elle n'est pas en cours, étant donné que nous sommes lundi matin, et que la loi de l'État de Californie exige qu'elle soit au lycée, Brittany lui répond qu'elle est justement ici pour faire un devoir. Elle accepte qu'il la dépose à la Palm Springs Academy.

Jimmy conduit une camionnette Ford bleue de 2002, avec un pare-chocs avant enfoncé et un feu arrière cassé qu'il a l'intention de changer depuis des semaines. Brittany s'installe à l'avant et pendant le trajet, elle lui parle de politique («Faut être complètement taré pour faire ce boulot»), de ses parents («plutôt chiants») et des universités dans lesquelles elle envisage de déposer un dossier. La plupart sont situées sur la côte est et peuvent s'enorgueillir de pedigrees très chic. Mais peut-être qu'elle n'ira pas à la fac, dit-elle. Ses notes sont excellentes, mais le monde n'appartient-il pas aux entrepreneurs, aux personnes pleines d'initiatives, à ces nouveaux avatars du son et lumière américain, extravagant et toujours distrayant, qui plient la réalité à leur volonté implacable? Et ces compétences, ça ne s'apprend pas à l'université, pas vrai? Jimmy l'écoute et hoche la tête, impressionné par sa nièce. Il l'aime beaucoup plus que son père. Après l'avoir déposée, il la regarde traverser la pelouse et pénétrer dans le bâtiment de verre et d'acier. Brittany lui fait aussi regretter de ne pas être père. Évidemment, cela l'obligerait à rester sous le joug de son ex-femme Darleen jusqu'à la fin de ses jours. Et il sait que l'enfant digne de ce sacrifice n'est pas encore né.

http://www.desert-machiavel.com
29/10 - 20:43

Est-ce que quelqu'un, à part le Machiavel, s'est offusqué de ce que le Chef Marvin ait présenté la sémillante ancienne hôtesse de l'air connue sous le nom de Mary Swain lors de son meeting aujourd'hui? Oui, amis internautes, je sais qu'il faisait penser à un strip-teaseur qui débite un discours dans un anniversaire de filles, mais le Machiavel n'a pas apprécié le symbolisme de la scène. N'y a-t-il pas quelque chose de légèrement sud-américain, ou oserais-je dire de germanique, dans le fait qu'un policier en tenue, avec un flingue à la ceinture, excusez du peu, présente une politicienne en campagne au pays de la Libre Gaffe? Les policiers ne sont-ils pas censés rester… neutres, dirons-nous, quand ils sont en uniforme? Quel message envoyons-nous à la populace quand des agents en uniforme soutiennent des politiciens? Franchement, ça fait un peu fasciste. Je ne veux pas suggérer que Mary Swain sait ce qu'est le fascisme, ce n'est pas une chose que l'on enseigne dans les écoles d'hôtesses de l'air, mais il n'y a qu'un pas entre des policiers qui font de la retape pour des candidats et quelqu'un qui vient frapper à votre porte à trois heures du matin pour vous traîner dans une prison où ils vous gardent enfermé sans procès, jusqu'à ce qu'ils choisissent de vous libérer, à moins qu'ils décident de vous balancer par la fenêtre en affirmant que vous avez sauté. Est-ce une idée ou le Grand Chef semblait un peu excité par tout ça? Marvin aurait-il la trique pour l'Hôtesse de l'air? Ne l'oublions pas, mes amis: le danger de Mary Swain réside dans son potentiel érotique enjoué. Quand le fascisme arrivera en Amérique, il sera enveloppé d'un drapeau, il brandira une croix et portera des chaussures de pouffiasse.

Mardi 30 octobre

2

À quatre-vingts kilomètres au sud de Palm Springs et à cinq kilomètres à l'est de la Salton Sea, le pénitencier de Calipatria cuit sous le soleil matinal. En face de la prison stationne une fourgonnette d'une chaîne d'infos. Une jeune reporter, qui semble avoir étudié à l'école de journalisme Victoria's Secret, a pris place devant le portail. Son cameraman est prêt à s'élancer au premier signe d'émotion humaine.

Sur le siège passager d'une Lincoln Town Car, Randall Duke examine son sourire dans un miroir de poche pour s'assurer qu'il ne reste aucune trace des fruits qu'il a mangés au petit déjeuner. Satisfait de constater que sa dentition est éclatante et la télé prête à tourner, il glisse le miroir dans la poche de poitrine de son costume crème. Il est svelte, large d'épaules et son maintien fait illusion sur sa taille. Avec son mètre quatre-vingt, son casque de cheveux impeccables et son visage luisant, il ressemble à un vendeur d'Oldsmobile qui aurait réussi, une qualité qu'il partage avec un grand nombre de ses pairs de la Chambre des représentants, où il a déjà rempli trois mandats.

Le moteur de la Lincoln tourne, la climatisation fonctionne. La voiture ne lésine pas sur l'empreinte carbone, mais Randall se soucie moins de l'environnement que d'être filmé en train de transpirer. Personne n'aime voir un politicien en sueur.

Il consulte sa montre. D'un geste brusque, il sort son portable de sa poche et compose un numéro. L'exaspération assombrit son visage lorsque, après trois sonneries, il tombe sur la boîte vocale.

– Jimmy Ray, c'est encore ton frère. On est à Calipatria, et ce serait bien que tu sois là, comme tu l'avais promis.

Randall referme son téléphone et promène un doigt le long de sa mâchoire. Il s'impatiente. Il y a des mains à serrer aujourd'hui, des votes à engranger. Il pense à Mary Swain et au meeting qu'elle a organisé hier. Jamais on n'a vu un challenger attirer une telle foule. Randall doute de pouvoir rassembler une centaine de personnes qui ne soient pas liées à un groupe spécifique ayant besoin de son aide. Là, c'était Mary Swain l'attraction. Randall n'a jamais été confronté à un tel problème : un adversaire charismatique capable de l'emporter et qui crée le buzz – un mot qu'il déteste, et s'il le déteste, c'est avant tout parce qu'il ne peut pas en dire autant. Mais Mary Swain ? Les gens parlent d'elle à Washington. *Rolling Stone* lui a consacré un article. Qu'une importante publication nationale s'intéresse à une élection locale, c'était déjà un sale coup en soi. Mais le gros titre ! Ça l'avait vraiment mis en rogne : *La renarde du désert.* Pourquoi n'a-t-il pas droit à un surnom sexy lui aussi ? Après le lycée, il s'est engagé dans l'armée pour payer ses études ; il a servi dans une unité de démineurs où il a décroché le grade de caporal. Certes, il n'a jamais désamorcé de bombes sous le feu ennemi car c'était dans les années 1980 et il n'y avait pas de guerre à cette époque, mais on ne devrait pas en tenir compte. Dans l'immédiat, il sait qu'il doit cesser de penser à la menace de la candidature de Mary Swain. Il possède un moyen de riposte, et celui-ci est sur le point de sortir de cette prison.

Le caméraman, T-shirt des Angels et casquette de base-ball à l'envers, braque son objectif sur les portes. La journaliste se secoue. Un gardien trapu apparaît, puis un jeune homme assis dans un solide fauteuil roulant motorisé. Le gardien s'écarte et le jeune homme roule sur la chaussée. Il porte un jean, une chemisette bleu ciel et un sourire figé.

C'est le moment qu'attendait Randall. La portière de la Lincoln s'ouvre à la volée, il en jaillit et marche à grands pas vers le fauteuil roulant. Il se penche pour étreindre l'homme assis, lui tape dans le dos et sent la caméra de télévision braquée sur eux comme un rayon de soleil.

– Quoi de neuf, Fangio ? demande-t-il.

– Je me taperais bien une chatte, répond l'homme dans le fauteuil.

Le sourire de Randall se fige, mais il retrouve très vite son air conquérant. Le moment est venu de se tourner vers la journaliste, Lacey Pall, qui tient un micro. Elle est sortie de la fac depuis deux ans, c'est la première fois qu'elle passe à l'antenne. Il n'est que neuf heures du matin et il fait déjà dans les trente degrés. Ses cheveux mi-longs, d'un blond qui tire sur le roux, sont immobiles.

– Monsieur le Représentant au Congrès, vous menez une dure campagne de réélection. Que faites-vous ici, à la prison ?

Ils savent bien l'un et l'autre pourquoi il est devant la prison. La fourgonnette de la télé ne serait pas là sinon. Mais Randall joue le jeu.

– Je viens accueillir mon frère Dale car pour moi, il n'y a rien de plus important que la famille.

Famille, le « mot code » qui obtient toujours de bons résultats sur les groupes témoins. Qui n'aime pas la famille ? Avec le base-ball et Jésus, elle forme le tiercé gagnant de l'Amérique. Le type à la casquette à l'envers élargit le plan pour filmer ce tableau.

– Bien que je n'aie pas le droit de vote, précise Dale.

Visiblement dopé par sa libération, il ferait des bonds s'il pouvait marcher.

Dale Duke était beau à la base, mais le soleil du désert s'est abattu sur une vie cruelle et le mélange des deux a eu raison de son physique. Maintenant, ses joues parcheminées servent de portefeuille à des dents jaunies et branlantes. Randall n'en revient pas que son frère, après avoir purgé une peine de trois ans de prison pour cambriolage, sourie comme s'il venait de gagner au loto.

– Nous sommes fiers de Dale, déclare-t-il aux spectateurs. Nul n'est au-dessus de la loi, mais tout le monde mérite une seconde chance. Cette fois, il restera dans le droit chemin pour de bon.

– J'aime la tequila avec du citron, intervient Dale.

Le regard de Randall glisse vers son frère. Il ne peut pas être ivre à neuf heures du matin, si ? Son sourire se crispe. Lacey semble désorientée.

– Aujourd'hui, je suis ici pour souhaiter la bienvenue à mon frère.

Lacey se retourne vers la caméra et fait scintiller sa dentition parfaite.

– Randall Duke, en pleine campagne électorale acharnée, prend sur son temps pour venir accueillir son frère qui sort de prison et montrer que la famille passe avant la politique.

Elle fait glisser son index sur sa gorge et demande au caméraman si ça allait. Il hoche la tête.

– Vous avez ce qu'il vous faut ? demande Randall.

– Merci, monsieur le Représentant.

– Appelez-moi Randall.

– Randall.

Sourires.

Il presse la main de la jeune femme entre les siennes et lui dit, d'un ton facétieux, qu'il compte sur son vote. C'est une plaisanterie entre eux. Le visage de Randall est une promesse et il est persuadé que Lacey, malgré sa réserve professionnelle, trouve qu'elle a beaucoup de mal à lui résister. Elle s'éloigne et Randall reluque ses hanches.

Un homme d'une trentaine d'années observe la scène à distance, en serrant dans son poing une balle de tennis. Une bague d'étudiant ornée d'une pierre bleue souligne l'annulaire de sa main gauche. Un costume sombre flotte sur son corps maigre. Il porte une chemise blanche amidonnée, une cravate rouge et des chaussures bien cirées. Derrière ses lunettes cerclées de métal, ses yeux sont rapprochés et bleus, au-dessus d'un nez fin, d'une petite bouche et d'un menton qui, après avoir vu l'ennemi, bat en retraite. Des cheveux clairsemés et filasse ajoutent à sa pâleur de patate bouillie. Voici Maxon Brae : directeur de campagne, aide de camp et factotum de sa majesté Randall Duke. C'est Maxon qui a eu l'idée de transformer la libération de Dale en événement médiatique. Ses recherches ont prouvé qu'un nombre incroyablement élevé de familles dans cette circonscription possédaient une certaine expérience dans le domaine de l'addiction. Dale est censé ouvrir à Randall le chemin de leurs cœurs et de leurs votes.

Alors qu'il se propulse vers la voiture, Dale s'arrête et regarde son frère.

– Ouvre-moi, frangin.

Randall ouvre la portière arrière de la berline et attend. Dale lui dit qu'il a besoin d'aide.

Randall le prend par la taille, le soulève de son fauteuil roulant et le hisse sur la banquette. Il remarque que Dale sent le savon industriel. Maxon s'avance pour déposer le fauteuil motorisé dans le coffre. Randall demande à Dale s'il est bien installé.

– J'ai besoin d'une voiture avec des commandes manuelles.

– On peut sans doute trouver un moyen de t'en faire gagner une.

Ils roulent vers le nord, en direction de Palm Springs. Maxon conduit, Randall est assis à l'avant. La Town Car roule à 130 km/h mais le paysage désertique est tellement vaste qu'ils ont l'impression de faire du surplace. Dale observe à travers la vitre un train de marchandises sans fin qui fait route vers le sud et la frontière mexicaine.

– *J'aime la tequila avec du citron*? répète Randall d'un ton incrédule. D'où tu sors ça?

– J'ai connu un type avec qui je jouais au basket, en fauteuil. Tous les jours on gribouillait des grandes et des petites phrases, des pages et des pages de chansons et de poèmes, sur la vie dans notre nouveau chez-nous. Quand tu zones derrière les barreaux, tu t'éclates avec les mots.

Les mots jaillissent de la bouche de Dale, le rythme de la langue le détend. Ni Randall ni Maxon ne réagissent à cette saillie poétique, mais cela ne semble pas le gêner.

– Je faisais la boîte à rythmes humaine aussi. Tu fais le con, tu t'retrouves au ballon, tequila avec du citron. Où est le problème, frangin?

– Quand tu es devant une caméra avec moi, Dale, j'aimerais que tu la fermes. Compris? Ce n'est plus comme dans le temps.

– On reçoit le journal au trou, Randall. Je sais que c'est toi le grand manitou.

– Tu ne peux plus déconner maintenant, petit frère, tu piges? Si je n'étais pas intervenu auprès du comité de probation, tu te serais tapé deux ans de plus. Si tu marches droit, je t'embaucherai.

– Ce serait chouette.

Dale exhibe ses dents de travers en songeant à cet avenir étincelant au sein de la puissante machine politique de Randall Duke. Après trois ans passés auprès des Crips et des Bloods meurtriers, des mutants de la Fraternité aryenne, des sociopathes en tous genres, des psychopathes et des mauvais acteurs en général, il a hâte de commencer une nouvelle vie. Incapable de résister, il rajoute :

– Comme une branlette.

– Ne me fais pas honte.

Maxon se retourne vers Dale :

– Au moins attendez que les élections soient passées.

Randall rit et Dale l'imite. La tension retombe légèrement. Dale sort de sa poche de pantalon un petit carnet et un stylo pour griffonner quelque chose

– Qu'est-ce que vous écrivez, Dale ? demande Maxon.

– Je me souviens de rien, faut que je note tout ce que je raconte.

Il finit d'écrire, referme le carnet et le range dans sa poche. La blessure au cerveau qui provoque ces trous de mémoire l'a également rendu sujet aux attaques. Pour les contrôler, il prend 200 mg d'un médicament, trois fois par jour.

– Ça vous dirait de faire un arrêt au Medjool Date Oasis, les gars ?

– Le Date Oasis ? dit Randall. Ah, j'aimerais bien t'emmener pêcher au lac Havasu avec une glacière pleine de bières et de sandwiches, ou t'offrir un week-end à Las Vegas, te pousser jusqu'à une table de roulette et te bourrer les poches de jetons. T'emmener voir le Cirque du Soleil. Te payer une cuite. Ou une fille louche pour qu'elle te fasse tout ce qu'elle sait faire.

– C'est exactement ce que je dis !

– Mais je suis en pleine campagne électorale, tu as oublié ?

– On fera ça après, dit Dale.

– Pas de problème, répond Randall.

– Quand même, je m'enverrais bien un milkshake aux dattes maintenant, dit Dale. Je rêve d'un milkshake aux dattes, ça m'empêchait de dormir la nuit.

– C'est bon d'avoir un but.

– Tu te souviens du jour où papa nous a emmenés au Date Oasis, toi, Jimmy et moi ?

– Tu aimes bien le nouveau bolide que je t'ai trouvé ? demande Randall, pour en finir avec les souvenirs.

Dale lui répond que c'est un super fauteuil.

– Je t'ai offert la Ferrari des fauteuils roulants, Dale. Si on ne peut pas aider la famille, à quoi bon ?

En ayant terminé avec son frère pour le moment, Randall se retourne pour regarder devant lui. La Town Car traverse à toute allure le désert ; on entend juste le frottement des pneus.

Tout en faisant défiler ses mails, Randall interroge Maxon :

– Vous avez des nouveaux chiffres ?

Il parle des sondages quotidiens, le pivot de toute campagne moderne, l'étoile polaire mouvante qui leur sert de point de repère à tous.

– Pour le moment, c'est serré, répond Maxon.

– Je vais vous dire un truc, c'est l'enfer de faire campagne contre quelqu'un qui donne à Monsieur Tout-le-monde envie de quitter sa femme, dit Randall.

– Mary Swain, c'est une aubaine, ajoute Dale.

Il ressort son carnet pour noter son bon mot.

– Excellent, Dale, dit Maxon. Faites gaffe que ceux d'en face l'entendent pas, ils pourraient s'en servir.

– Il ne manquerait plus que ça, dit Randall.

– On a de la chance qu'elle ne fasse pas campagne en bikini, dit Maxon.

Randall et Maxon ont cette conversation depuis que Mary Swain est sortie victorieuse des primaires du parti opposé en juin dernier. Quatre mois de frustration et de confusion. Randall n'a peut-être pas une super cote au

Congrès, mais il a été réélu deux fois haut la main. Et voilà que débarque cette ensorceleuse avec un sourire éblouissant, un mari riche et une langue qui découpe Randall Duke en tranches comme du gruyère. Mary Swain n'a jamais entendu l'adage selon lequel dans une élection au Congrès, le sortant l'emporte toujours. Randall est dans l'incapacité de lancer une attaque dans le style terre brûlée pour ne pas perdre le vote des femmes qui supportent mal de voir une de leurs sœurs subir injustement le feu ennemi. Les femmes font corps comme les serpents en hiver, elles protègent l'espèce. Randall est obligé d'être galant avec Mary Swain, faute de quoi il peut s'attendre aux reproches sans fin d'une cohorte de chromosomes XX dont le soutien lui est aussi indispensable que l'oxygène.

Aujourd'hui, Randall est broyé par le monde moderne.

Mais pour Dale, c'est tout bénef.

Si Mary Swain ne faisait pas jeu égal avec son frère dans les sondages, Dale serait encore en train de jouer au basket en prison, dans son fauteuil roulant. Elle a jailli des primaires propulsée par un vent arrière si puissant que Randall et Maxon ont immédiatement cherché un moyen d'augmenter les chances de Randall. Et voici ce qu'ils ont trouvé : l'humaniser et jouer sur le côté familial. Le dysfonctionnement est une chose que tout politicien fuyait autrefois. Aujourd'hui les désintégrations familiales ont remplacé le mariage et les enfants comme nouvelle norme. L'infidélité ? OK. La consommation de drogues ? OK. Une grossesse précoce ? L'aubaine ! Et pourquoi cette idée jadis impensable est-elle devenue le nouveau dogme ? Parce que les Américains veulent des leaders auxquels ils peuvent « s'identifier », des gens qui pensent comme eux, des gens qui partagent les mêmes souffrances et connaissent leurs affres de manière viscérale, au-delà de la réflexion, car qui a envie de réfléchir ? C'est à ce niveau d'émotion préverbale qu'ils comptent sur l'aide de Dale.

Randall a un contact au sein du comité de probation, et après une habile partie de bras de fer, il a été décidé que la réinsertion de Dale devait être avancée. L'administration pénitentiaire de Californie voulait le garder plus longtemps, mais Randall avait su se faire comprendre : son vote en faveur d'une loi visant à faire subventionner par l'État fédéral les salaires des gardiens de prison de Californie dépendait du fait que Dale ne relève plus de leur compétence.

Randall se tourne vers Maxon et dit :

– Épluchez la liste des donateurs et trouvez un dentiste. Emmenez-y mon petit frère cette semaine. (Il s'adresse ensuite à Dale.) On va te payer de nouvelles ratiches.

– Je veux me les payer moi-même.

– Voilà une pensée qui t'honore. Faudra voir.

– Chat noir.

– Hein ?

– « Chat noir » rime avec « voir ». T'inquiète, je pense à des trucs dans ma tête.

– Tu es obligé de les dire à voix haute ?

– Faut que tu décompresses, altesse.

Randall songe à rétorquer, mais il s'aperçoit que cela n'offre guère d'avantage. Si Dale limite ses tendances antisociales à la poétisation compulsive, ils pourront s'estimer heureux.

Maxon ralentit à un feu et prend à droite. Dale est affalé sur la banquette arrière, les yeux fermés, il compte les minutes jusqu'à Palm Springs, quand il sent la voiture tourner. Ils franchissent la voie ferrée pour pénétrer dans la ville de Mecca. En ouvrant les yeux, Dale découvre une station-service juste en face des rails et une *groceria*. Et derrière, une boutique de pièces détachées et un complexe salle de billard-salle de jeux vidéo. Semblable à un quadrillage, la ville de Mecca évoque la face cachée du système solaire, aussi éloignée de la zone verdoyante bien irriguée, qui va de Palm Springs à Rancho Mirage et Indio, que la Terre l'est des anneaux de Saturne. Dans les rues, tout le monde, la femme devant chez elle, la fille qui attend le bus, le type planté devant le capot ouvert d'un pick-up Toyota déglingué, a l'air mexicain.

– Qu'est-ce qu'on fout ici ? demande Dale.

– Je t'ai trouvé un appart, dit Randall. Un ami à moi a construit des logements par ici. C'est propre, c'est neuf, avec un accès pour les fauteuils roulants.

– À Mecca ?

Dale n'a pas l'air ravi.

– Tu n'as pas encore les moyens de t'offrir Palm Springs, petit frère.

– Tu veux bien m'expliquer ce que je suis censé foutre à Mecca ? Si je veux faire la bringue… inviter mes potes…

– Éviter les ennuis, voilà la réponse.

Dale s'enfonce dans la banquette ; sa verve poétique se dissipe. Randall lève les yeux de son BlackBerry.

– À votre avis, c'est qui ce Machiavel ?

– Le blogueur ? demande Maxon. Aucune idée.

3

Le soleil qui passe sous le rideau en plastique embrase l'intérieur du mobil-home à flanc de montagne. Des poissons tropicaux vont et viennent en une palette bigarrée. Ils évoluent sur l'écran plasma du téléviseur de Jimmy, un fond ininterrompu et silencieux qu'il se passe chaque fois que les programmes destinés à assouvir son plaisir de téléspectateur l'agacent. C'est-à-dire la plupart du temps. Ce qui l'a séduit chez ces poissons, quand il a acheté le DVD, c'était qu'il n'avait pas besoin de les nourrir ou de nettoyer leur aquarium. Sa femme venait de le quitter ; cette vidéo de poissons était la seule compagnie qu'il recherchait alors. Mais il a appris à apprécier l'impression de sérénité méditative qu'ils dégagent en se déplaçant. Il regarde sa montre. Presque dix heures ? Cela veut dire qu'à un moment donné dans la nuit il s'est endormi pour de bon, et il en éprouve une joie passagère.

Il se lève du canapé et enjambe un labyrinthe d'emballages de traiteur chinois, de bouteilles de Mountain Dew[1] vides et de traces de pattes sur le tapis navajo élimé pour atteindre la salle de bains. Comme il n'y a personne dans les parages, il laisse la porte ouverte. Il a mal partout ce matin, ses muscles sont douloureux. L'insomnie est un fléau dont il a souffert toute sa vie et à cet instant, il a l'impression de ne pas avoir dormi depuis un mois. Derrière la vitre de la salle de bains, la vallée désertique s'étend en contrebas, desséchée et brûlante. Il voit les toits de terra

1. Soda citronné. *(Toutes les notes sont du traducteur.)*

cotta, les montagnes lointaines au sud. Il aime cette vue car il domine suffisamment la civilisation pour ne distinguer aucun être humain. La route sinueuse qui mène au mobil-home monte vers le nord, en partant de Yucca Valley. La propriété de Jimmy est située sur un éperon, à l'ouest, et son voisin le plus proche, un biker obèse qui vit grâce à l'argent d'une compagnie d'assurances suite à un accident bidon, habite à cinq cents mètres.

Le mobil-home se compose de deux chambres et d'une kitchenette. Les murs blancs sont nus; Jimmy a coupé les ponts avec le décorateur d'intérieur qui est en lui. L'ameublement se compose d'un canapé bordeaux – couleur choisie pour sa capacité à masquer les taches –, d'une table et de deux chaises. Deux chaises. Ce jour-là, chez Ikea, Jimmy était d'humeur optimiste. À quoi bon décorer? Il allait louer ce logement pour un mois seulement. C'était il y a un an. Darleen lui avait annoncé la fin de leur mariage. Il n'avait pas dessoûlé pendant une semaine.

Il se regarde dans la glace. Il en a marre de ressembler à une photo d'identité judiciaire. Il fait couler de l'eau tiède, s'asperge le visage et se rase. Voilà. C'est bien. Non. Mais c'est un début. Il sent que ça va être une bonne journée.

– Pas vrai, Bruno? lance-t-il au berger allemand qu'il a sauvé de l'exécution.

Ce chien, un fugitif techniquement parlant, est devenu son colocataire. Bruno s'agite sur sa couverture chinée, se dresse sur ses pattes et fait le chien qui se prosterne. Jimmy ouvre la porte du mobil-home pour le laisser sortir.

Après avoir mesuré sa dose de café, un sumatra très sombre qui l'électrise au bout d'une tasse et demie, Jimmy s'assoit à la table de la cuisine et attend qu'il passe. Devant lui est posé un album de photos. Son professeur de maîtrise de l'agressivité, un type obèse avec des cheveux carotte, une calvitie et une voix fluette qui donnait envie de l'étrangler, lui avait suggéré dans le cadre de la thérapie exigée par son travail de se concentrer sur une chose qu'il aimait. Ils avaient plaisanté à ce sujet, et Jimmy avait répondu : la pizza et la bière. Mais sous la pression des autres membres du groupe, qui prenaient cela plus au sérieux, il avait avoué un faible pour les chiens. Pas les petits, les roquets avec des noms chic et des pedigrees, mais les gros labradors et les chiens de Rhodésie, les saint-bernard et les rottweillers. Stan, un Noir taillé comme un boxeur, lui avait conseillé de découper des photos de chiens dans des magazines et d'en faire un album. « Ça va te calmer direct », avait-il affirmé, en décrivant son album sur le thème des voiliers. Jimmy avait trouvé cette idée totalement inepte, mais le lendemain il s'était rendu dans une boutique d'activités manuelles pour acheter un album de photos vert sapin en similicuir. Voici ce qu'il allait faire : photographier avec son téléphone les chiens qu'il rencontrait, charger les photos sur son ordinateur portable, les imprimer et les mettre dans son album. Non seulement cela l'aiderait à se calmer, mais ce serait aussi un témoignage de ses différentes journées. Il avait découpé une bande de ruban adhésif qu'il avait collée sur la couverture de l'album. Avec un marqueur, il avait griffonné : *LIVRE DES CHIENS*. Partout où il en voyait un, il s'arrêtait – un lhassa apso arthritique sur un trottoir de Palm Springs, un colley au poil emmêlé à l'arrière du break d'un touriste, un pitbull enchaîné dans un jardin clôturé – et il demandait aux propriétaires s'il pouvait photographier leur chien pour son album. Généralement, ils voulaient bien. Ce projet a vu le jour depuis un peu plus d'un mois et Jimmy a déjà pris en photo près de deux douzaines de races.

Il boit sa deuxième tasse de sumatra devant la photo d'un jack russell appartenant à la victime d'un vol qu'il a interrogée la semaine dernière, avant d'être renvoyé de la police, lorsque son portable gazouille. Il n'est pas content. Il a envie d'écraser l'appareil à coups de talon. Toujours cette agressivité. Pourtant, il continue à travailler. Peut-être qu'il devrait télécharger une autre sonnerie. Un truc de Willie Nelson. On ne peut pas être furax quand on entend une voix pareille.

– Pourquoi tu n'as pas fait acte de présence ce matin ? demande Randall. Tu as oublié notre frère ?

– Je me suis pas réveillé.

Dans le temps, Jimmy aurait voulu avoir des frères différents. Il a fini par changer d'avis : il aurait aimé être fils unique. Il était reconnaissant à Randall d'être intervenu quand il avait des ennuis au boulot, mais chaque fois qu'il le voyait, pas très souvent ces derniers temps, il le trouvait trop préoccupé par le concept de famille. Et quand il pensait à Dale, c'était aussi agréable qu'un anévrisme.

– Ça aurait été bien d'avoir une photo de nous trois. Il vient de sortir, tu te souviens ?

Jimmy lui répond qu'il se souvient, d'un ton qui semble ajouter : peut-être que la Californie fait une grosse bêtise, sans le formuler ouvertement. Au lieu de cela, il dit :

– Grâce à Dieu, il sera chez lui pour Noël.

Il suppose que Randall saisira la plaisanterie.

Mais si Randall a l'intention de procéder à l'analyse de la nuance contenue dans l'intonation de Jimmy, il n'en laisse rien paraître.

– Tu peux me rendre service et passer le voir ? Tu as toujours la clé que je t'ai envoyée, hein ? Celle de l'appart que je lui ai trouvé ?

Jimmy grogne une réponse affirmative. Puis, submergé par un besoin atavique de contrarier son frère, il dit :

– J'étais au meeting de Mary Swain hier.

– Ah oui ? Et pourquoi ?

Jimmy sent crépiter l'agacement de son frère à travers le téléphone.

– Elle est *muy caliente.*

– Du moment que le jour de l'élection, tu n'oublies pas de voter pour l'entreprise familiale… répond Randall, et il raccroche.

Jimmy trouve amusant que son frère ait oublié qu'il a quitté sa circonscription quand son mariage s'est brisé. Après la deuxième tasse de café, il dépose son coussin de méditation sur le plancher du salon, règle le minuteur, s'assoit en tailleur et pendant vingt minutes, il observe ses pensées de plus en plus ennuyeuses. Comment quelqu'un peut-il rester assis sur un coussin, se demande-t-il, sans avoir la tête qui explose sous la pression irrésistible de ses fantasmagories internes ?

Il se lève et étire ses jambes. Pour lui, c'est une torture de rester assis sans rien faire, mais il découvre que ce n'est pas inintéressant d'observer les pensées qui surviennent, sans rien faire d'autre que de les regarder passer. Il laisse Bruno rentrer dans le mobil-home et remplit sa gamelle d'eau. Peut-être qu'il va suivre la suggestion de Randall et répandre un peu de soleil dans la vie de Dale.

http://www.desert-machiavel.com
30/10 - 11:15

Quand le Machiavel a allumé sa télé et vu le reportage sur Randall Duke accueillant son frère à sa sortie de prison, cela a réchauffé son vieux cœur cynique. On aurait dit une sorte d'hallucination de Noël, le politicien baratineur et le taulard estropié. De toute évidence, Randall pense que cela va lui rapporter quelques voix, étant donné qu'il n'a jamais rien fait par pure bonté dans sa vie. Et Dale est un sacré boulet, un salopard de première qui n'aurait pas dû être remis en liberté conditionnelle avant un an. Évidemment, vous tous, lecteurs, vous savez que le Machiavel a la réputation d'avoir pris fait et cause pour des criminels, surtout quand il s'agit d'affaires de mœurs, mais il n'apprécie pas l'allure de ce Dale Duke. Le Machiavel n'a pas encore arrêté son choix pour cette élection. Dans des circonstances normales, jamais il ne voterait pour cet incapable prétentieux de Randall Duke – lors des dernières élections, il a voté pour le candidat du Parti végétalien une heure après avoir mangé un cheeseburger, plutôt que d'apporter sa voix à cet abruti –, mais son adversaire, l'Hôtesse de l'air, serait plus à sa place en couverture de Dingue des Armes qu'au Congrès. Sans vouloir jouer les snobs élitistes ni dénigrer ses jolies jambes, l'Hôtesse a-t-elle seulement un diplôme universitaire ?

4

Vêtue d'un blazer cintré en lainage noir soigneusement choisi pour sa longueur qui masque un postérieur en plein essor – tout en tombant d'une façon qui n'appelle aucune comparaison avec un dessus de table –, d'un ample chemisier blanc, de collants bordeaux et de bottes noires et souples à talons plats, ses cheveux blond doré coiffés d'une casquette de golf couleur framboise délavée, frappée du logo *La vie est belle*, Kendra Duke incarne l'image du chic lesté par un léger excès de poids. Presque partout en Amérique, elle serait mannequin pour maillots de bain, mais elle sait que les critères de Palm Springs ne sont pas ceux des vastes zones non côtières de la République, consommatrices de farine et de sucre.

Son expédition shopping l'a conduite chez Couture Canyon où les immenses présentoirs de vêtements de créateurs, soigneusement classés, sont disposés selon une géométrie dispensatrice de plaisir. Cette boutique est le temple des bonnes affaires où Kendra trouve ses couturiers préférés, dont les créations inabordables se vendent bien plus cher dans les quartiers huppés à cent cinquante kilomètres à l'ouest. Le week-end, l'endroit est envahi par les chasseurs de soldes hors d'haleine de Los Angeles qui défaillent devant les Versace au rabais. Alors, les robes et les vestes que l'on arrache frénétiquement des portants, les queues impatientes devant les cabines d'essayage, donnent à la boutique l'aspect du Caire à l'heure de pointe. Mais en cette matinée de semaine, c'est aussi calme que dans une chapelle. Kendra remarque un autre client, un homme d'un certain âge avec d'épais cheveux gris, vêtu d'un costume en lin blanc à la coupe impeccable, en train d'examiner des chemises Prada.

Ce matin, Kendra a une mission simple : acheter une tenue pour le jour de l'élection, le Grand Jour, le jour du Jugement dernier, dans une semaine maintenant, quand elle sera photographiée et filmée, enregistrée pour la postérité comme un ornement humain encore une fois, un appendice du Représentant au Congrès Randall Duke. Un appendice ! Assurément, ce n'était pas son programme quand elle avait vingt ans, cinq kilos de moins et plus de naïveté quant aux machinations de l'univers.

Le long du mur qui fait face à l'entrée se trouve un alléchant présentoir Dolce et Gabbana ; Kendra fonce droit dessus. Après avoir jaugé la sélection d'un œil exercé, elle décroche deux articles – un tailleur vert, avec un chemisier à manches mi-longues, et une robe jacquard en lurex argenté – et trouve une cabine d'essayage. Malgré la politique de prix de la boutique, ces articles dépassent les deux mille dollars, mais Kendra estime qu'elle mérite de se faire plaisir et elle pense que Randall ne trouvera rien à redire. À supposer qu'il remporte l'élection. La façon dont il parle de Mary Swain depuis quelques semaines l'inquiète.

Elle sort de la cabine en se pavanant, pieds nus, et se dirige vers la grande glace. Le tailleur est flatteur. Elle pivote devant le miroir et se regarde par-dessus son épaule. Pas mal pour une femme de quarante-deux ans, se dit-elle. Malgré le gras de son déhanchement, elle ne manque pas d'assurance. Kendra était tambour-majorette dans la fanfare de l'université de Californie du Sud – où elle a obtenu un diplôme en communication *cum laude* – et elle se comporte encore comme quelqu'un habitué à faire tourner un bâton devant quatre-vingt mille supporters de foot dans le Rose

Bowl. Chaque fois que Kendra se regarde dans un miroir en pied, c'est-à-dire plusieurs fois par jour, elle prend discrètement la pose. Il arrive que ce soit totalement inconscient et elle se surprend en flagrant délit, mais elle n'a pas honte. Ancienne chanteuse professionnelle, amoureuse des projecteurs, elle souffre de leur absence dans son existence. C'est le point faible de son mariage. Un politicien de premier plan est un homme de scène qui accapare tout l'oxygène de son environnement immédiat, et par conséquent, Kendra le rossignol manque d'air. Sa carrière de chanteuse, bien qu'elle n'ait jamais vraiment été couronnée de succès, lui procurait une dose d'attention suffisante pour lui offrir une certaine indépendance. Dans son rôle de madame Randall Duke, rien ne l'a remplacée : ni son mari qui a l'esprit ailleurs en permanence, comme quiconque cherche perpétuellement à se faire élire, ni sa fille adolescente qui pense beaucoup plus à se détacher de sa famille qu'à accorder la moindre attention à sa mère.

De retour dans la cabine d'essayage, Kendra ôte le tailleur et essaye la robe jacquard. Elle penche la tête et sourit, puis elle regarde son visage : adorable. Exaltée, elle tournoie, ce qui soulève l'arrière de la robe, dévoilant un cul joliment fait, bien qu'un peu trop large, fendu par un string en soie blanche, et orné d'un Hello Kitty de dix centimètres, tatoué sur la fesse gauche. Elle a regretté ce tatouage dès le lendemain, mais maintenant, elle aime ce côté insolent qu'il lui donne et ça lui plairait presque qu'il y ait quelqu'un pour la voir.

Dans cette immense boutique, Kendra exécute des pirouettes devant le miroir. Elle adore cette robe. Moins classique que le tailleur, elle ne proclame pas « je suis l'épouse d'un politicien », et Kendra craint que Randall la trouve trop voyante. L'inconvénient dans ce genre d'entrepôts qui font commerce de liquider le surplus, c'est l'absence de vendeuses remplies de dévotion. Kendra apprécierait quelques flatteries à cet instant. Voilà une femme qui a chanté pour des milliers de personnes dans sa carrière – même si, soyons clairs, ce n'était pas en une seule fois –, et maintenant, le seul bruit qu'elle entend, c'est le bourdonnement de la climatisation qui peine.

Fut un temps où elle avait cru qu'elle resterait artiste toute sa vie. Qu'est-ce qui s'était passé? Alors qu'elle se produisait avec un groupe qui reprenait des tubes des années 1970 dans une foire à la sortie de Fresno, elle avait rencontré un étudiant en droit nommé Randall Duke. Elle était en train de manger une pomme d'amour quand il lui avait dit qu'il adorait sa façon de chanter *Mandy*. Comme entrée en matière, elle avait connu mieux, mais Randall était persévérant, et non dénué de charme. Ce jour-là, il avait acheté cinq exemplaires de *Disco Lady*, son CD autoproduit – sur la pochette Kendra était au volant d'une Ford Pinto – pour faire des cadeaux. Et quand ils s'étaient mariés un an plus tard, Kendra avait abandonné sa carrière à contrecœur, avec l'idée de la reprendre quand les enfants qu'elle voulait auraient grandi.

– Qu'est-ce que vous en pensez?

Kendra se tourne vers la gauche et découvre la personne qui vient de parler, une femme renversante, vêtue d'un tailleur Chanel jaune pâle. La jupe s'arrête juste au-dessus du genou et elle possède des mollets spectaculaires. Ses cheveux cascadent sous un chapeau à large bord qui tombe sur ses yeux et de grosses lunettes de soleil masquent la moitié de son visage. Elle a l'allure d'une espionne glamour dans un film hollywoodien et quelque chose de vaguement familier. Elle sourit à Kendra, dévoilant une dentition de porcelaine parfaite.

– Mon mari est là-bas, mais je préfère avoir l'avis d'une fille.

Kendra aperçoit à l'autre bout de la boutique l'homme d'un certain âge qu'elle a déjà remarqué, en train d'examiner un présentoir de vestes ultralégères.

– Ce tailleur vous va à ravir, dit-elle.

– J'adore venir faire des achats ici le matin, avant que tout soit sens dessus dessous, dit l'espionne glamour.

Son ton est amical, confiant; la voix est douce. Si cette femme n'était pas accompagnée de son mari, Kendra l'aurait peut-être invitée à boire un café.

Kendra prend la pose avec sa robe.

– Soyez franche, dit-elle à sa nouvelle amie au chapeau chic et aux grosses lunettes noires.

La femme prend son menton dans sa main droite et soutient son coude avec l'autre main – manucure impeccable ! – et juge l'allure de Kendra.

– Votre mari va adorer.

Kendra se demande comment cette femme sait qu'elle est mariée. Elle regarde son annulaire, elle voit le diamant. Oh… évidemment.

– Votre visage me dit quelque chose, dit la femme.

Le cœur de Kendra fait un pas de deux. Une fan ?

– J'ai été chanteuse.

– Ah oui ? Comment vous appelez-vous ?

– Kendra Kerry. Je chantais sur toute la Côte Ouest avec un groupe qui jouait des reprises seventies. Vous m'avez peut-être vue quelque part.

La femme la dévisage un instant.

– Non, non, c'était ailleurs. Bon, il faut que j'y aille. Merci de m'avoir donné votre avis. Entre filles, il faut qu'on se serre les coudes, pas vrai ?

– C'est sûr, répond Kendra.

– Si ça ne vous ennuie pas, permettez-moi de me présenter. Je m'appelle Mary Swain et je suis candidate aux élections du Congrès. J'aimerais beaucoup pouvoir compter sur votre vote.

Oh, non, non, non. Le chapeau enfoncé sur le front, les grosses lunettes noires, toute la panoplie de l'anonymat. Si Kendra avait été moins distraite, elle l'aurait remarqué. Et voilà que Mary Swain lui faisait cette demande ridicule. Cette femme l'avait forcément vue quelque part en compagnie de Randall, ne serait-ce que sur une photo. Faisait-elle si peu d'effet ?

– Certainement, répondit-elle, au moment où elle aurait dû réfléchir normalement.

– J'ai été très contente de vous rencontrer, Kendra, dit Mary Swain en la regardant droit dans les yeux, avant de rejoindre son mari dans la section des maillots de bain.

Sa silhouette ferme et bien entretenue qui s'éloigne est la coda retentissante qui conclut l'impression de perfection qu'elle laisse dans son sillage.

C'est comme si on l'avait giflée. Kendra ressent une douleur sourde et vibrante. Elle voit Mary Swain et son mari à la caisse. Cette femme *sait* forcément qui elle est. S'est-elle payé sa tête ? A-t-elle joué au jeu de l'araignée sadique et de la mouche ? Qu'elle l'ait vue ou pas chanter à la foire de Kern County n'a aucune importance. Elle savait forcément qu'elle s'adressait à l'épouse de Randall Duke. Elle avait *forcément* vu des photos d'elle ou sur le site de son mari ou dans la presse. Et qu'elle fasse semblant de ne pas la reconnaître était simplement scandaleux. Pour qui se prend cette dose de complément hormonal, déplumée et musclée ? Kendra se considère comme une force avec laquelle il faut compter. Que cette Mary Swain n'éprouve aucun scrupule à venir la harceler au milieu d'une boutique de dégriffés, c'est inadmissible…

Quand elle retourne dans la cabine, elle est distraite de ces pensées négatives par la sonnerie de son téléphone. Le numéro qui s'affiche est celui de la Palm Springs Academy, l'école de sa fille Brittany. La femme au bout du fil lui demande si elle est bien madame Duke, puis se présente: madame Halstead, responsable des grandes classes. Elle l'informe que sa fille Britanny a été surprise en train d'envoyer à son petit ami des photos d'elle nue, sur Internet, ce qui lui a valu une exclusion de deux jours, qui prend effet immédiatement. Est-ce que ça l'ennuierait terriblement de venir la chercher?

5

La balle fait jaillir une gerbe de terre à quinze centimètres d'un serpent à sonnette surpris. Hard Marvin tient son arme de service, un Glock 9 mm, à bout de bras, bloquant son poignet droit de sa main gauche. Il aurait aimé atteindre le serpent. Il n'a pas la moindre envie d'être ici dans le désert de Mojave un jour de congé, sous un soleil capable de vous briser, pour tuer des reptiles. Mais Nadine Never veut apprendre à tirer; cette fille est un fil sous tension, une bombe vivante alimentée au propergol, dont le système nerveux central réclame une stimulation largement supérieure à la moyenne.

Le chien de Hard, un rottweiller nommé Fléau, regarde calmement son maître tirer une autre rafale. Les balles ricochent sur des pierres, les détonations résonnent dans les collines lointaines, mais le serpent s'est faufilé sous un rocher. Fléau en profite pour se coucher. Hard jette un regard à Nadine: elle ne semble pas lui en vouloir. C'est ça qui est bien avec ces jeunes nanas. Elles sont moins exigeantes.

– Merde, dit-il en plissant les yeux derrière ses lunettes d'aviateur.

D'après son expérience, les femmes aiment voir des serpents mortels se faire exploser la cervelle par de grands gars costauds. Cela doit être lié à un quelconque besoin génétique de se sentir protégées. Hard ne prétend pas tout savoir sur les femmes. Mais il aurait mieux valu qu'il tue ce foutu serpent.

– Bon. À toi.

Il se glisse derrière Nadine et savoure sa blondeur svelte. Plus petite que lui de vingt centimètres, elle porte un jean et un débardeur court dévoilant un ventre plat, fendu par une chaînette en or qui pend de son nombril. Ses épaules et ses bras toniques sont parsemés de taches de rousseur. Ses cheveux mi-longs et ses boucles d'oreilles bon marché ornées de perles en turquoise cessent leur léger balancement quand elle se raidit pour viser. Elle tend le bras et Hard glisse le Glock dans sa main droite. Puis il referme délicatement la sienne autour de son poignet et appuie discrètement son pubis contre les fesses gainées de jean. C'est le meilleur moment quand on apprend à une fille à tirer, se dit-il. La position de la cuillère version guerrier. Il sent naître une érection.

– Ça va secouer, prépare-toi.

– On n'attend pas un serpent ?

Il ne veut pas qu'elle tue un serpent tout de suite. Si elle en tue un et pas lui, ce ne sera pas bon. Même s'il en a déjà assez de cette fille et regrette les promesses qu'il lui a faites.

– Ça peut prendre toute la journée, dit-il.

Hard est dans la police depuis dix-neuf ans, il approche de la retraite. Il y travaille depuis qu'il a quitté les marines, période de sa vie dont le point culminant fut l'invasion de la Grenade en 1983. Hard aurait préféré dire qu'il avait combattu durant la Seconde Guerre, en Corée ou au Vietnam, mais c'était la Grenade, et alors ? Au moins, il avait vu des combats. Rendu à la vie civile, il avait épousé une professeur de taekwondo, femme d'affaires avisée qui possédait son propre dojo, le Mojave Martial Arts. Il avait deux fils, l'un et l'autre dans l'armée, stationnés à l'étranger.

Un soir de l'année dernière, Hard était en train de vider une cannette de Buck Rhino au AM/PM du mini centre commercial sur Twentynine Palms Highway, quand il avait vu une jolie fille sortir d'un snack avec un sachet de graines de tournesol salées. Avant qu'il puisse dire quoi que ce soit, elle lui avait demandé s'il était Hard Marvin. Il n'aurait pu espérer meilleure approche. Il avait souvent été abordé par des gens dans des lieux publics et ce n'était pas toujours agréable. Il lui répondit que oui, c'était bien le chef de la police de Desert Hot Springs qui se trouvait en chair et en os devant ce snack. Qu'est-ce qu'il pouvait faire pour elle? Nadine répondit qu'elle voyait plusieurs possibilités et Hard se demanda alors si des caméras de télé n'étaient pas braquées sur eux. Il les chercha du regard. Il voulut savoir si elle était du coin. Non, dit-elle, mais elle vivait ici depuis plus d'un an. Hard était beaucoup plus âgé, mais quelques poils grisonnants sur la poitrine ne diminuaient en rien sa confiance. Ils bavardèrent un instant et elle lui expliqua qu'elle travaillait au Hâle-Cool, un salon de bronzage. Il devrait venir un jour.

– Je suis pas assez bronzé?

– Je pourrais renforcer un peu la nuance, pour vous donner l'air plus mystérieux.

Elle précisa qu'elle était du soir trois fois par semaine. Hard saisit l'allusion et se rendit au salon deux jours plus tard, il lui offrit un verre dans un bar de la ville voisine et jeta un coup d'œil à son permis de conduire quand le barman lui demanda une pièce d'identité. Vingt-deux ans? Une sacrée surprise. Elle paraissait plus âgée, plus coriace. Il écouta ses espoirs et ses rêves; il enregistra le bulletin émotionnel général: partiellement nuageux. Il lui annonça qu'il était marié – procédure standard –, mais apparemment elle s'en moquait car ils firent l'amour dans le désert un peu plus tard ce soir-là, sur une couverture de l'armée que Hard conservait à l'arrière de son pick-up Dodge Ram pour les interludes amoureux *al fresco*.

– Pour une fille comme toi, je pourrais quitter ma femme, mentit-il, alors qu'elle avait posé la tête sur son épaule musclée.

Quinze jours plus tard, il lui répéta la même chose, mais cette fois, il se disait que c'était peut-être sérieux.

C'est au cours de cette première nuit sous les étoiles qu'elle lui demanda de lui apprendre à tirer. Elle prit le Taser accroché à la ceinture de Hard et le caressa du bout des doigts en disant: «Je veux apprendre à me servir de ça aussi.» Comme si elle avait l'intention de devenir un commando à elle toute seule.

– Oublie le Taser, lui répondit-il. Mais je t'apprendrai à te servir d'une arme.

Hard et Nadine se retrouvent au Sandy Mills Motel, dont le patron a quelques problèmes potentiels à cause des *illegales* qu'il emploie comme femmes de chambre. La police ferme les yeux et le propriétaire reconnaissant laisse les amants s'envoyer en l'air gratos pendant quelques heures, une ou deux fois par semaine. Hard apporte une bouteille de tequila.

Dans la chambre d'hôtel, la première fois: Nadine est allongée sur le lit, juste vêtue d'un string que Hard arrache avec les dents. Après avoir inspiré son odeur, il sort un couteau de la poche de son pantalon qu'il a lancé sur une chaise. Et il coupe un citron. Il en presse un quart au-dessus de son sein gauche et regarde le jus couler sur l'aréole. Son téton durcit. De l'autre main, il attrape une salière et laisse une traînée poudreuse sur le sein droit. Puis il lui remonte les genoux. Elle glousse quand il verse la tequila sur son ventre, goutte à goutte. Il regarde l'alcool couler vers son pubis. Une fois, il a essayé de faire la même chose avec sa femme et elle a failli le cogner; elle l'a obligé à se relever pour nettoyer les draps. Mais Nadine! Elle se cambre quand Hard aspire l'alcool dont le goût puissant se mélange à son parfum âcre; il lèche le sel sur son sein droit, le jus de citron sur le sein gauche, et tandis qu'ils remuent les hanches, roulent et poussent, son esprit plein de ferveur est emporté par les fantasmes habituels : marions-nous, partons au Mexique, rêves ensoleillés. Le genre de chose dont toute personne un peu lucide sait qu'elle va se terminer dans les larmes. Mais personne n'est lucide. D'ailleurs, Hard n'a pas vraiment envie d'aller au Mexique. Il a d'autres idées en tête depuis qu'il a passé du temps avec la superbe et envoûtante Mary Swain. Non, ce n'est pas lui rendre justice : Mary Swain la muse ! Il devient ambitieux. Mais il n'éprouve pas le besoin d'aborder ce sujet avec sa petite amie.

Hard est perdu dans ses pensées exaltantes, enivré par les possibilités et un avenir sans bornes quand BAAANNNNGGG ! le coup de feu retentit tout près de son oreille. Il voit les quatre pattes de Fléau décoller du sol.

– Nom de Dieu, Nadine !

La détonation se répercute contre les formations rocheuses. Hard a les tympans qui bourdonnent.

– Tu as failli buter Fléau !

– J'ai cru voir bouger quelque chose par là.

Elle avait pivoté de quatre-vingt-dix degrés sur la droite et pressé la détente, prenant Hard au dépourvu. Cette fille est dangereuse, se dit-il. Pas juste dangereusement sexy. Elle le regarde avec un sourire en coin.

– C'est amusant.

– S'il arrive quelque chose à ce chien…

– Tu l'aimes plus que moi ?

– Et comment ! J'aime ce chien plus que n'importe quel être humain.

Tout en essayant de maîtriser le chevrotement de sa voix, Hard regarde Fléau, à demi accroupi et tremblant.

– Ce que je veux t'expliquer, c'est que tu ne peux pas tirer n'importe où.

– Je te jure que j'ai vu un truc bouger.

– Rien n'a bougé. Allez, vise là où je t'ai montré.

Nadine fait pivoter le canon du Glock et tire de nouveau. Hard ne sait même pas si elle a visé. Et il trouve ça excitant. Il n'est plus sûr de vouloir la plaquer, finalement. Il attendra au moins que les élections soient passées.

Nadine sort son portable. Elle lui tend le Glock et passe son bras autour de ses épaules.

– Pointe ce truc sur moi, mais sans appuyer sur la détente, OK?

Hard pense qu'elle est folle, mais tout le monde a ses petites bizarreries. Quand même, une photo?

– Nadine, je ne suis pas sûr que ce soit une super idée.

– Pourquoi?

– Pourquoi? Parce que je suis le chef de la police. Et je suis marié, tu as oublié?

– Je sais, je sais. Mais je ne la montrerai pas à ta femme, juré.

– Nadine, ma jolie…

– Tu n'as pas confiance?

– Bien sûr que si. Ce n'est pas toi qui m'inquiètes. Mais imagine que quelqu'un mette la main sur une photo pareille?

– OK. Tu veux savoir la vérité?

– Évidemment.

– Ça me motive, en quelque sorte. Peut-être que je serai contente de l'avoir pendant ces nuits froides où tu n'es pas là.

Elle lui sourit en écarquillant ses yeux bleus.

– Désolé, trésor. Je ne peux pas.

Nadine remet le cran de sécurité, appuie elle-même le canon sur sa joue et éclate de rire.

– Trouillard.

Hard ne comprend pas pourquoi cette fille aime avoir un flingue qui lui chatouille la pommette, et en même temps, il se demande pourquoi toutes les femmes ne sont pas comme ça. À Hardville, ce serait le cas. Des flingues et des nichons et Hard laisse sa raison au vestiaire. Il aurait aimé prendre cette photo, mais il n'est pas fou. Qu'est-ce qui empêcherait Nadine de l'envoyer à sa femme? Est-ce que Mary Swain le laisserait pointer une arme sur elle? Pendant qu'il la baiserait? Encore un truc qu'il avait essayé avec sa femme; elle ne lui avait pas adressé la parole pendant une semaine. Il faut qu'il apprenne à contrôler ce genre de pensées; elles ne contribuent pas à la paix sur terre. Mais ça lui procure un frisson qui court de sa région lombaire à ses parties.

Nadine tient le portable à bout de bras, le pointe sur elle et prend une photo.

– Si tu étais dessus, on aurait pu l'utiliser comme faire-part de mariage.

Hard espère qu'elle plaisante, mais il ne dit rien. Alors qu'ils regagnent son pick-up, suivis de loin par Fléau, Nadine demande:

– Tu as tué quelqu'un quand tu étais dans l'armée?

– Non, mais j'ai tué des types.

Il lui adresse un petit sourire pour montrer que l'application du châtiment ultime le laisse de marbre.

– En tant que flic?

– Exact.

– Raconte.

– Je travaillais pour l'Immigration, plus au sud. On avait installé un barrage et on traquait les clandestins. On arrête un camion. Avec des plaques mexicaines. Il transportait des tomates vers le nord. Un camion mexicain, faut toujours se méfier, peu importe ce qu'il y a dedans. Alors, les gars et moi, on plante des fourches dans les tomates et là, on entend gueuler…

Il s'interrompt. Il a raconté cette histoire d'innombrables fois et il a embrayé en mode représentation. Chaque silence, chaque respiration, a été peaufiné. Nadine est subjuguée.

– Soudain, trois Mexicains jaillissent des tomates ! Et voilà qu'ils détalent dans trois directions différentes, alors on leur court après. Je rattrape le mien. C'est un petit gars, mais il est très costaud et pendant que j'essaye de lui passer les menottes, il m'estourbit, ce salaud. J'essayais de jouer les bons flics, de faire ça dans les règles, mais là j'ai pété les plombs. Quand je l'ai rattrapé, je l'ai tenu à la gorge et hop, terminé.

– Tu l'as tué ?

– C'était pas mon intention.

Quand Hard remarque l'expression de Nadine, pas vraiment réprobatrice, mais pas enthousiaste non plus – n'est-ce pas elle qui a demandé à entendre cette histoire ? –, il baisse d'un cran son niveau de fanfaronnade.

– Le petit *hombre* ne m'a pas laissé le choix.

– Tu n'as pas eu d'ennuis ?

– Comment ça ? Est-ce que j'ai été sanctionné ?

Elle hoche la tête en regardant Hard d'un autre œil désormais : cet homme est un authentique meurtrier.

– Il y a eu une commission, c'est la règle quand quelqu'un se fait tuer, mais il ne s'est rien passé. Un an plus tard, j'ai eu une promotion.

– Tu crois au châtiment ?

– Divin, tu veux dire ?

– Tu y crois ?

– La mort frappe tout le monde au bout du compte.

Hard a l'impression d'être le roi philosophe, bien qu'il n'ait pas tué de serpent. Il pense que l'histoire du Mexicain mort va renforcer son image de macho auprès de Nadine. Il envisage de lui faire l'amour sur-le-champ, quand elle dit :

– J'aimerais vraiment que tu prennes cette photo avec moi.

Ça lui coupe l'envie. Il ne répond pas. Un géocoucou passe à toute allure, à quinze mètres de là. Hard est traversé par l'idée de lui tirer dessus, mais il a déjà manqué le serpent et il ne veut pas gâcher le respect tout neuf qu'il croit avoir acquis aux yeux de Nadine.

– Hard ?

– Oui ?

– Tu n'as pas réagi quand j'ai parlé de faire-part de mariage.

Il ne réagit pas plus la seconde fois.

– Hé, Hard ! Souris.

Il se retourne et elle photographie son air agacé.

– Bon sang, Nadine.

– Tu n'es pas marrant.

Comme Hard ne répond pas, elle le dépasse en trottinant, s'arrête un peu plus loin et baisse son jean jusqu'en haut de ses cuisses pour lui montrer ses fesses. Le Hello Kitty tatoué sur son cul ferme le fait sourire à chaque fois. Elle le regarde par-dessus son épaule, d'un air coquin où perce une pointe de gravité à peine visible. Hard lui donne une tape sur le derrière en passant et lui dit qu'il doit rentrer. S'il avait pris la peine de se retourner, il aurait vu ses traits juvéniles et radieux s'affaisser vers le sol aride du désert.

6

Jimmy Duke roule vers le sud sur la Highway 111 qui traverse Palm Springs à bord de sa camionnette bleue. Une main sur le volant, le coude à la portière, il se demande pourquoi le destin l'a affublé d'un frère tel que Dale. Cela faisait partie des sujets qu'il abordait lors des séances de maîtrise de l'agressivité. Qu'est-ce qui l'avait amené là? Un membre d'un gang soupçonné de meurtre l'avait blessé avec un couteau à cran d'arrêt, et quand l'homme avait finalement été maîtrisé Jimmy lui avait cassé la mâchoire. Et le nez. En deux coups de poing seulement. Il pensait que cela démontrait une certaine retenue, mais c'était la deuxième fois qu'il était impliqué dans de violentes représailles après qu'une crapule qu'il essayait d'arrêter avait refusé d'obtempérer, et Hard Marvin avait insisté pour qu'il ait recours à l'assistance d'un professionnel.

La thérapie de groupe était une expérience qui lui passait au-dessus de la tête, alors l'animateur avait laissé entendre que Jimmy pourrait tirer profit de l'étude des techniques de méditation bouddhistes. Intrigué, il s'était inscrit à un cours sur Internet, dispensé par Bodhi Colletti, une habitante de Tacoma, dans l'État de Washington. Les quatre derniers dimanches matin il les a passés assis devant son ordinateur, sur la table de la cuisine, à écouter Bodhi parler du dharma. Il a agacé les autres élèves en l'interrompant sans cesse pour lui demander ce qu'était, au juste, le dharma. Bien qu'elle lui ait fourni une réponse longue et compliquée, cela se résumait, autant qu'il pouvait en juger, à ce que les bouddhistes appelaient les Quatre Vérités nobles.

1. La vie est souffrance.
2. Il existe une cause à cette souffrance.
3. Et une fin.
4. Il existe un moyen d'atteindre cette fin.

En s'adressant à ses novices sur la toile, Bodhi Colletti leur a expliqué comment gérer les pensées négatives qui surgissent inévitablement sur le coussin de méditation, et qui s'incrustent dans votre esprit comme le mauvais temps. Il était question de regarder naître une pensée, en résistant à la tentation de la qualifier de bonne ou de mauvaise et de la placer à l'intérieur d'une bulle rose pour la regarder s'envoler. Bodhi Colletti a souligné que cette bulle rose, bien qu'elle n'existe pas dans les textes bouddhistes, était souvent très utile à ses élèves.

Au début, Jimmy avait trouvé cela complètement ridicule, surtout le coup de la bulle rose. Comment pouvait-on inventer des conneries pareilles? Mais quand il avait essayé, il avait été surpris par l'efficacité de cette technique. La fois suivante, Darleen, son ex-femme, avait surgi dans ses pensées – ce jour où, ivre, vers la fin de leur mariage, elle lui avait parlé d'une aventure avec son collègue à l'hôtel-restaurant où elle travaillait comme hôtesse – et il avait fait apparaître la bulle rose. Conformément aux instructions de Bodhi Colletti, il avait imaginé son ex-femme enfermée à l'intérieur. Puis la bulle s'était envolée. Jimmy avait résisté à l'envie d'imaginer qu'il l'aspergeait d'essence pour y mettre le feu. N'empêche, cette première fois, il avait réussi à souhaiter bonne chance à Darleen pendant qu'elle s'élevait dans le ciel et disparaissait au milieu des nuages. La méthode avait fonctionné un peu mieux la fois suivante, et encore mieux la fois d'après. Il sait qu'il ne pourra jamais parler à personne de sa technique – *enfermer son ex-femme dans une bulle rose et lui souhaiter bonne chance* –, mais il est obligé d'admettre qu'elle calme ses contrariétés.

Il sent que cela va lui demander plus d'efforts qu'il n'accepte d'en fournir, mais qu'il va devoir trouver une motivation s'il veut rencontrer des gens nouveaux. Cali Pasco, nouvellement promue détective de la brigade de Desert Hot Springs, n'est pas vraiment nouvelle en soi, mais elle était inaccessible tant qu'ils étaient l'un et l'autre dans la police. Maintenant, il n'a plus rien à perdre. Elle décroche à la troisième sonnerie et semble heureuse de l'entendre. Salut, Jimmy, comment ça va? Bien, et toi? Tout va bien, quoi de neuf? Je me disais... Et ils conviennent de ce que ni elle ni lui n'appellent un rendez-vous, mais qui implique un dîner en commun, le soir même.

L'appartement constitue une amélioration par rapport à la cellule dans laquelle Dale a vécu ces trois dernières années, même s'il est situé à Mecca. Un studio ensoleillé avec accès pour handicapés, au rez-de-chaussée d'un immeuble avec des murs et un toit, pour reprendre une vie d'homme libre, ça pourrait être pire. L'immeuble ne sera habitable que dans un mois et il en est l'unique occupant. Il passe sa première heure seul à regarder une émission de télé sur les voitures et à chercher un moyen de reprendre le cours de sa vie, pas celle où il vend des camping-cars à des retraités. Certes, Randall lui a acheté un nouveau fauteuil roulant, il lui a trouvé un toit et un boulot, mais ce n'est pas comme s'il pouvait revenir dans le droit chemin.

Quoi qu'il en soit, son nouveau coup sera mieux préparé que celui qui lui a valu de passer trois ans à Calipatria. Un cambriolage à Rancho Mirage. Sa paraplégie limitait son utilité dans ce domaine, mais pas son désir. Dale servait donc de guetteur et de chauffeur. Beaucoup d'habitants de

Los Angeles possèdent des maisons dans le désert. Dale et son associé Gorman, un type qu'il avait connu au lycée, faisaient la tournée des résidences secondaires et les affaires étaient bonnes. Ils volaient principalement des appareils électroménagers qu'ils revendaient à un receleur de Hemet installé dans une de ces boutiques de meubles d'occasion. Gorman s'introduisait dans la maison avec son portable en mode vibreur, tandis que Dale, assis au volant de sa fourgonnette, le tenait informé de ce qui se passait dans la rue. Ils avaient fait presque vingt coups ensemble, et hormis une rencontre imprévue avec un pitbull, que Gorman avait failli aveugler avec du gaz lacrymogène, ils n'avaient jamais eu de mauvaises surprises.

Le soir où ils s'étaient fait pincer, un méchant orage avait endommagé une antenne relais et les deux hommes ne pouvaient plus communiquer. Gorman était entré dans la maison appartenant à un couple de Los Feliz, un quartier huppé à l'est de Los Angeles. Un adjoint du shérif qui circulait à bord d'une voiture de patrouille avait remarqué Dale garé devant cette maison et s'était arrêté à sa hauteur. Ils étaient en pleine conversation quand Gorman ressortit avec un téléviseur à écran plat de quatre-vingts centimètres. Comprenant la situation, il avait lâché le téléviseur pour décamper dans le désert. L'agent convainquit Dale de ne pas bouger en lui collant son arme sous le nez. Quand il lui ordonna de descendre de voiture, il ne parut nullement déconcerté d'avoir affaire à un handicapé. Gorman fut arrêté le lendemain et tous les deux se retrouvèrent en taule. L'affaire fit la une du journal local car le frère de Dale accomplissait son deuxième mandat au Congrès. Randall avait maudit celui qui avait osé dire que la mauvaise publicité n'existait pas. Dale Duke incarnait ce concept à lui seul: il enchaînait les séjours en prison depuis vingt ans, pour possession de drogue, chèques en bois, et maintenant vol avec effraction.

Gorman était toujours en prison car son frère n'était pas Représentant au Congrès mais soudeur. Dale, lui, était prêt à s'éclater avec dix mille dollars en liquide, planqués dans un coffre à Borrego Springs.

Si Dale a choisi la carrière de mauvais garçon, c'est davantage faute de choix que par conviction intime. Ayant arrêté ses études après le lycée, dépourvu de talent monnayable, il n'a jamais vu la chance frapper à sa porte. Ce serait pour lui un plaisir sans borne de montrer à Randall qu'il possède une valeur intrinsèque. Mais comment ? Ce n'est pas en vendant des camping-cars qu'il y arrivera.

En caleçon et marcel, Dale s'allonge par terre, à plat ventre, pour faire des pompes sur un seul bras, ses jambes desséchées tendues derrière lui. Son bras tatoué monte et descend. En prison, il soulevait de la fonte et jouait au basket avec les cinq autres détenus en fauteuil roulant. Sa blessure au cerveau qui provoque les attaques est aussi responsable de l'atrophie de son bras gauche, exempté de musculation. Son bras musclé offre un contraste saisissant. Dans sa partie supérieure droite, Dale ressemble à un acteur de films d'arts martiaux. En revanche, son bras gauche et ses jambes évoquent une expérience scientifique qui aurait mal tourné.

Au moment où il effectue sa vingt-cinquième pompe, la porte s'ouvre et il entend une voix familière :

– Tu vas pas te lever pour me mettre K.-O., hein ?

– Jimmy Ray Duke de mes deux. Tu veux faire un bras de fer ?

Jimmy pose sur la table le sac de plats à emporter qu'il tient dans les mains et répond : « OK. »

Ils s'allongent par terre, face à face, et chacun empoigne la main de l'autre. Jimmy fait le compte à rebours et c'est parti. Tous les deux sont des hommes forts et au début, aucun ne prend le dessus, mais la force de levier supérieure de Jimmy, due au fait que tous ses membres fonctionnent, s'ajoute à la fatigue de Dale, et lui permet finalement de plaquer la main de son frère cadet sur le sol.

– Tu es devenu plus costaud en prison ?

– J'exige une revanche, et la prochaine fois, je ferai pas de pompes avant.

– Il n'y aura pas de revanche, Beau Parleur. Tu pourrais gagner.

– Laisse tomber le conditionnel, mec.

Jimmy s'écroule dans le canapé et regarde autour de lui. Il essaye d'ignorer son frère qui rampe sur le sol pour se hisser sur une chaise à la manière d'un phoque. La compassion ne fait pas partie de son répertoire. Et comment exprimer sa compassion à un dur à cuire comme Dale, d'abord ? Il se moquerait de vous.

– Qu'est-ce qu'on fout à Mecca ?

– Randall veut me foutre à l'écart, tocard.

– Tu m'as traité de tocard ?

– C'est pour la rime. Je suis obligé de pondre des vers pour tuer le temps. Fait chier ! Randall veut me planquer.

– Comment lui en vouloir ?

Comme Dale ne répond pas immédiatement, Jimmy se demande, l'espace d'un instant, s'il n'a pas été un peu trop direct. Puis il l'informe qu'il lui a apporté à manger et lui demande s'il a faim. Bien qu'il ne soit jamais allé le voir en prison, c'est comme s'ils s'étaient parlé la veille. Il sort du sac un sandwich qu'il lance à Dale.

– Je me souviens que tu aimes le thon, mais il paraît que c'est plein de mercure maintenant.

– Je peux plus manger de thon?

– Je t'ai pris du rosbif. Ils flinguent du bétail bourré d'hormones, mais bon. J'ai de la bière aussi. (D'un geste théâtral, Jimmy sort un pack de six.) Rien que pour toi. J'ai arrêté de picoler.

– Mon cul.

– Juré.

Dale s'esclaffe. S'il entretient des relations tendues avec Randall, Jimmy et lui ont des rapports plus faciles, et cela vient du fait que chacun sait bien que l'autre ne lui demandera jamais rien. Les deux frères mâchonnent leurs sandwiches en silence. Dale envisage de demander à Jimmy pourquoi il n'est jamais venu le voir durant les trois ans qu'il a passés en taule. Mais il se dit que ce genre de questions n'amène jamais rien de bon.

Jimmy ouvre une cannette de soda. Il avale une gorgée et dit:

– Le Représentant au Congrès a été généreux avec toi.

– Tu as vu ce fauteuil roulant qu'il m'a offert?

Dale montre l'engin garé à quelques pas de la chaise sur laquelle il est assis.

– C'est un vrai véhicule, avec le moteur peint en rouge et tout le tintouin. Et il m'a trouvé un boulot de vendeur de camping-cars.

– Qui achète encore des camping-cars? Avec le prix de l'essence et le reste?

– Tout ce que je sais, c'est que je serai payé.

– Grand frère m'a demandé de t'avoir à l'œil, de passer te voir. Il m'a filé la clé d'ici. J'espère que ça ne t'embête pas.

Ça l'ennuie qu'on ait donné à Jimmy la clé de chez lui, et peu importe qu'un paraplégique puisse avoir besoin d'aide en cas d'urgence; il décide de s'offusquer du manque de confiance que dénote ce geste. Malgré cela, il est déterminé à faire bonne figure.

– Tu vas me débiter un sermon sur le bien et la vertu, le chien et la tortue ?

– Pas de sermon avec moi. Tu vis ta vie et tu fais ce que tu veux. Mais arrête avec ces putains de rimes, s'il te plaît. Ça me tape sur les nerfs.

– Si tu m'attrapes, tu m'enverras au pénitencier.

Après une pause, il ajoute :

– Et tu feras suivre mon courrier.

Jimmy sourit. C'est plus fort que lui. Il dit :

– Dans deux ou trois ans, je suis à la retraite. Alors, si tu veux jouer les fouteurs de merde, je te serais reconnaissant d'attendre que je ne sois plus payé pour arrêter les fouteurs de merde.

– C'est une nouvelle vie, Jimmy.

– Super.

Le mot super est une façon ironique de montrer que Jimmy ne croit pas un instant au baratin de Dale. Mais celui-ci passe à côté.

– Tu veux que je te dépose quelque part ?

– Allons faire un tour à Bombay Beach.

C'est une ville minuscule sur les rives de la Salton Sea, à environ quarante kilomètres au sud de Mecca. Généralement, personne ne demande à aller là-bas. En vérité, ce qu'aimerait Dale, c'est qu'on le conduise à Borrego Springs pour récupérer le fric qu'il a planqué, mais il ne veut pas expliquer à Jimmy ce qu'il va faire à la banque Wells Fargo. Il prendra un taxi.

– Pourquoi tu veux aller à Bombay Beach ?

– Pour toucher l'eau.

– Roule ton cul jusqu'à la cuisine et ouvre le robinet si tu veux toucher de l'eau.

Dale rigole. Du moins, c'est ainsi que Jimmy décide d'interpréter l'aboiement guttural qui sort de sa gorge.

– Tu te souviens de la fois où papa nous a emmenés pêcher là-bas ?

– Oui, je devais avoir douze ans. On a fait un tour dans une sorte de barque en métal pourrie et j'ai failli me taper une insolation. C'est un souvenir qui m'émeut.

– Je repensais souvent à cette journée quand j'étais en prison. C'est peut-être la seule chose qu'on ait faite tous les trois avec lui, autant que je m'en souvienne.

– Combien de fois il nous a emmenés ? Une fois ?

– Oui, une fois. J'ai attrapé un poisson, mais il n'a pas voulu que je le fasse cuire, il disait que j'allais être malade.

– Je m'en souviens.

Un silence s'installe entre eux, tandis qu'ils se remémorent cette journée, trente ans plus tôt.

– On a bu des milkshakes aux dattes au Medjool Date Oasis.

– Comment tu te rappelles de ça ?

– Je sais pas. Tout à l'heure, j'ai essayé de convaincre Randall de s'y arrêter pour en boire un, mais c'est devenu un type trop important maintenant. (Il cherche une approbation, mais Jimmy s'abstient.) Dis, tu voudrais pas y emmener ton pauvre frangin estropié ?

– Tu sais quoi ? On remet tout ça à la semaine prochaine, OK ? On ira boire un milkshake aux dattes et ensuite, direction Bombay Beach, ça te va ?

– Alléluia !

Jimmy reste encore dix minutes. Il parle à Dale du nouveau boulot dans lequel il va se lancer et Dale lui raconte ses trois années de prison. Jamais il n'avait purgé une peine aussi longue, mais il a tenu le coup, affirme-t-il. Jimmy le rend nerveux. Bien qu'il n'ait absolument rien fait. Mais sa présence, son statut de représentant de l'ordre et leur passé commun sont un reproche adressé à sa vie tout entière. Il y a longtemps que Dale éprouve ce sentiment envers ses deux frères. Et même s'il lui est reconnaissant de cette visite, quand Jimmy lui dit au revoir et referme la porte derrière lui, Dale est soulagé. Tout ça commence à le stresser et le stress peut provoquer une attaque. Il sort ses médicaments de sa poche et avale sa deuxième dose de la journée.

7

Après sa journée de travail au Hâle-Cool, Nadine rentre chez elle à Cathedral City, à l'est de Palm Springs. Elle habite dans une maison de cent trente mètres carrés, construite avec des matériaux de mauvaise qualité durant le boom immobilier des années 1990. Une maison saisie six mois plus tôt, dont elle n'est pas propriétaire. Un client du salon de bronzage, agent d'une société de prêts, s'est arrangé discrètement pour qu'elle puisse s'y installer. L'eau n'a pas été coupée et Nadine a trouvé sur Craigslist quelqu'un qui savait brancher un groupe électrogène et donc, même si techniquement parlant elle squatte, elle a l'impression d'être chez elle, en faisant abstraction du panneau *Saisie* planté dans le jardin. Nadine se fond dans le décor de cette ville discrète peuplée d'un mélange décontracté de Blancs et de Latinos.

Elle dépose dans le micro-ondes du poulet teriyaki allégé et laisse Diablo, son chihuahua, sortir dans le jardin clôturé. Pendant que son repas cuit, elle remet un peu d'ordre. La maison est sobrement meublée d'un canapé de velours blanc, de deux fauteuils tapissés et d'une table basse, tout cela acheté dans des vide-greniers. Elle sort le plat du micro-ondes et pendant qu'il refroidit, elle prend une douche. Hard l'a appelée un peu plus tôt pour lui demander s'il pouvait passer. Elle avait espéré une invitation à dîner, mais cela ne figurait pas dans son programme. Elle lui avait répondu qu'il ne devait pas s'attendre à être nourri, et il lui avait dit que ça ne posait pas de problème.

Nadine se sèche et s'habille. Ses jambes sont élancées, et autour d'une de ses chevilles fines, elle porte une chaînette en or, cadeau de Hard. Elle se regarde dans la glace. De son pantalon corsaire taille basse dépasse un string rose sexy qui pointe son nez dans l'espace dénudé par un chemisier sans manches en coton blanc. Elle fait un régime et de la gym dans la salle de sport d'un hôtel dont elle prétend être cliente, et sa silhouette naturellement attirante est au top de sa forme.

Elle fouille dans l'armoire à pharmacie et déniche un flacon de Valium. Elle en a déjà pris un trois heures plus tôt, dans son souvenir, et se demande si ce n'est pas trop rapproché. Mais elle se sent nerveuse aujourd'hui; elle se dit qu'elle pourra commencer à arrêter demain. Elle avale le cachet à l'aide d'une gorgée de Coca light.

Assise dans un fauteuil avec un magazine, elle se demande quand sa vie va enfin changer. Elle n'a pas eu une enfance heureuse, et elle espérait que les nuages noirs qui avaient assombri ses jeunes années finiraient par se dissiper enfin. Elle pense à sa mère, qui a fichu le camp avec un ami de son mari quand Nadine était petite; à son père, un ancien de la Navy qui les a élevées, sa sœur et elle, avec un salaire de gérant de restaurant; il emmenait ses filles prendre des cours de tennis gratuits dans les parcs municipaux. Sa sœur n'avait pas accroché, mais Nadine adorait ce sport, elle avait joué dans l'équipe du lycée et obtenu une bourse pour la fac de San Diego. Son père, gros fumeur, sirotait un whiskey sour dans un bar de Tijuana quand il eut une crise cardiaque. Très affectée, Nadine quitta l'université un an avant l'obtention de son diplôme.

Elle avait trouvé un poste de professeur de tennis dans un club de vacances. Hélas, un mois après son arrivée, le club fut vendu et les nouveaux propriétaires décidèrent de lui faire subir un lifting, alors elle se retrouva en train de se limer les ongles dans les files de chômeurs. À son grand dam, elle découvrit qu'il n'y avait pas beaucoup de postes de professeur de tennis sur le marché. C'est ainsi que débuta sa carrière de technicienne du bronzage, un pis-aller, une façon de s'occuper en attendant de décider de son avenir. Cela fait plus d'un an maintenant qu'elle aide les gens à bronzer et elle commence à avoir la bougeotte. Le Valium lui permet d'atténuer cette sensation. En théorie, du moins. Hard a une heure de retard et elle se demande si elle ne va pas en prendre un autre. Combien en a-t-elle pris aujourd'hui ? Elle a perdu le compte. La notice conseille un comprimé toutes les six heures, mais Nadine laisse ces recommandations aux amateurs. Elle se dit que ce palliatif chimique est moins mauvais pour son organisme que les quatre verres de téquila nécessaires pour produire le même effet. Elle appelle Hard, mais elle tombe directement sur sa messagerie.

Alors, elle tapote sur son ordinateur déglingué, et remplit un formulaire en ligne pour participer à une émission de télé-réalité très populaire.

Un joueur de football professionnel ressurgi des profondeurs des années 1980 est prétendument à la recherche d'une épouse. Il a joué dans quelques mauvais films d'action et il a été arrêté pour conduite en état d'ivresse, avant de se déclarer ruiné. Sur sa photo publiée sur le site de l'émission, il arbore une crinière de lion et des lèvres épaisses qui ont traîné Dieu sait où. Il est sanglé dans une tenue en fausse espèce protégée et tout en lui hurle MST, mais Nadine s'en fiche. Elle n'a pas l'intention de l'épouser. Elle aime l'idée d'être invitée à Los Angeles pendant quelques semaines, installée dans la villa où l'émission est enregistrée, de pouvoir manger à l'œil, de s'offrir une virée shopping dans un centre commercial et profiter des autres avantages séduisants réservés aux vingt filles qui auront la chance d'être prises.

Nadine ne reprend pas le travail avant une heure, mais son esprit s'éloigne de la demande d'inscription. Est-ce le Valium ? Un excès de Valium peut-il provoquer une sorte d'hyperactivation du cerveau ? Elle a entendu dire que ça pouvait rendre fou. Mais si on prend trop de Valium, on meurt, non ? Ou est-ce qu'on devient fou avant de mourir ? Si elle devenait folle, s'en rendrait-elle compte ? Les fous savent-ils qu'ils sont fous ? Voilà une énigme. Il faudrait qu'elle fasse des recherches sur Internet.

Si sa vie sociale s'améliorait, elle est persuadée que sa consommation de tranquillisants baisserait nettement. Mais ces temps-ci, c'est un véritable désastre. Depuis l'époque du lycée, Nadine fait preuve d'une absence totale de discernement dès qu'il s'agit des hommes, absence qu'elle attribue à tort à sa bisexualité occasionnelle. Elle a alterné hommes et femmes avec une régularité de pendule et parfois, elle se demande si cette fluidité n'a pas nui à une meilleure compréhension du sexe opposé. Mais elle a écouté des amies hétéros se plaindre du caractère impénétrable de leurs petits copains, et des hommes hétéros s'avouer incapables de comprendre leurs petites copines insondables. Elle est réconfortée par ce qui semble être une ignorance endémique du sujet.

Avant Hard, elle avait eu une aventure avec cette femme mariée, qui lui avait affirmé que c'était une première pour elle, l'adultère et l'homosexualité. Quand sa maîtresse avait mis fin à leur liaison, Nadine s'était retrouvée totalement vulnérable. La même semaine, elle avait rencontré Hard. Elle aimerait pouvoir lui transplanter la personnalité de son chihuahua. Elle observe son chien, couché à ses pieds sur le tapis, en train de ronger une balle de golf. Diablo la regarde avec ses grands yeux marron qui expriment tout un monde de compréhension, de compassion et d'amour.

Son portable sonne, elle regarde qui l'appelle. Le Chef Harding Marvin. Pendant un instant, elle envisage de ne pas répondre.

– Quoi ?

Elle espère que le ton de sa voix communiquera instantanément son degré d'agacement.

– Désolé de ne pas avoir appelé plus tôt. (Nadine l'écoute dans un silence glacial.) J'ai été retenu par la campagne de Mary Swain. Je coordonne la sécurité. Je ne te l'avais pas dit ?

– Si, Hard, tu me l'as dit. Au moins dix fois.

– Tu veux toujours que je vienne ?

– Fais ce que tu veux.

Il répond qu'il sera là dans une demi-heure.

Nadine prépare un pichet de margarita. En se disant que si Hard ose lui faire les gros yeux, elle lui renversera le contenu sur la tête. Elle se remaquille un peu et se juge dans le miroir de la salle de bains. Exception faite des cernes sous les yeux, elle est satisfaite. Quand la sonnette retentit, elle attend une bonne seconde avant de se lever pour aller ouvrir. Hard tient dans les mains une douzaine de roses et un livre de poche, qu'il lui tend brutalement.

– Les œuvres poétiques complètes de Robert Service ?

– Le plus grand poète américain de l'histoire.

Il passe devant elle pour entrer.

Nadine remplit un vase avec de l'eau. Pendant qu'elle arrange le bouquet, il lui lit *Le Meurtre de Dan McGrew*, un poème viril sur un type qui se fourre dans le pétrin dans le Yukon et le paie de sa vie. Il a la gorge nouée quand il arrive à la fin. Nadine est émue. Hard n'est pas du genre à exprimer ses émotions en public. Quand il l'embrasse dans le cou, elle le repousse du coude ; elle veut le punir pour son retard, son manque de sensibilité et, plus que tout, l'absurdité de leur arrangement. Mais il insiste, et quand il essaye de nouveau, elle le laisse faire. Puis ils se retrouvent dans la chambre en train de s'envoyer en l'air, et pendant que Hard s'agite sur elle, Nadine contemple le plafond en se demandant si elle s'enfuirait avec lui au cas où il le lui proposerait; elle se demande même, brièvement, si elle se laisserait baiser si elle n'avait pas abusé du Valium.

Après l'amour, l'un et l'autre se rhabillent rapidement. Comme s'ils ne voulaient pas affronter l'intimité que suggère leur nudité. Maintenant, assis sur le canapé, Nadine et Hard boivent des margaritas. Diablo les observe, perché sur la chaise à l'autre bout de la pièce. Nadine finit la sienne et demande à Hard s'il en veut une autre. Quand il répond non, elle se lève et s'en ressert une.

Elle revient sur le canapé, croise les jambes et laisse pendre sa sandale au bout de son pied. Il y a quelque temps, Hard a parlé de l'emmener à Cabo un week-end, pour pêcher en haute mer, et elle espère qu'il va aborder le sujet. C'est à ce moment-là qu'il lui dit qu'ils devraient peut-être cesser de se voir. La sandale de Nadine tombe par terre.

– Pourquoi ?

– Ce n'est pas que j'en ai plus envie, mais ma vie est déjà suffisamment compliquée. J'aimerais bien continuer pourtant.

– Tu veux dire que tu voudrais continuer à me baiser ?

– Allons. Tu es injuste. Je n'offre pas les œuvres poétiques complètes de Robert Service à tout le monde.

Nadine met un instant à assimiler l'absurdité des paroles que vient de prononcer Hard. Elle s'en contrefout de Robert Service, ou de n'importe quel autre poète d'ailleurs. Hard aurait pu lui réciter *Le Purgatoire* de tête, cela n'aurait absolument rien changé. Ses synapses crépitent furieusement; elle ne pense qu'à sa survie. Elle sent que son rêve d'une vie stable lui échappe.

– Je ne supporte pas Robert Service ! Je me contrefous de ce putain de Yukon !

Il ne sait pas quoi répondre à cela. Les goûts d'un homme en matière de poésie sont un point sensible. On peut débiner sa personnalité, mais pas touche au *Meurtre de Dan McGrew.* Nadine sent que le but de Hard est de se défiler sans subir de scène. Quelque chose en elle refuse que ça se passe ainsi.

– Que veux-tu que je te dise ?

– Pourquoi tu ne la quittes pas ?

– C'est plus dur que je le croyais. Mais c'est toi que j'aime.

Elle se dit qu'il le pense peut-être. Il a l'air sincère. Mais elle les trouve toujours sincères. Elle a perdu tout jugement, elle ne sait plus reconnaître la vérité dans le marécage infini des faux-fuyants.

– Je croyais qu'on allait se marier.

Elle voudrait qu'il lui prenne la main et lui explique qu'il s'est trompé, qu'il ne peut plus vivre sans elle, mais Nadine est encore suffisamment sobre pour s'apercevoir que c'est ridicule. Ce n'est pas le moment où Hard lui avoue son amour, mais celui où il essaye de se dépatouiller de tout le baratin qu'il lui a débité.

Il fait la moue, inspire à fond et recule dans son fauteuil, comme pour s'éloigner.

– Je crois que ça ne va pas être possible.

Les margaritas sont fortes et celles qu'elle a bues ont atteint directement ses inhibiteurs de pulsions. Cela devient évident quand elle prend conscience des paroles qui sortent de sa bouche :

– Qu'est-ce que tu dirais si je parlais de nous à ta femme ?

Il boit une autre gorgée de margarita et la regarde avec ce qui peut être considéré comme un certain détachement. Elle n'aime pas ça.

– Qu'est-ce que je dirais ? Je dirais que ce n'est pas la meilleure ligne de conduite.

– Pas la meilleure ligne de conduite ?

Elle se moque. C'est le prix qu'il doit payer pour le sexe, accepter qu'elle se moque de lui, temporairement du moins. Elle sait qu'il se considère comme un gentleman et qu'il l'écoutera jusqu'au bout avant de s'en aller.

– Pourquoi pas ?

Sa réplique est ridicule, mais elle n'a pas trouvé mieux.

– Écoute, dit-il comme s'il s'adressait à une enfant. Je ne quitterai pas Vonda Jean et elle ne me quittera pas.

– Qu'est-ce que tu en sais ?

Nadine sent qu'elle commence à paraître désespérée et pitoyable, et cela la met encore plus en colère. Elle regrette d'avoir bu la deuxième margarita. Et avalé tout ce Valium.

– Ce n'est pas la première fois, dit Hard. Et elle est au courant.

– Ah oui ?

– Pourtant, elle n'est jamais partie.

– Si elle te laisse coucher à droite et à gauche, pourquoi on ne peut pas aller à Cabo ? C'est un mariage libre, pas vrai ?

C'est un réflexe et ce sentiment pathétique, désespéré, qui déjà l'a envahie s'intensifie. Pourquoi est-elle incapable de lui renverser la margarita sur son crâne obtus ? Parce qu'elle a tout bu. Il en reste un fond dans le pichet posé sur le passe-plat de la cuisine. Mais veut-elle provoquer ce genre de mélodrame ?

– Tu as dit que vous étiez libres, Hard. Ta femme et toi.

– C'était peut-être un peu excessif. Écoute, Nadine. Un tas de gens dépendent de moi, pas uniquement ma femme. Ils n'ont pas besoin d'être au courant. On a passé des bons moments ensemble et je tiens à toi.

– Et ce boulot dans ton service, dont on a parlé ?

Déjà elle renonce au fantasme du mariage ; elle essaye de contenir son ressentiment dans le cadre raisonnable d'une demande de piston.

– Si tu m'appelles dans un mois, on essaiera d'arranger ça. Je dois d'abord aider Mary Swain à se faire élire. C'est une femme importante.

Ce commentaire transperce Nadine, qui détourne le regard et songe au sous-entendu de Hard.

Nadine a enduré suffisamment de situations semblables pour savoir quand elle se fait larguer. Que se passera-t-il si elle appelle le quartier général de la police : un baratin poli et pas de boulot. Ce n'est pas comme s'il y avait eu un quiproquo quand ils avaient commencé à coucher ensemble ; malgré tout, ce rejet arbitraire l'exaspère.

Elle se lève du canapé et se dirige vers la cuisine d'un pas un peu chancelant, en emportant son verre. Elle le remplit d'eau du robinet et le vide d'un trait. Elle a prévenu Hard qu'il ne devait pas s'attendre à être nourri, mais elle a quand même préparé des boules de melon avant qu'il arrive. Elle a pris le temps de l'évider et de déposer artistiquement les boules dans un bol souvenir de l'État du Nouveau-Mexique acheté au cours d'un stage de tennis à Albuquerque. Les boules de melon devaient accompagner la margarita, mais à quoi bon maintenant ? Nadine regarde son futur ex-amant et inspire par le nez pour essayer de se calmer. La détente post-coïtale qui l'avait envahie tout à l'heure s'est volatilisée. Le vide qu'elle ressent habituellement – l'accumulation des sales souvenirs, des mauvais choix et du manque de chance – revient en catimini et prend ses aises. À l'aide d'une longue fourchette, elle transperce une boule de melon qu'elle place dans sa bouche. Elle mâche et laisse le jus frais couler dans sa gorge. Son estomac gargouille ; elle se souvient alors qu'elle a oublié de dîner. Le poulet teriyaki light est figé sur une assiette à côté du micro-ondes.

À travers le passe-plat, elle voit Hard qui sirote son verre, en évitant de la regarder. Nadine pense à ce Mexicain qu'il prétend avoir tué quand il travaillait pour l'Immigration. Il devenait quelqu'un d'autre en faisant ce récit, Hard Plus : le Hard qu'elle connaissait, mais plus fort, plus redoutable. Et elle songe que les types comme lui ne paient jamais le prix de leurs actes ; on les autorise à les répéter, encore et encore.

Elle prend le bol de boules de melon et ressort de la cuisine. Elle observe Hard par-derrière : une Indienne qui guette un campement de colons à l'abri d'un rocher. Elle voit la tête ronde posée sur les épaules larges. Elle distingue le contour des muscles de son dos qui tendent le tissu de la chemise kaki.

Quand Nadine le poignarde dans le cou avec la fourchette à salade, elle loupe la jugulaire de moins de deux centimètres. Il y a quand même énormément de sang. Hard ne hurle pas, mais il se lève de son fauteuil, lui saisit le poignet et lui arrache son arme, en jurant. Puis il la repousse brutalement. Elle recule en titubant, son talon se prend dans les poils du tapis bon marché et elle tombe par terre. D'où elle regarde Hard appuyer sa main sur son cou et la retirer, dégoulinante de sang. Il marche vers la salle de bains, pendant que Diablo jaillit de l'autre bout de la pièce en aboyant comme si quelqu'un avait fixé des électrodes à son petit scrotum et réglé le curseur sur dix.

Surprise par sa propre audace, Nadine reste assise par terre, pendant que Hard ressort de la salle de bains, en pressant une serviette rouge de sang dans son cou et en regardant son bourreau d'un œil méfiant. Des hurlements stridents jaillissent de la gueule du chien, à plein volume. Quand Hard s'approche de la porte, l'animal traverse la pièce à fond et se jette sur lui. Sans lâcher la serviette plaquée sur sa blessure, Hard chasse d'un coup de pied le chihuahua, mais cela ne fait que stimuler davantage Diablo, qui plante ses dents dans la cheville gauche du chef de la police de Desert Hot Springs. Celui-ci doit décocher un coup de pied bien placé pour déloger l'animal, et il profite de ce temps mort pour se faufiler au-dehors.

Poignarder un type marié présente un avantage, songe Nadine. Il n'a pas beaucoup de recours à sa disposition.

Une fois seule, elle s'allonge sur son lit, en dorlotant Diablo, et elle regarde le Taser qu'elle a subrepticement détaché de la ceinture de Hard pendant qu'il était aux toilettes. Pourquoi l'a-t-elle poignardé avec une fourchette, alors qu'elle pouvait se servir du Taser? Cela lui aurait permis d'exprimer ses sentiments avec plus de force. Si elle le lui avait fourré sous l'aisselle, il aurait cru que le diable en personne l'avait frappé avec une fourche. Pourquoi faisait-elle toujours les choses à moitié?

En caressant la tête de Diablo, elle songe à la menace qu'elle a formulée. Que gagnerait-elle à appeler la femme de Hard? Pas grand-chose. Néanmoins, elle est toujours furieuse. Elle a envie de lui faire mal d'une manière plus durable. Et puis, elle veut aller au Mexique avec lui, boire des cocktails décorés de petites ombrelles, et faire l'amour sur la plage au coucher du soleil, pendant que des pêcheurs mexicains déchargent leurs filets dans la pénombre de l'horizon. Nadine ne se comprend pas du tout. Au moins, elle a eu la présence d'esprit de dérober le Taser. Il lui sera sûrement utile.

8

La maison de la famille Duke est nichée au cœur de Little Tuscany, la Petite Toscane, dans le secteur nord-ouest de Palm Springs. Blottie à l'ombre des San Jacinto Mountains, cette demeure parfaitement restaurée est un bel exemple du style des années 1950. Relativement modeste comparée aux curiosités architecturales voisines ayant appartenu à des stars du temps jadis telles que Dinah Shore et Bob Hope, cette construction de plain-pied, en L, dégage une impression agréable. Le salon occupe toute une aile ; entièrement vitré sur deux côtés, il offre une vue magnifique sur le jardin, la piscine et les montagnes. La cuisine sert de pivot et les trois chambres se trouvent dans l'autre aile, la plus longue. Construite en 1955, elle est meublée dans le style de l'époque. Randall n'éprouve aucun intérêt pour ce modernisme et Kendra non plus, au départ du moins. C'est Maxon, membre du Comité de sauvegarde architecturale de Palm Springs, qui a fait pression sur elle pour qu'ils achètent cette maison. Il a expliqué à Kendra qu'il serait bon pour l'entreprise familiale qu'ils possèdent une demeure faisant partie du patrimoine local. Peu sûre de son sens esthétique en dehors du domaine musical, elle a souscrit à la vision de Maxon. Quant à Randall, il aurait préféré acheter une maison sur un terrain de golf, mais il s'était rangé à l'avis de son épouse et de son conseiller.

Assise sur un tabouret de cuisine, Kendra sirote une boisson chocolatée allégée dans une grande tasse en verre portant l'inscription *Tournoi de golf sur invitation Gerald Ford*, et elle essaye d'oublier la raison pour laquelle la Palm

Springs Academy l'a appelée un peu plus tôt. Elle ne comprend pas sa fille. Brittany est d'une intelligence rare, ses notes sont excellentes, elle écrit superbement et récemment encore, elle jouait du violon dans l'orchestre de l'école, avant de décider que cela ne correspondait plus à l'image qu'elle se faisait d'elle-même. Pourquoi a-t-elle envoyé des photos d'elle nue à Seth son petit ami, un élève de terminale malingre, affublé d'un air idiot que Kendra attribue, fort justement, à une consommation excessive de joints, voilà une chose qu'elle n'arrive pas à comprendre. Brittany prétend que ce garçon est une sorte de génie de l'informatique, mais dans ce cas, pourquoi le scandale de la photo a-t-il éclaté ? N'a-t-il jamais entendu le mot « encryptage » ? Dans la voiture, sur le trajet du retour, elle a crié après sa fille pendant quelques minutes. Avait-elle pensé à la honte qu'elle faisait rejaillir sur elle-même et sur sa famille ? Mais sa véhémence est retombée en voyant qu'elle ne se défendait pas. Elles ont franchi la porte de la maison dans un silence pesant. Brittany est allée dans sa chambre et Kendra s'est servi un verre de zinfandel pour se calmer. Maintenant, sa fille est en train de rédiger une dissertation sur le thème : pourquoi ce genre de turpitudes morales, si elles ne sont pas combattues, conduiront-elles à la désintégration de la civilisation occidentale ?

Un ordinateur portable est ouvert devant Kendra et elle lit le dernier texte posté sur le blog d'un crétin prétentieux qui se fait appeler « le Machiavel du Désert ». Elle ignore qui est cet individu, et elle le déteste. Il est agressif avec tout le monde, mais aujourd'hui, il a pris Randall pour cible, si bien que Kendra est déjà sur les nerfs quand elle entend « Maman ! » claquer dans son dos comme un coup de feu. En se retournant, elle se trouve face à une Brittany énervée.

– Pourquoi tu as écrit *Commence ton devoir, Brittany* sur mon mur Facebook ?

– Comme ça, je suis sûre d'attirer ton attention.

L'adolescente produit un son qui est un mélange de reniflement et de toussotement, à parts égales, destiné à exprimer un profond mécontentement.

Brittany entortille ses cheveux ternes aux mèches rouges autour de ses doigts chargés de bagues. Un haut blanc à bretelles ultra-fines moule sa poitrine presque plate et une minijupe noire dévoile une bonne partie de ses collants.

– Je suis obligée d'aller à cette soirée de nazes avec papa, demain ?

– Le Purity Ball ?

– Je dois rendre une disserte sur Virginia Woolf à la fin de la semaine et j'aimerais faire un truc bien.

– Eh bien, dépêche-toi de te mettre au travail car tu iras à cette soirée avec ton père.

Brittany pousse un soupir de consternation, auquel Kendra ne prête aucune attention car c'est un phénomène qui se répète quotidiennement.

– D'ici là, ajoute-t-elle, il faut que tu manges quelque chose. Il y a des lasagnes dans le four.

– J'ai pris des raisins secs, OK ?

– Combien ?

– Trois.

– Paquets ?

– Raisins.

– C'est une plaisanterie ?

– Non !

Kendra regarde sa fille avec découragement. Cela fait plusieurs années qu'elles ont cette discussion, avec des variantes, et elle craint, bien sûr, que Brittany souffre de troubles du comportement alimentaire. En même temps, elle déborde d'énergie et son regard a un pouvoir de pénétration qui fait froid dans le dos, comme celui de certains leaders religieux. Parfois, Kendra sent que sa fille voit en elle, au-delà de ses yeux, jusque dans son cerveau; on dirait qu'elle comprend non seulement ce que pense sa mère, mais aussi ce qu'elle va penser dans une minute. Kendra en a discuté avec Randall, mais il a affirmé qu'il ne voyait vraiment pas de quoi elle voulait parler. Ce n'est pas comme si Brittany avait des superpouvoirs, ou quelque chose dans le genre, rien de paranormal dans tout ça, a-t-il dit. Elle est juste un peu excessive, des fois.

Mais l'adolescente voit tout ce qui se passe autour d'elle. Souvent, sa mère est obligée de détourner les yeux.

– Tu vas t'asseoir à table et manger des lasagnes.

– C'est de la maltraitance, rétorque Brittany. Et si je mangeais... genre, dix raisins?

– Tu vas dépérir.

Le ronronnement d'un aspirateur leur parvient du salon où la femme de ménage salvadorienne est en train de travailler. Cette femme, une grand-mère, ne comprend rien à l'anorexie. C'est une chose qu'ils n'ont pas au Salvador.

– Je ne vais pas dépérir, répond Brittany. Je n'ai pas faim pour le moment, voilà tout.

Elle passe sa main dans ses cheveux. Il n'échappe pas à Kendra que sa fille n'est pas si éloignée des mannequins qu'elle voit défiler sur les podiums, à la télévision. Mais elle estime que leur look émacié, hagard, n'est pas adapté à une lycéenne.

– Tu iras au Purity Ball avec papa demain, et je te jure, Brittany, que tu as intérêt à manger quelque chose au dîner. N'oblige pas ton père à te faire la leçon. Tout le monde aura les yeux braqués sur lui.

– Tu lui as raconté ce qui s'est passé à l'école?

– Il est en campagne aujourd'hui, alors non. Je te propose un marché. Je ne lui en parle pas si tu manges les lasagnes.

– Juré ?

Kendra hoche la tête. Brittany repart en poussant un grognement de mécontentement.

Kendra sort du réfrigérateur une autre boisson chocolatée, qu'elle verse dans un verre. L'espace d'un instant, elle se demande si le fait de boire plusieurs boissons allégées va à l'encontre de l'effet recherché, mais Brittany l'agace et c'est une justification suffisante. Mieux vaut boire des boissons allégées que de la vodka, conclut-elle.

Le portable de Kendra sonne au même moment ; elle regarde le nom de son correspondant : inconnu. Elle n'aime pas répondre quand elle ne sait pas qui l'appelle, mais Randall lui a expliqué que ça pouvait être un donateur, alors, obéissante, elle appuie sur la touche verte.

– Kendra ?

Elle ne reconnaît pas cette voix féminine.

– C'est qui ?

– Tu ne te souviens pas de moi ?

Ton enjôleur, tendu.

Kendra ne prend pas la peine de chuchoter étant donné que la seule autre adulte dans la maison est la femme de ménage, dont la compréhension de l'anglais est pour le moins aléatoire. Et soudain, ça lui revient, avec fracas. Nadine ! Oh, mon Dieu, pourquoi l'appelle-t-elle ?

– Il faut que je te voie.

La climatisation transforme la maison en chambre froide, mais Kendra sent sa température corporelle grimper de deux degrés.

– S'il te plaît.

– Je t'ai demandé de ne pas appeler ici.

La voix dit:

– Retrouve-moi au Melvyn's à dix-huit heures pour boire un verre. J'ai quelque chose à te montrer.

– Je ne peux pas.

Il s'ensuit un long silence, pendant lequel Kendra se demande si elle ne doit pas interrompre la communication. Elle n'a aucune envie de la revoir.

– Ça peut aider ton mari.

Kendra tend ses clés au voiturier et entre au Melvyn's. C'est un établissement old school, vénérable selon les critères en vigueur à Palm Springs, c'est-à-dire qu'il évoque l'époque en Technicolor des Kennedy et des cigarettes sans filtre. Les murs sont décorés de clichés en noir et blanc, des photos de Melvyn le dandy du désert, toujours tiré à quatre épingles, souriant en compagnie de ses clients célèbres; des hommes excessivement bronzés, vêtus de costumes aux revers étroits, des femmes portant des hermines et beaucoup de maquillage; tout le monde ressemble au Rat Pack. Un long bar carrelé et lambrissé d'acajou occupe le côté gauche de la salle. Les nappes blanches sont amidonnées. Ce n'est pas encore l'heure du dîner et l'endroit est presque désert. Kendra et Randall y viennent parfois. Si quelqu'un la voit, on pensera qu'elle boit un verre avec une amie, simplement.

Nadine lui fait signe, perchée sur un tabouret à l'extrémité du bar, seule. Elle porte un pull jaune moulant, une jupe en coton bleu et des chaussures plates. Une petite raquette en or pend autour de son cou, au bout d'une chaînette. Kendra s'assoit à côté d'elle sur un tabouret rembourré.

Le bronzage de Nadine masque des traits tirés. Kendra se dit qu'elle a la tête de quelqu'un qui n'a pas beaucoup dormi ces derniers temps. Mais elle sent bon. Le citron.

Nadine la remercie d'être venue. Kendra répond par un sourire crispé, puis regarde autour d'elle encore une fois, pour s'assurer qu'elle n'a loupé personne qui pourrait la connaître. Même si le fait de s'asseoir au bar avec Nadine n'a rien de suspect. C'est juste qu'elle ne veut pas être surprise en plein milieu de leur conversation. Dans la partie restaurant, deux femmes aux allures de matrones attaquent une bouteille de riesling. Elles arborent des robes coûteuses, des tas de bijoux et un air las.

Le barman, un type âgé au visage rubicond sous d'épais cheveux teints, s'approche.

– La même chose, dit Nadine en levant son verre. Seven and seven[1].

Le barman acquiesce et regarde Kendra. Elle espère qu'il ne va pas la reconnaître. Son expression la rassure.

Elle commande un Mel-tini, un mélange de vodka à la framboise, de schnaps à la pêche et de jus de cranberries. Le barman acquiesce encore une fois et se retourne pour préparer le cocktail.

– Alors, que se passe-t-il ?

– Tu ne peux pas être plus gentille ? Ça fait presque un an.

– Je suis un peu stressée.

– La campagne ?

– Oui. Entre autres.

Le barman dépose le verre de Kendra devant elle sur une petite serviette où figure un portrait de James Dean au crayon. Elle boit une première gorgée, puis une deuxième.

– Comment va Brittany ? Elle joue toujours au tennis ?

– Oh, Nadine, pour l'amour du ciel ! Je ne devrais même pas être ici. Mais maintenant que je suis venue, je vais être

1. Mélange de whisky Seagram 7 et de 7 Up.

franche avec toi. Ce rendez-vous n'est vraiment pas opportun, alors…

– Tu me fais de la peine.

– Ce n'est pas volontaire. Je n'ai pas beaucoup de temps. Il y a une réception ce soir.

– Elle a un tel potentiel, en tant que joueuse de tennis.

– Elle ne joue plus beaucoup ces temps-ci, dit Kendra en vidant presque tout son Mel-tini.

Elle n'a presque rien mangé aujourd'hui et l'alcool fait son effet en douce. C'est une sensation agréable, qui atténue le stress de cette nouvelle plongée dans le monde de Nadine, alors elle en commande un autre.

– Tout va bien ?

– Ça va.

Beaucoup plus détendue qu'il y a quelques minutes, elle ajoute :

– Brittany a été renvoyée de l'école pour deux jours.

Elle ne sait pas pourquoi elle raconte ça à Nadine, si ce n'est qu'elle est submergée par le besoin de partager cette information avec quelqu'un qui connaît sa fille et saura la soutenir. Elle finit son premier cocktail. Elle se tamponne les lèvres avec le visage de James Dean, froisse la serviette et la dépose dans le verre.

Nadine se penche vers elle, avec des airs de conspiratrice.

– J'ai un Valium dans mon sac.

– Non, non, ça va, franchement. Tu sais ce que c'est, le *sexting* ?

– Évidemment.

Oui, bien sûr que tu sais, se dit Kendra.

– C'est la raison pour laquelle Brittany a été renvoyée.

– Elle n'a pas fait ça avec un prof ou un truc dans le genre, si ?

– Dieu merci, non.

– J'ai envoyé des photos de moi au chef Marvin.

– Le Chef Marvin ? C'est un Indien ?

– Le chef de la police ! Tu sais bien, à Desert Hot Springs ! Hard Marvin !

Perplexité de Kendra. Est-elle censée connaître cet individu ? Et s'intéresser au fait que Nadine lui a envoyé des photos ?

– On était intimes.

Cette révélation survient comme un énorme objet métallique provenant de l'espace, déroutant quand on l'entrevoit sur un écran radar et dont la signification n'est pas intrinsèquement évidente quand on le voit à l'œil nu ; et Kendra ne sait pas du tout où Nadine veut en venir. En se rendant au restaurant, elle a dressé la liste des raisons pour lesquelles Nadine pourrait souhaiter la voir, et celle-là n'y figurait pas. En outre, en quoi était-elle concernée par les frasques du chef Marvin ? Kendra suppose que Nadine a de multiples partenaires. Que le chef Marvin fasse partie du nombre ne signifie absolument rien, dans un sens comme dans l'autre. Malgré tout, elle se sent obligée de dire quelque chose, alors :

– Intimes ?

– On a eu une liaison.

– Pourquoi tu m'en parles ?

– J'ai gardé les mails qu'il m'a envoyés…

Le barman choisit cet instant pour revenir. Kendra espère qu'il n'a pas entendu cette conversation. Il dépose les verres et s'éclipse. Nadine sort de son sac à main en cuir noir une feuille de papier soigneusement pliée et la tend à Kendra.

– Lis.

Kendra déplie la feuille :

De: Harding Marvin hardmarv1@gmail.com
Objet: super sexy
À: Nadine Never love40@yahoo.com
Date: samedi 2 octobre 2010 13:23

Tu es une superbe fille sexy et j'espère que tu le sais, ma douce Nadine. As-tu conscience de la beauté de ton sourire? Est-ce qu'on t'a dit récemment que tes yeux bleus étaient brûlants et qu'ils brillaient du feu de ton âme exceptionnelle? Je t'ai avoué que lorsque je me suis marié je n'avais pas besoin d'amour, mais maintenant que les cicatrices de la vie ont laissé leurs empreintes sur moi, je n'hésite pas à dire que j'en ai besoin. J'aime tes baisers doux, tes marques de bronzage et tes deux magnifiques airbags…

Arrivée à l'expression « magnifiques airbags », Kendra replie la feuille en deux et la rend à Nadine avec une retenue affectée.

– C'est son vrai nom?

– Il s'appelle Harding. Mais tout le monde l'appelle Hard.

Kendra jette un coup d'œil à l'autre extrémité du comptoir où le barman lit un journal. Dans la salle de restaurant, les deux dames ont commencé à dîner.

– Je suis un peu perdue. Qu'est-ce que je viens faire dans tout ça, moi?

Nadine détourne la tête d'un air agacé; ça l'énerve de devoir énoncer une telle évidence. Mais Kendra attend qu'elle continue.

Dans un murmure, elle dit:

– Il est impliqué dans la campagne de Mary Swain et il est marié. Mary Swain défend les valeurs familiales et l'amour de Jésus, pas vrai? Alors, si cette histoire avec Hard s'ébruite, ça va lui faire du tort.

Kendra sait que dans la politique à l'américaine on joue de tout, des coudes pointus aux couteaux pointus, mais c'est la première fois qu'elle se trouve confrontée à une chose aussi méprisable. La campagne a été rude, les accusations et les contre-accusations ont volé bas, et l'élection a lieu dans une semaine. Tout avantage serait du pain bénit. Mais des mails érotiques entre Hard Marvin et Nadine ? Kendra n'a pas envie de toucher à ça. Et franchement, à quoi bon ? Marvin aurait peut-être des ennuis dans son travail, mais comment cela pourrait-il nuire à Mary Swain ? La candidate athlétique et impitoyable balancerait Marvin comme un insecte écrasé et on n'en parlerait plus.

Le sens des convenances empêche Kendra de se lever pour s'en aller, et elle consent à pousser la conversation un peu plus loin.

– Qu'attends-tu de moi, Nadine ?

– Je pars vivre à Seattle. J'ai besoin d'argent.

Kendra boit une gorgée de son deuxième Mel-tini, et se demande jusqu'où Nadine est prête à aller.

– Tu ne veux pas en parler à ton mari ? demande celle-ci.

– Je ne pense pas qu'il souhaite s'aventurer sur ce terrain. Ce n'est pas comme si c'était une histoire entre Mary Swain et toi, dit Kendra en plaisantant à moitié, histoire d'évacuer la tension.

En vain. Ses épaules remontent lentement vers ses oreilles. Elle a le souffle court. Si elle parvient à demeurer détendue en surface, elle envisage avec affolement les ramifications possibles du retour surprise de Nadine dans sa vie.

– J'ai besoin de mille cinq cents dollars.

Visiblement, Nadine est un peu plus ingérable qu'elle l'avait cru, et Kendra va devoir s'occuper de cette affaire avec toute la délicatesse d'un faussaire. Nadine a presque terminé son deuxième verre – du moins, le deuxième consommé en sa présence –, et Kendra veut éviter tout risque de scène, aussi infime soit-il. Elle boit deux autres gorgées de Mel-tini, comme si elle espérait inconsciemment un effet narcotique, et dit :

– Écoute, Nadine. Par courtoisie, j'ai bien voulu accepter un tête-à-tête, c'est pourquoi je suis venue jusqu'ici, mais je peux te dire d'emblée que Randall ne marchera pas.

Elle parle d'un ton calme, apaisant, teinté de regrets hypocrites. Elle a transformé sa panique en une soumission temporaire. Les épouses d'hommes politiques sont les reines de l'ersatz, habituées à annihiler systématiquement toute émotion ou pensée sincère. En tant qu'épouse de Randall, Kendra dissimule aussi naturellement qu'elle étale du faux beurre sur un muffin de maïs allégé.

Nadine semble déçue. Kendra guette sur son visage des signes annonciateurs d'orage, elle espère que la réaction va demeurer contenue et ne pas déboucher sur des simagrées en public.

– Tu es sûre ?

– Je pense que je connais assez bien Randall.

– Tu ne veux même pas lui en parler ?

Kendra est prise du désir de gifler Nadine. Elle sait qu'une attaque rapide peut être satisfaisante sur le plan émotionnel. Mais ce genre de comportement, outre qu'il ne donnera aucun résultat à long terme, a toutes les chances d'exacerber la situation présente.

– Ce n'est pas une bonne idée, Nadine. C'est le genre de chose qui peut te revenir en pleine figure. Tu vaux mieux que ça, ment-elle.

Nadine penche la tête, avec un sourire en coin. Kendra pense qu'elle essaye de prendre un air espiègle, mais ça ressemble davantage à un tic.

– Il n'y a pas que Hard.

Elle attend la réaction de Kendra, qui ne vient pas.

– Je ne te suis pas, Nadine.

– Je pourrais leur parler de nous. Je n'en ai pas envie, mais je pourrais le faire. Les tatouages identiques, c'est super chouette.

Super chouette ? Kendra songe à quelques mots pour qualifier ce dont Nadine vient de parler, mais « super » et « chouette » n'en font pas partie. À cet instant, elle a l'impression d'avoir été transpercée par une lance. Le fait qu'elle ne laisse rien paraître est le signe d'un sang-froid exceptionnel.

– Tu veux nous faire chanter ?

Comment cela a-t-il pu se produire, se demande-t-elle, un rebondissement aussi minable et vil ? Ça ne suffit donc pas qu'elle ait sacrifié sa carrière (temporairement, si Dieu le veut bien) pour tenir le rôle de la potiche souriante aux côtés de Randall Duke, qu'une artiste comme elle, avec son métier, son aisance, ambitieuse et déterminée ait été reléguée au statut de nounou pour adolescente lunatique ? Et maintenant... Pourquoi s'est-elle autorisé une aventure avec cette technicienne du bronzage ? Nadine menace de détruire l'avenir qu'elle a bâti si soigneusement, de le pulvériser comme un château de cartes.

– Ce n'est pas le terme qui convient. C'est du chantage si tu me paies. Personne ne fait chanter personne. Jamais je ne ferai une chose pareille. Mais j'aimerais bien voir comment tu t'y prends pour expliquer qu'on a le même Hello Kitty tatoué sur le cul.

Nadine sourit en disant cela, comme si c'était une plaisanterie.

– Ne fais pas ça, répond Kendra d'un ton qu'elle espère aussi menaçant qu'apaisant.

Elle ne connaît pas très bien Nadine. Elles se sont rencontrées lors d'un stage de tennis ; Nadine était prof et elle avait proposé à Kendra d'aller boire un café. Elle lui avait expliqué qu'elle voulait des conseils sur sa carrière et Kendra, qui cherchait à profiter de toutes les occasions, avait cru que la situation de Nadine était plus enviable qu'elle ne le laissait paraître. Quoi qu'il en soit, cette prof enjouée était énergique et drôle, et quand elle avait proposé de donner des cours à sa fille, Kendra n'avait vu aucune raison de refuser. Après leur troisième leçon, alors que Randall était à Washington, Kendra avait invité Nadine à venir boire un verre. Par la suite, elle s'était demandé ce qui avait pu la motiver. L'ennui ? La curiosité ? Ou simplement la possibilité d'explorer un aspect de sa personnalité qu'elle ne connaissait pas. Elles avaient bu du vin, regardé un peu la télé, puis attendu que Brittany parte se coucher. Quand Nadine avait promené son index sur la nuque de Kendra, elle avait frissonné, mais pas protesté.

Comme elle craignait que sa fille les surprenne, la plupart des rencontres suivantes eurent lieu chez Nadine. Quand cette dernière suggéra qu'elles partent faire un stage de tennis au Mexique, rien que toutes les deux, Kendra y vit un bon moyen de se venger des innombrables transgressions de Randall.

Kendra n'avait encore jamais couché avec une femme, mais une fois passée l'appréhension initiale, elle s'aperçut que ce n'était pas si différent d'avec un homme : ça devenait monotone et l'ennui se répandait comme ces fleurs sauvages qui poussent dans le désert en avril.

En fait, les deux femmes avaient partagé une succession de rendez-vous galants plus qu'une vraie liaison et ce que Kendra sait de Nadine ne repose pas sur une grande expérience. La jeune femme pourrait se révéler dangereusement imprévisible. Le fait qu'elle essaye de monnayer des mails compromettants dépasse déjà les bornes. De toute évidence,

Kendra s'est trompée sur son compte. Elle pensait que Nadine était une fêtarde, pas une criminelle.

– Tu es sûre que tu ne veux pas lui en parler, au moins? insiste Nadine.

Kendra la regarde droit dans les yeux et murmure:

– C'est un très mauvais plan.

– Les gens aiment bien Mary Swain, dit Nadine. Ils la trouvent sexy. Ton mari aura besoin de toute l'aide possible.

Kendra prend le temps de réfléchir. Elle sait que Nadine a raison sur toute la ligne. Mais cette intrigue empeste le désespoir et l'imprudence. Tous les journalistes ne se jetteront pas sur ces détails croustillants, mais si Nadine décidait d'informer ce blogueur nommé Machiavel?

– Il arrive de vilaines choses aux gens qui font ce que tu fais, Nadine. De très vilaines choses.

– Qu'est-ce que tu veux dire? demande Nadine, sur le ton de deux amies qui bavardent.

– Sers-toi de ton imagination.

Le regard de Kendra est impitoyable et Nadine semble stupéfiée par cette réponse. Puis un demi-rire sort de sa gorge, comme si tout cela n'était qu'une méchante farce.

Kendra dépose de l'argent sur le bar et quitte le restaurant. Elle s'attend presque à ce que Nadine lui emboîte le pas pour poursuivre cette conversation devant le voiturier, mais elle a la surprise de se retrouver seule une fois dehors. Ses pieds marquent le rythme frénétique qui résonne dans sa tête en attendant sa Mustang rouge telle une lanterne vénitienne et quand celle-ci arrive, elle saute à bord comme si elle prenait la fuite après un braquage de banque.

http://www.desert-machiavel.com
30/10 - 18:32

Alors que nous nous dirigeons vers l'Apocalypse… pardon, je voulais dire les élections, prenons le temps de nous attarder sur la carrière de Randall Duke. C'est un vétéran de l'armée, diplômé de la faculté de droit de l'université de Santa Clara. Randall brigue un quatrième mandat à la Chambre des représentants. Il est membre de la Commission du Règlement interne. Il est membre de la Commission sur la Sécurité intérieure et de la Sous-commission sur le Terrorisme frontalier, maritime et international. Et enfin, il est membre de la Commission des Affaires judiciaires. Mais qu'a-t-il fait, précisément, durant tout ce temps où il a été votre Représentant au Congrès? Il vous répondrait qu'il a apporté à sa circonscription des dollars fédéraux et des emplois. Il vous dirait qu'il s'est battu pour les avantages des anciens combattants. Il vous dirait qu'il a présenté un projet de loi contre les crimes raciaux. Mais son nom est-il lié à un texte législatif important? Non, mes amis.

Prenons le cas de Mary Swain, maintenant. Ancienne hôtesse de l'air à bord d'un jet privé, elle ne possède presque aucun bagage et est mère de quatre jeunes enfants. Nous savons qu'elle aime l'Église, le sport et faire des bébés. Mais la connaissons-nous véritablement? Elle prétend être née dans la péninsule supérieure du Michigan, près du Canada, mais où sont les archives? Mary Swain n'a jamais produit de certificat de naissance. Je pense que vous serez d'accord, chers lecteurs, pour dire qu'il est possible d'affirmer qu'elle dissimule sa nationalité canadienne, et qu'elle ne peut donc pas se présenter à ces élections. Quoi que vous puissiez dire sur Randall Duke, cet homme a servi dans une unité de démineurs, dans des conditions de combat. C'est un héros américain. D'un autre côté, Mary Swain a de très jolies jambes.

9

Le soleil se couche derrière les montagnes, mais le ciel à l'ouest est encore éclairé, alors Jimmy met sa laisse à Bruno et l'emmène se promener. En contemplant la Yucca Valley qui s'étend en contrebas, il repense à la dernière manœuvre en date de son frère aîné. Il sait que Dale n'aurait pas été libéré sans l'intervention de Randall et il sait aussi que cette libération n'aurait pas eu lieu si Randall n'en tirait pas avantage. Durant leur enfance à Palm Desert, les deux fils Duke les plus âgés avaient toujours été en compétition. Tous les deux étaient des athlètes, et Jimmy rivalisait avec Randall sur le plan physique, voilà pourquoi ils se battaient sans cesse pour imposer leur domination. C'était un conflit permanent, jamais réglé. Dale aimait bien Jimmy, mais il idolâtrait Randall. Parce qu'il était le plus vieux, ou le plus séduisant, ou simplement parce qu'il était moins méchant que Jimmy – qui ne se défilait jamais devant une bagarre et ne répugnait pas à la provoquer –, c'était à lui que Dale voulait ressembler. Ajoutez à cela le fait que Randall réussissait à l'école, qu'il avait toujours de jolies petites amies, qu'il faisait deux boulots l'été pour s'offrir une Camaro orange avec des bandes sur les côtés, des jantes chromées, double arbre à cames en tête et moteur V-8, et voilà un gars qu'un gamin pouvait facilement admirer.

À l'inverse, l'école avait toujours été une épreuve pour Dale, et alors que ses frères aînés jouaient au football et au base-ball universitaires, lui n'avait jamais réussi à sortir de l'équipe réserve. Leur mère était une femme chétive qui lisait la Bible chaque jour et malgré ses poumons de tuberculeuse fumait des Camel sans filtre. Elle aimait ses trois fils, mais se montrait particulièrement protectrice avec le plus jeune. Elle était originaire du Sud et Jimmy se souvenait qu'elle appelait Dale « le petit opossum à sa maman ». Un surnom fait pour causer des problèmes à n'importe quel gamin. Dale détestait ce petit nom ; il ne voulait pas être couvé. Alors qu'il avait environ treize ans, un de ses copains entendit madame Duke l'appeler « mon petit opossum », et le lendemain à l'école, il se moqua cruellement de lui. Dale se jeta sur lui et les deux garçons furent renvoyés pour s'être battus. Cette sanction permit à Dale de sauver la face parce que son copain lui avait flanqué une sacrée raclée dans la cour de récréation. Ce soir-là au cours du dîner, madame Duke suggéra que Jimmy ou Randall vengent leur jeune frère, mais leur père, le révérend Ralph Duke, n'était pas d'accord. « Le Seigneur a dit : À moi la vengeance », fit-il remarquer.

Les trois fils Duke voulaient faire plaisir à leur père. Madame Duke et lui s'étaient connus et mariés à Huntsville, dans l'Alabama, et étaient partis vivre dans le désert à la fin des années 1960, à cause de la santé fragile de celle-ci. Grâce à ses talents d'orateur, qu'il avait transmis à Randall, le révérend se retrouva tout naturellement sur la chaire du Rédempteur du Désert, une église de l'Assemblée de Dieu installée à Borrego Springs. Tout le monde voyait en lui un homme bon, non pas quelque agent fanatique d'un dieu sévère se servant des Évangiles pour distiller la peur, mais un être doux qui essayait de montrer le droit chemin à ses fils. Il fut totalement désespéré quand sa femme mourut d'un cancer à quarante-neuf ans. Randall était en terminale à cette époque, Jimmy en seconde et Dale en quatrième. Le révérend fit de son mieux pour assumer son rôle de parent isolé au cours des cinq années qui suivirent, jusqu'à ce qu'une attaque l'emporte à soixante-deux ans. En rentrant de l'école, Dale trouva son père mort sur le sol de la cuisine et deux repas-télé carbonisés dans le four.

Randall était en troisième année à la faculté de droit de Santa Clara quand le révérend Duke monta au ciel. Jimmy étudiait à l'université de Redlands et Dale était en terminale. Le rôle de patriarche échut tout naturellement à Randall et un juge lui accorda la tutelle de son plus jeune frère. Il louait une maison en compagnie de trois autres étudiants en droit et Dale vint s'installer avec eux. À l'époque, Jimmy s'était réjoui de cet arrangement, mais par la suite, il se demanda si Dale n'aurait pas connu une vie meilleure si c'était lui qui avait obtenu la tutelle. Ce n'était pas réaliste, il le savait bien ; il n'avait que dix-neuf ans.

Randall inscrivit Dale dans un lycée de Santa Clara, mais le changement d'établissement n'incita pas le benjamin des Duke à s'intéresser davantage à son éducation. La plupart du temps, il traînait avec Randall et ses copains. Avec l'accord tacite de Randall, ses colocataires utilisaient Dale comme homme à tout faire. En échange d'un peu d'argent de poche, il s'occupait des courses, du ménage et de divers autres petits boulots : nettoyer les voitures ou entretenir le jardin. N'ayant pas de lit, il dormait sur le canapé crasseux du salon. Il allait à l'école quand il en avait envie, et son frère était trop accaparé par ses études pour le surveiller.

C'est à peu près à cette époque que Randall se découvrit un penchant pour la cocaïne. La troisième année de droit a la réputation d'être un rouleau compresseur et tous ceux qui ne parviennent pas à suivre sont broyés, puis rejetés. Randall passait des nuits entières plongé dans ses livres et la coke lui permettait de tenir.

Les frères Duke et leurs colocataires habitaient dans un quartier résidentiel composé de maisons individuelles, et ils côtoyaient des professeurs, des comptables et des commerçants. De jeunes mères poussant des landaus croisaient des enfants qui faisaient du vélo à l'ombre des arbres centenaires et des scouts frappaient aux portes pour vendre des cookies. C'était un environnement familial et paisible. Randall fut donc surpris d'entendre, par une soirée de printemps, le vacarme d'une fête provenant de la maison voisine. Celle-ci était habitée par un couple d'un certain âge ; le mari était pilote dans une compagnie aérienne régionale et la femme conseillère d'orientation. Il en conclut qu'ils s'étaient absentés et que leurs fils étudiants avaient réquisitionné la maison pour s'éclater. Il se livrait à ces spéculations assis avec Dale sur le sol en béton du garage. Il était onze heures passées et il avait un examen de droit civil le lendemain matin. Ils étaient dans le garage parce que Randall sniffait de la cocaïne sur un CD de REO Speedwagon et il ne voulait pas faire ça à l'intérieur de la maison, de peur que ses colocataires lui réclament une ligne. Au prix où ça coûtait, il ne pouvait pas se permettre de se montrer généreux.

Il faisait chaud cette nuit-là et ils avaient laissé la porte du garage ouverte. L'allée de la maison formait une sorte de J et le garage donnait sur le jardin de derrière, plongé dans l'obscurité. Ils s'étaient installés à l'endroit qu'occupait habituellement une Cadillac jaune mais son propriétaire avait un rancard. De la maison voisine leur parvenait le *Sussudio* de Phil Collins, à plein volume. Par la suite, Dale confia à Jimmy qu'il aimait cette chanson ; c'était peut-être pour cette raison qu'il avait la tête ailleurs au moment fatidique.

Deux phares les submergèrent lorsqu'une voiture s'engagea dans l'allée incurvée. Randall était penché au-dessus de la coke pour s'enfiler sa seconde dose. Randall leva le nez du papier d'aluminium juste à temps pour découvrir qu'il ne s'agissait pas de la vieille Cadillac de son colocataire, mais d'une voiture de patrouille conduite par un officier de police de Santa Clara. Plus tard, ils apprirent qu'un autre colocataire préparait le même examen de droit et qu'il avait appelé la police pour se plaindre du bruit venant de la maison voisine. L'agent venait simplement interroger le plaignant avant d'aller réprimander les fêtards. Voyant surgir la police, Randall jaillit hors du garage comme s'il était monté sur ressorts et atteignit le bout de la rue avant que le flic comprenne ce qui se passait, mais Dale, lui, n'eut pas l'idée de fuir. Au lieu de cela, il ramassa la feuille d'aluminium et la fourra dans sa poche, en ignorant les phares braqués sur lui tel un flash d'appareil photo.

Quand Randall lui rendit visite le lendemain au centre de détention pour mineurs, il dit à Dale : « Si je plonge pour cette histoire, je ne pourrai jamais devenir avocat. Ma vie sera fichue. Je peux faire beaucoup pour toi, vraiment beaucoup, si tu portes le chapeau. » C'est tout juste s'il ne le supplia pas, puis il fit remarquer qu'il n'avait jamais réclamé le moindre service à son jeune frère. Et il ne lui demanderait plus jamais rien.

Dale aimait Randall, qui l'avait recueilli à la mort de leur père, alors que pouvait-il faire sinon accepter ? Comme il n'y avait pas d'argent pour payer la caution, il demeura incarcéré jusqu'à sa comparution devant le juge.

C'est en allant le voir au centre de détention que Jimmy apprit ce qui s'était passé exactement. Dale avait toujours été maigre, mais il avait encore perdu du poids durant ces quatre jours d'incarcération. Il expliqua à Jimmy que leur frère lui avait demandé de se sacrifier pour la famille et qu'il était prêt à le faire. Jimmy comprit que sa détermination n'était qu'une façade ; Dale demeurait le gamin qui s'était fait tabasser dans la cour de récré. Jimmy tenta alors de le dissuader, de lui faire comprendre que Randall devait régler lui-même ses problèmes, mais son jeune frère était fier de pouvoir enfin se rendre utile.

Le jour de sa condamnation, Randall passait un dernier examen de droit des contrats et il ne put être présent. Mais Jimmy se trouvait dans la salle d'audience quand Dale se leva et hocha la tête face au juge qui lui disait qu'il espérait le voir mettre à profit la phase suivante de son existence pour réfléchir à sa conduite, avant de l'envoyer au centre de détention pour mineurs de Chaderjian, jusqu'à son dix-huitième anniversaire. Aujourd'hui encore, Jimmy revoit son frère essayant de retenir ses larmes.

En fait, Dale avait mis à profit cette période pour faire la connaissance d'une poignée de redoutables rednecks de Stockton, d'apprentis rappeurs d'Oakland, de jeunes criminels venus du nord de la Californie, enfermés pour vols avec effraction, trafic de drogue, agressions et meurtres. Il fut libéré après avoir appris à fabriquer une arme en utilisant un ressort de sommier, avec son premier tatouage grossier – les lettres THUG[1] sur le ventre – et la conviction qu'il allait connaître une existence hors des sentiers battus.

Voilà à quoi pense Jimmy en détachant Bruno pour le laisser courir. Voilà à quoi il pense quand il prend une douche et se prépare pour sortir. Et voilà à quoi il pense quand il monte dans sa camionnette et part rejoindre son ancienne collègue, Cali Pasco. Randall ne pense qu'à Randall. Cela ne changera jamais.

---

1. *Thug*: gangster.

10

Alors que la Mustang parcourt les rues bordées de palmiers, sous le ciel étoilé de ce début de soirée, l'esprit de Kendra bouillonne de contrariétés. La fraîcheur de la climatisation sur sa peau souple n'a pas le moindre effet sur sa détresse. Son cœur cogne contre sa poitrine et elle doit se concentrer pour respirer normalement. L'intersection de North Indian Canyon Drive et d'East Vista Chino lui apparaît tout à coup, comme si un rideau se levait, et quand elle s'aperçoit qu'elle va griller un feu, elle freine si brutalement que la Mustang dérape et Kendra se retrouve projetée vers l'avant. Elle jette un coup d'œil dans le rétroviseur pour vérifier qu'il n'y a personne derrière, puis elle enclenche la marche arrière et recule pour éviter de se faire percuter par un conducteur aussi distrait qu'elle. Elle croyait être plus calme que ça.

Kendra ne tient pas l'alcool et après un seul verre, toutes les émotions qui l'habitent se trouvent exacerbées. Aussi le désespoir qui court dans ses veines à cet instant est-il amplifié par le mélange de vodka et de schnaps des deux Mel-tini qu'elle a bus. Cette rencontre avec Nadine est le point d'orgue d'une série de revers émotionnels. Depuis plusieurs années, elle songe parfois que son union avec Randall n'est qu'un mariage de convenance. Continuer malgré tout n'est pas un choix facile à assumer. Il met à mal son amour-propre et le crédo si typiquement américain auquel elle adhère: «vouloir l'impossible», «oser rêver», «croire en soi». Quand votre mécanisme de régulation de l'optimisme connaît des défaillances, c'est comme si le sol s'ouvrait sous vos pieds pour vous engloutir.

Et voilà que ce qui était une simple distraction innocente, un dérivatif lubrique dans sa vie quotidienne anesthésiante, une petite gâterie en compensation des déprédations discrètes endurées en tant qu'épouse d'homme politique, prend l'apparence d'un désastre qui pourrait détruire la carrière de Randall, et leur avenir par la même occasion.

En passant devant un vaste terrain de golf, elle songe à ses différentes options, aussi peu engageantes les unes que les autres. Elle pourrait ne rien faire, mais il y a un risque majeur. Et si Nadine bluffait? Se retrouver impliquée dans un scandale ne l'aiderait pas à quitter les confins de l'industrie du bronzage pour retrouver le monde plus radieux des centres de tennis. Si elle veut vraiment défendre ses intérêts, ce n'est pas ça qui les fera avancer. Mais Kendra ne peut pas compter sur le côté rationnel de Nadine.

Elle peut toujours lui donner la somme réclamée pour l'empêcher de divulguer les documents compromettants. Mais Nadine cache peut-être d'autres preuves de leur liaison, en attendant un moment stratégiquement plus approprié. Elle a prétendu qu'elle n'avait pas l'intention de la faire chanter, mais comment en avoir la certitude? Et une fois que Kendra aura cédé au chantage, impossible de savoir où cela s'arrêtera. Et si Nadine détenait des photos? Elle pourrait la saigner à blanc ou les publier, pour le plaisir. Aucun moyen de le savoir. Et maintenant que les images n'ont plus d'existence physique et ne sont plus que des pixels assoupis qu'une simple pression sur un clavier réveille, il n'y a pas de négatifs à détruire. Ces clichés existeront éternellement, tels des radicaux libres dans un organisme, attendant le bon moment pour se transformer en une tumeur fatale.

Une autre solution consiste à prendre son courage à deux mains et tout dire à Randall, pour voir ce qu'il propose. Une fois qu'il aura accusé le coup, il agira en fonction de ses propres intérêts, pense-t-elle, et cet égoïsme stratégique exigera de sa part un certain niveau de calculs froids dont ils pourraient l'un et l'autre tirer parti. Et même si cette tactique oblige Kendra à avouer à son mari une liaison homosexuelle une semaine avant les élections, compte tenu du palmarès de Randall en matière d'entorses au contrat de mariage, il pourra difficilement lui reprocher d'en avoir fait autant. Toutefois, elle suppose qu'il sera contrarié par le timing.

Kendra avait surpris son mari en flagrant délit d'adultère dès les premiers temps de leur union, alors qu'ils passaient un week-end dans un centre de remise en forme en Arizona. Sa séance de fangothérapie avait été annulée à cause d'une surréservation et en retournant dans leur suite, elle avait découvert Randall en train de culbuter une femme de chambre sur la crédence. Elle avait débranché une lampe pour s'en servir comme projectile, et avait repris l'avion un jour plus tôt.

À cette époque, Jimmy était célibataire et dès son retour, Kendra l'avait contacté. Ils avaient toujours eu un faible l'un pour l'autre. Jimmy avait été témoin à leur mariage et dans son discours il avait souligné que Randall était indigne d'une épouse de premier choix comme Kendra Kerry. Certes, il avait bu quelques verres ce jour-là, mais juste assez pour pimenter la poésie de l'instant, et ses paroles aimables venaient du fond du cœur. À vrai dire, Jimmy était un peu jaloux de son frère. Kendra était belle et talentueuse, et les années passées en compagnie des joueurs de football, au lycée et à la fac, l'avaient dotée d'un don certain pour jurer et raconter des blagues, ce qui fascinait Jimmy. Aussi, quand elle était venue frapper à la porte de son appartement le soir de son retour anticipé, il n'avait pas été mécontent.

On était au début de l'été et elle portait des vêtements légers et suggestifs. Était-ce délibéré ou accidentel, il ne l'avait jamais su. Sachant que son beau-frère n'avait pas un stock de chardonnay dans son réfrigérateur, elle arriva avec une bouteille et un tire-bouchon. Il remplit deux verres à long drink – les verres à pied ne faisant pas partie, non plus, de son *modus operandi* – et ils s'assirent côte à côte sur le canapé du salon. Kendra était tendue, mais son maquillage impeccable. Elle lui raconta ce qui s'était passé en Arizona, lui avoua qu'elle était mortifiée, et Jimmy fit semblant d'être choqué. Mais il savait que Randall menait une vie dissolue avant son mariage, et il avait deviné que son nouveau statut d'homme marié ne suffirait pas à changer ses habitudes. Néanmoins, il n'éprouvait aucune satisfaction devant la tristesse de sa belle-sœur et son désespoir alimenté au chardonnay. Kendra pleura un peu et lui demanda conseil. Le divorce représentait une possibilité concrète, elle en était convaincue. Elle sirota un deuxième verre de vin, puis s'en servit un troisième. Le téléphone sonna – une histoire de boulot – et quand Jimmy revint s'asseoir, Kendra se rapprocha de lui. Dans un geste qui se voulait de pur réconfort, il passa son bras autour de ses épaules et fut un peu surpris quand elle leva la tête et l'embrassa délicatement sur la bouche. Mais même si Jimmy aurait adoré la mettre dans son lit, il était hors de question pour lui de céder, alors il désamorça la situation en évoquant le révérend Ralph Duke et en insistant sur l'importance du mariage, expliquant à Kendra qu'elle devait prier afin que Dieu lui donne la force de pardonner à son frère et de sauver leur union. Cette tactique eut pour effet de refroidir considérablement l'ardeur de Kendra.

Sur le coup, elle n'avait guère apprécié.

Quand la bouteille fut vide, Jimmy s'aperçut qu'il n'avait pas fini son premier verre. Privée de toute son énergie, sa passion souillée, Kendra se recroquevilla sur le canapé. Jimmy lui apporta un oreiller. Il étendit une couverture sur elle et alla se coucher. Le lendemain, elle était partie. Ils n'avaient jamais reparlé de cette soirée. Et lorsqu'il devint évident qu'elle ne quitterait pas Randall, l'intimité qui avait existé entre eux ce soir-là s'évapora.

Quand Randall rentra seul de leur week-end, Kendra lui fit clairement comprendre que, quel que soit son comportement dans ce domaine, il devrait se montrer moins cavalier à l'avenir. Randall lui fut si reconnaissant de son indulgence qu'il ne la trompa pas pendant plusieurs semaines. Et ensuite, il prit soin de le faire lors de ses déplacements. Car en dépit de ses nombreuses aventures, depuis cette fois-là en Arizona, Randall fit en sorte de ne pas souiller le nid. Tel était leur arrangement. En échange de sa compréhension, il était convenu que si sa carrière continuait son ascension, elle resterait à ses côtés. L'accord avait été conclu au cours d'un dîner de réconciliation dans un restaurant français de Georgetown. Randall avait promis de ne plus la tromper et elle avait fait mine de le croire.

Une pensée se profile tel un régiment de cavalerie à l'horizon : et si Nadine n'avait pas d'autre preuve que les tatouages identiques ? Ce rendez-vous n'était peut-être qu'une façon d'inciter Kendra à lui donner de l'argent, sans véritable extorsion, à proprement parler, plutôt une utilisation habile d'un simple sous-entendu. Tout cela n'est peut-être qu'un coup de bluff.

Sauf que non. Kendra rejette rapidement cette idée optimiste ; c'est exactement le genre de raisonnement vaseux qui l'a placée dans cette situation. Non, il doit exister des preuves réelles, irréfutables, de son manque de discernement et, par extrapolation, de l'inaptitude morale de son mari à exercer une fonction officielle.

Son portable sonne quand elle pénètre dans l'allée de la maison. Un mail de Nadine. Son cœur s'emballe et elle inspire profondément avant de consulter le message. Pas de texte, uniquement une pièce jointe. Elle l'ouvre et attend qu'elle apparaisse. Une seconde plus tard, elle visionne une minividéo du cul nu de Nadine : le tatouage Hello Kitty la regarde fixement comme un juge. Une musique accompagne ce petit film. Malgré son sentiment de panique, Kendra reconnaît le morceau de Michael Jackson : *Beat It*. Nadine agite son postérieur de droite à gauche, en rythme, et Kendra a l'impression que sa tête va se détacher de ses épaules. Mais ses émotions s'apaisent et elle commence à ressentir de petits frissons, car aussi horrible soit le retour de Nadine dans son existence, elles ont connu des moments agréables pendant le temps qu'elles ont passé ensemble. Les souvenirs de rendez-vous clandestins ravivés par cette vidéo, et rendus purement pornographiques car détachés de leur contexte, ont quelque chose d'excitant.

De petits coups frappés à la vitre l'arrachent à son état quasi hypnotique. Brittany se tient devant la voiture, en jean et T-shirt, sur lequel on peut lire le titre d'une chanson : *The Violent Mood Swings*[1]. Kendra jette le portable sur ses genoux, suffisamment fort pour grimacer. Elle baisse sa vitre. Si sa fille a vu quelque chose, elle ne laisse rien paraître.

– Je suis vraiment obligée d'aller à ce bal débile avec papa ?

– Oui. C'est une soirée importante pour ton père et la pureté est une chose très importante également. Surtout par les temps qui courent.

1. Les sautes d'humeur brutales.

– Je ne suis plus vierge, tu sais.

En un instant, la météo du visage de Kendra passe du nuageux à l'orageux alors qu'elle descend de voiture et agrippe Brittany par le bras.

– Qu'est-ce que tu as dit ?

– Je plaisante ! J'ai juste envoyé des photos, mais tu le sais déjà puisque tu es pire qu'un despote du Moyen-Orient !

Trop déconcertée pour poursuivre cette conversation, Kendra libère sa fille et entre dans la maison sans se retourner. À l'intérieur, elle s'empresse d'effacer le mail de Nadine. Mais elle est hantée par l'idée qu'une trace fantomatique puisse subsister dans l'appareil, alors elle se rend en douce dans le garage où Randall range sa boîte à outils. Armée d'un marteau, elle pulvérise le téléphone et jette les débris à la poubelle.

11

Twentynine Palms abrite le Air Ground Combat Center, la plus importante base de marines au monde. Située à vingt-trois kilomètres à l'est de la ville de Joshua Tree, sur la Route 62, c'est le dernier avant-poste de la civilisation avant plus de cent kilomètres. Ses rues tranquilles et ses maisons modestes, à la porte du désert, accueillent un mélange de personnes travaillant pour l'armée, d'anciens militaires, de retraités en quête de logements à bas prix, de gens qui détestent les villes et d'amoureux du vide immense. Durant les nuits d'hiver, la température frôle le zéro. En été, elle peut monter jusqu'à quarante-neuf degrés. C'est un endroit dur et misérable, où les habitants méritent leur vue rocailleuse car ils sont suffisamment résistants pour vivre là. Si vous passez dans le coin sur la route de l'Arizona et si vous voulez vous arrêter dans un bar pour boire une bière fraîche, sachez que c'est le genre de ville où le marine ivre assis à côté de vous risque de sortir un flingue.

La maison de Marvin est un pavillon bien entretenu, peint en rouge foncé, situé au 21 Desert View, sur une petite hauteur, face à l'est, et dominant les toits. Trois marches de bois mènent à la porte d'entrée et les tintements des carillons éoliens d'un voisin flottent dans la brise de ce début de soirée. Au-dessus du linteau est fixé un écriteau que Hard a gravé à la main dans l'atelier de son garage. On peut lire : *Casa Contenta.*

Vonda Jean Marvin aime avoir fini de dîner à dix-neuf heures trente pour regarder son jeu télévisé, si bien que la famille Marvin dîne à dix-neuf heures tous les soirs depuis des années. Le service, la conversation et la vaisselle sont terminés en moins de vingt minutes, invariablement. Maintenant que Hard et Vonda Jean sont seuls à la maison, ils mangent sur la table de la cuisine. Fléau ronfle sur le linoléum. Un pansement dans le cou de Hard masque la blessure infligée par Nadine. À son grand soulagement, Vonda Jean n'a pas posé de questions. Âgée d'une quarantaine d'années, elle est en parfaite condition physique et peut se montrer aussi terrifiante que Fléau. Son corps est svelte et ferme dans son survêtement noir. Mais ses traits fins sont figés en un rictus perpétuel, comme si elle redoutait en permanence qu'on cherche à l'escroquer. Elle enseigne différentes techniques asiatiques de combat, cinq jours par semaine, au Mojave Martial Arts, et même si les coups répétés lui ont laissé des traces au niveau des genoux, avec ses cheveux mi-longs, blonds décolorés, et sa taille de guêpe, on pourrait lui donner vingt-six ans, de loin.

Bien que Vonda Jean ne soit pas très impressionnante, surtout quand on la voit à côté de son imposant mari, Hard a peur d'elle. Sa colère peut être terrible, et Hard n'a aucune envie de la provoquer. Après quelques-unes des scènes les plus virulentes de sa femme, il a été tenté de la gifler, mais ce qui retient sa main, c'est le fait de savoir qu'il ne pourra jamais la tuer, alors qu'il la croit parfaitement capable de le flinguer dans son sommeil.

Ils mangent du poulet frit que Vonda Jean a acheté chez KFC car elle n'avait pas envie de cuisiner ce soir et Hard n'en a jamais envie. Fut un temps où elle lui aurait préparé un repas chaud, tout naturellement, mais ce temps-là est révolu, à l'instar des grosses voitures à moteur V8 qu'il adorait et de l'essence bon marché qui les faisait rouler. Vonda Jean ne croit pas au divorce, sinon elle serait en train de manger du poulet frit avec quelqu'un d'autre à cet instant.

Tous les deux ont atteint un point d'équilibre amer. Vonda Jean vient d'entrer dans la seconde partie de l'existence et cela ne la réjouit pas. Mais ce n'est pas une chose dont elle peut parler avec son mari ; les sujets dont elle peut parler avec lui entrant dans une catégorie de plus en plus réduite. Alors, elle mastique son poulet en essayant d'imaginer qu'elle est ailleurs, avec quelqu'un d'autre ; et elle suppose qu'il en fait autant. On n'entend que les échos de la télévision provenant du salon. Vonda Jean la laisse toujours allumée pour avoir quelque chose d'autre à écouter au cas où Hard se mettrait à parler.

Elle en est à sa troisième bière, Hard tente de rattraper son retard.

Ils ne reçoivent pas souvent de la visite le soir, aussi sont-ils surpris d'entendre la sonnette. Fléau aboie énergiquement. Il fonce vers la porte et attend, les pattes arrière tendues, de pouvoir lacérer un thorax. Vonda Jean se lève et lui ordonne de se taire. Mais Fléau continue son boucan. Une jeune femme se tient sur le seuil. Bronzée et athlétique, elle grimace un sourire quand Vonda Jean lui demande, couvrant le vacarme des aboiements, ce qu'elle désire.

– Le chef Marvin, répond-elle.

– Harding ! braille Vonda Jean par-dessus son épaule. (Elle est la seule à l'appeler ainsi.) Y a quelqu'un pour toi.

Fléau estime que le niveau de menace ne réclame pas ses compétences et il repart. Hard surgit de la cuisine.

– Je peux faire quelque chose pour vous ?

Son attitude ne trahit que le désir de se rendre utile. Rien n'indique qu'il a déjà vu cette femme.

– Je crois que oui, dit Nadine.

Elle paraît sûre d'elle, là, sur le seuil, éclairée par le lampadaire installé devant la maison des Marvin. Vonda Jean jette un autre regard en direction de cette fille. Y a-t-il dans son ton quelque chose qui mérite qu'elle y prête attention ? Difficile à dire. Peut-être qu'elle lui fait juste du charme.

– Vous vous connaissez ?

La question émane de Vonda Jean.

– Je suis bénévole civile dans la police de Desert Hot Springs.

– Bravo.

La musique du générique de son jeu télévisé lui parvient du salon, alors elle s'éclipse. Hard fait signe à Nadine d'entrer, d'un geste amical. Elle le suit en direction de la cuisine, suivie par le chien. Hard remarque l'absence de réaction de Nadine face au rottweiller. Contre toute attente, elle ne semble pas du tout effrayée. Logique. Comparé à son chihuahua fou, Fléau a des manières de majordome anglais.

Une fois dans la cuisine, Hard regarde Nadine et murmure dans un grognement :

– Je croyais que tout était fini après le coup de fourchette dans le cou. Qu'est-ce que tu viens foutre ici ?

Fléau s'installe sur son lit dans le coin, sans se soucier d'eux.

– Quelqu'un a menacé de me tuer, dit Nadine d'une voix tremblante, comme si l'intensité avec laquelle elle délivrait cette information pouvait inciter Hard à intervenir.

Mais il répond :

– Je ne peux pas lui en vouloir, Nadine. Tu es une emmerdeuse de première.

– Tu as entendu ce que je t'ai dit ?

– Tu as bu ?

– Et alors ?

– Je devrais t'arrêter pour avoir roulé jusqu'ici.

Une voix retentit dans l'autre pièce :

– Harding, est-ce qu'on a des avocats ?

Nadine sursaute. On dirait qu'elle a oublié qu'il y a une autre personne dans la maison, quelqu'un qui est plus qu'un élément de son plan encore vague. Hard s'attend presque à voir Nadine foncer dans le salon pour s'asseoir avec sa femme. Il est soulagé de constater qu'elle reste plantée dans la cuisine. Il jette un coup d'œil en direction du comptoir en Formica rouge écorné et découvre trois avocats dans un saladier en plastique. Il crie à sa femme que c'est son soir de chance. Depuis son perchoir devant la télé, Vonda Jean lui demande, d'une voix de mégaphone, s'il ne voudrait pas préparer du guacamole. Sans quitter Nadine des yeux, Hard répond que ce sera avec plaisir. Nadine regarde autour d'elle, comme si elle cherchait quelque chose.

– Je pourrais apporter le guacamole à ta gentille épouse et tout lui raconter.

– Si tu penses que cette femme est gentille, tu commets une grave erreur de jugement, Nadine. Elle est aussi gentille qu'un glouton.

– Je dis ça comme ça.

– Elle peut aussi bien te flinguer.

– Si tu veux que je meure, tue-moi toi-même.

Nadine ne manque pas de cran. C'est une qualité que Hard apprécie énormément chez elle, dans un contexte différent, mais dans l'immédiat, c'est plus problématique. Il sort un bol du placard et fait mine de reporter son attention sur les avocats. Il sait ce dont elle est capable et il n'est pas d'humeur à assister à une deuxième représentation. Si elle avait touché la carotide avec sa fourchette à salade, il aurait repeint la cuisine avec son sang. Existe-t-il un lien entre la recherche d'une sexualité débridée et enthousiaste telle que la pratique Nadine et l'instabilité mentale ? Si oui, qu'est-ce que ça dit sur lui ? Hard aime penser qu'il a un côté un peu fou. Mais pas comme Nadine, qui serait plutôt folle dans le genre traitement médical costaud et cellule capitonnée.

– Comment va ton cou ?

– Tu m'as fauché mon Taser, hein ?

– Je ne sais pas de quoi tu parles.

L'a-t-elle sur elle ? Il pourrait l'immobiliser et la palper pour le savoir, mais elle risque de hurler et Vonda Jean rappliquerait en courant. À la place, il sort du tiroir un couteau à légumes, sans quitter Nadine des yeux. A-t-elle tressailli en voyant l'ustensile de cuisine ? Peut-être un spasme. Ce n'est pas un signe encourageant.

Hard est habile avec un couteau, il peut ôter les arêtes d'un poisson ou dépecer un serpent à sonnette les yeux fermés. Ce serait tellement facile de planter Nadine. Une bonne vengeance, là encore. En tant que représentant de l'ordre, Hard n'aime pas la direction dans laquelle son esprit l'entraîne et il se réprimande intérieurement. L'homme a un côté sombre. Il se promet d'essayer de prier à ce sujet. Il n'est pas croyant, mais s'il veut se lancer dans la politique, il va falloir y remédier.

Il coupe les avocats en deux, ôte les noyaux et racle la chair à l'intérieur de la peau granuleuse. Il dépose les morceaux dans le bol pour les réduire en purée avec une cuillère, en demeurant extrêmement attentif aux tics de Nadine. Il sort du réfrigérateur un citron et un pot de sauce salsa. Il coupe le citron et presse les deux moitiés dans le bol. Le jus astringent coule sur ses doigts. Il ajoute la salsa et remue le mélange visqueux.

Nadine l'observe sans rien dire. Le couteau, couvert d'une pellicule verte, est posé sur le comptoir. Hard s'aperçoit qu'elle pourrait s'en saisir. Il repense au Taser. Il sait les dégâts qu'elle peut infliger avec une fourchette à salade. Entre ses mains, un Taser deviendrait une arme de destruction massive. Il espère que Nadine saura se contrôler. Devrait-il la mettre en garde ?

– Tu es un vrai cordon bleu, Hard. Pourquoi tu ne m'as jamais fait la cuisine ?

Il penche la tête sur le côté et pince les lèvres.

– Nadine, je vais apporter ce guacamole à ma femme.

Il montre le bol. Son ton plein de délicatesse veut avoir un effet apaisant, mais il a du mal à dissimuler un accent meurtrier.

– Pour le moment, reprend-il, je veux que tu m'attendes ici. Quand je reviendrai dans la cuisine, on t'appellera un taxi car je ne veux pas que tu rentres en voiture. Si jamais tu fais quoi que ce soit, je dis bien quoi que ce soit, qui s'écarte de ce plan…

Avant que Nadine puisse réagir, Hard lui agrippe le bras droit, le tord dans son dos, la fait pivoter et plaque sa main sur sa bouche. Un mouvement si rapide et violent qu'elle s'affaisse sous l'effet de la peur, son regard affolé balaie la cuisine. Fléau dresse la tête, mais reste couché. Pendant un instant, Hard pense que Nadine s'est évanouie. De sa main libre, il la palpe de haut en bas et constate qu'elle n'a pas d'arme sur elle. En voyant ses yeux exorbités, il approche la bouche de son oreille gauche et murmure :

– Je pourrais te briser le cou.

La respiration de Hard s'accélère, la peau de Nadine est chaude. Il remarque l'artère qui palpite dans son cou et son odeur citronnée.

– Il faut bien que tu me comprennes. Je ne veux pas te faire de mal, mais n'essaye pas de me jouer un sale tour, ça ne marchera pas. Je vais te lâcher, calme-toi maintenant. Si tu es prête à te tenir tranquille, hoche la tête.

Il desserre l'étau de sa main et Nadine, vaincue, hoche faiblement la tête. Il se demande s'il éprouverait quelque chose après avoir assassiné Nadine. Sans doute pas, conclut-il.

Quand il la relâche, elle avale de grandes bouffées d'air.

– Ça va ? (Elle hoche la tête de nouveau.) Tu vas attendre ici. Je ne veux pas que tu te fasses arrêter pour conduite en état d'ivresse.

Il prend le bol de guacamole, ouvre le placard pour sortir un sachet de chips de maïs et quitte la cuisine. Vonda Jean ne détache même pas le regard de la télé quand il lui tend le guacamole.

– Qu'est-ce qu'elle vient foutre ici ?

– Elle a des problèmes personnels.

– Tu es son psy ?

– Non, rien à voir. Je vais lui appeler un taxi.

– C'est ta petite amie, Harding ?

Elle n'a toujours pas quitté la télé des yeux.

– Je n'ai pas de petite amie, OK ? Quelqu'un l'a menacée, elle a eu envie de m'en parler.

– À toi, le chevalier en armure étincelante.

Hard a envie de broyer le sachet de chips et de verser le contenu sur la tête de Vonda Jean. Au lieu de cela, il le lui tend. Et s'agenouille.

– Je te jure que je la connais à peine. Je suis un personnage public, Vonda Jean. Toutes sortes de détraqués viennent me raconter leurs problèmes.

– Chez toi ?

– Elle ne reviendra pas.

– J'aime bien quand tu es à genoux. Tu es parfait comme ça.

Comment sait-elle qu'il est à genoux ? Elle ne lui a même pas adressé un regard depuis qu'il est entré dans la pièce. Il observe sa femme d'un air désespéré, en rêvant qu'il n'est plus marié avec elle. Mais pour cela, il faudra attendre que les élections soient passées.

– Pourquoi tu ne lui demandes pas de venir, pour qu'on discute ? propose Vonda Jean.

– De quoi ?

– Juste par politesse. Dis-lui de venir.

– Elle est timide.

Hard s'est relevé.

– Timide ? Je croyais que tu ne la connaissais pas.

– Elle a eu une journée difficile. Je viens de te dire que quelqu'un l'avait menacée.

Avant qu'il puisse ajouter quoi que ce soit, Vonda Jean fonce vers la cuisine. Hard lui emboîte le pas.

Fléau est en train de dévorer son repas. Hard ne se souvient pas s'il lui a donné à manger ou pas. La porte de derrière est ouverte, une brise tiède fait danser les rideaux en vichy au-dessus de l'évier. Nadine a disparu. Vonda Jean foudroie Hard du regard comme si c'était sa faute.

– Où est ton amie ?

– Premièrement, ce n'est pas mon amie. Je croyais que c'était clair.

– Tu es rudement susceptible, dis donc.

Hard décide d'ignorer cette pique.

– Et deuxièmement, je ne sais absolument pas où elle est. À ce que je vois, elle est partie. Tu peux retourner regarder ton émission.

Ils viennent d'échanger plus de paroles qu'au cours de toute la semaine et pour Vonda Jean, c'est suffisant. Elle fait demi-tour et sort de la cuisine d'un pas décidé. Hard ouvre le frigo pour prendre une bouteille de bière. Il la décapsule et s'assoit sur une chaise, d'où il regarde Fléau terminer son repas avec contentement. Sa semaine avait pourtant bien commencé. Il y avait eu la rencontre avec Mary Swain et la présentation qu'il avait faite ce jour-là, un des grands moments de sa carrière. Il n'avait encore jamais parlé devant tant de monde ; il aimait cette sensation. Cet amour que les gens offrent à Mary Swain est pour lui source d'inspiration. Il aime faire bouger les choses. Il a des opinions et n'hésite pas à les exprimer. Se lâcher comme ça devant une foule qui réagit de cette façon, ces cris, cette énergie vibrante, il pourrait facilement s'y habituer. Il n'a pas l'intention de rester chef de la police toute sa vie. Il voit plus loin désormais. Peut-être qu'il briguera le poste de maire de Twentynine Palms, et si Mary Swain se hisse vers les sommets, il pourra la suivre jusqu'au Congrès. Député Harding Marvin. Mais avec Nadine qui rôde dans les parages, aussi imprévisible qu'un cobra, il s'inquiète. Les ennuis qu'elle provoque pourraient faire avorter tous ses espoirs d'améliorer sa condition.

Il songe à Mary Swain et à Nadine, l'une pleine de sang-froid, l'autre désespérée. Comment a-t-il pu se tromper autant sur la seconde ? Il aurait été si facile de résister à son gringue de pacotille. Mais qui essayait-il de tromper ? Il n'était pas équipé pour résister aux ensorcelantes phéromones d'une créature comme Nadine. N'empêche, il préférerait coucher avec Mary Swain. Voilà une femme qu'il peut respecter ; et ce serait une première pour Hard : une relation extraconjugale avec une personne qu'il estime. Mary Swain a ce pouvoir-là : inciter les gens à penser différemment. Intelligente et superbe, elle pourrait probablement lui apprendre une ou deux choses, nue. Il est impressionné par son habilité à jouer sur le registre de la provocation sexuelle, alors que les femmes politiques américaines s'orientent généralement vers la catégorie maîtresse d'école. Il se demande s'il serait capable, lui aussi, de jouer sur ce registre. Il sait faire de sa calvitie un atout, contrairement à la plupart des Blancs. Mais il ne sait pas s'il peut pousser le sex-appeal aussi loin qu'elle. Hard passera la soirée électorale à suivre les résultats dans la suite de Mary Swain. Et ce sera la première fois de sa vie qu'il se retrouvera dans une chambre d'hôtel sans penser au minibar et aux chaînes porno à la demande.

Les rires en boîte d'une sitcom lui parviennent du salon. Encore une soirée à la maison avec Vonda Jean, tandis que Nadine erre Dieu sait où. Hard a besoin d'un plan concret. Il a besoin de divorcer, et il a besoin de s'assurer que Nadine ne lui causera pas d'ennuis. Il finit sa bouteille de bière d'un trait. Il se lève pour aller en chercher une autre dans le frigo. Fléau racle sa gamelle. Hard s'aperçoit que ce n'est pas bon signe d'envier son chien. Quand vous enviez votre chien, c'est qu'un truc cloche sérieusement dans votre vie. Et où Nadine avait-elle fichu le camp ? Peut-être que les coyotes régleraient le problème.

De retour dans le salon, Hard s'assoit dans le fauteuil à bascule en similicuir marron et regarde une heure de télé abêtissante en compagnie de sa femme. Il se dit qu'il expie l'intrusion de cette visiteuse indésirable. Quand il n'en peut plus, il va prendre une autre bière dans le frigo et sort dans le jardin de derrière. Fléau le suit et se couche à ses pieds. Assis sous les étoiles, il prend son portable et tape le message suivant :

Je ne plaisantais pas. Si tu continues comme ça, il va t'arriver malheur.

Puis il appuie sur la touche « Envoyer ». Nadine est peut-être un peu cinglée, mais il sait qu'elle n'est pas débile. Il pense qu'elle n'osera plus le contacter.

12

Bien que Randall possède cette maison modèle depuis cinq ans, il n'a jamais dansé dans le salon, ni dans aucune autre pièce d'ailleurs. Ce soir, il plonge ses yeux dans ceux de sa fille. Pieds nus et l'air de s'ennuyer à mourir, Brittany est vêtue d'un T-shirt moulant et d'un sweat ample. Randall porte un polo de golf, un pantalon bleu bien repassé et des chaussures bicolores.

– Ne me marche pas sur les pieds, dit sa fille.

Randall lui promet qu'il fera attention.

– Tu sais que ton papa est aux commandes demain, hein ?

– Qu'est-ce que ça veut dire ?

– Je suis maître de cérémonie. Alors, c'est un peu notre soirée, à toi et moi. J'aimerais que tu passes un bon moment, ou que tu fasses semblant au moins.

Il sourit pour lui faire comprendre qu'il essaye d'être drôle. Il la fait tourner et elle manque de tomber.

– Tout se disloque. Le centre ne peut tenir, dit-elle.

Randall n'a pas le temps d'écouter les oracles de sa fille. Il pointe la télécommande sur la chaîne stéréo et appuie sur un bouton. Quand les premiers accords d'une pop insipide sortent des enceintes, il prend la main droite de Brittany dans sa main gauche, place son autre main sur sa hanche plate et la guide maladroitement à travers la pièce. Ils passent devant le fauteuil Eames, sous la fausse lithographie de Warhol, et glissent autour de la table à plateau de verre en forme de goutte d'eau. Randall se déplace avec légèreté, talon pointe, talon pointe, et sa fille affiche l'enthousiasme d'un otage. C'est Maxon qui a conseillé à Randall de s'entraîner à danser avec sa fille avant le Purity Ball, pour qu'ils puissent filmer des images destinées aux infos du soir. À défaut, ça fera bien sur son site. Par conséquent, Randall considère cette sarabande comme une activité liée à sa campagne. À ses yeux, Brittany est du ressort de Kendra. Quand elle était jeune et mignonne, il s'y intéressait davantage, mais l'arrivée de l'adolescence l'a privée, selon lui, du peu de charme qu'elle possédait et désormais le but de Randall est de coexister avec elle dans une sorte de trêve précaire. Il joue le rôle du père affectueux et espère que son exemple incitera Brittany à jouer la fille aimante.

Ils en sont à leur troisième tour de salon, emprunté, quand Kendra émerge de la cuisine. Randall lui sourit, en pensant qu'elle sera enchantée d'assister à cet instant d'amusement familial, aussi forcé et gênant soit-il pour les participants. Il est donc surpris lorsque sa femme, au lieu de lui rendre son sourire, annonce qu'elle souhaite lui parler, dehors. Immédiatement. Randall lui demande où elle était passée.

– Je suis allée acheter un nouveau téléphone. Le mien est cassé.

En suivant sa femme dans le jardin, Randall jette un coup d'œil par-dessus son épaule et voit Brittany qui les scanne du regard. Il est émerveillé par cette capacité qu'a sa fille de passer de l'ennui à la concentration, avec l'intensité d'un chirurgien qui se prépare à opérer. Quand elle s'aperçoit que son père l'a repérée, elle s'enfuit.

Kendra se tient derrière la maison, son visage est éclairé par la lumière vaporeuse qui émane de la piscine. De coûteuses reproductions de meubles de jardin des années 1950, en acier et vinyle, sont disposées sur le pourtour dallé. La silhouette sombre et à peine visible des San Jacinto Mountains se dresse tel un reproche à l'horizon. Kendra envisage brièvement d'évoquer l'histoire du « sexting » dans l'espoir d'atténuer l'impact du fiasco Nadine, mais elle a promis à Brittany de ne rien dire. Alors, elle rassemble son courage et se lance dans le récit de son aventure malencontreuse.

Comment Randall va-t-il prendre tout ça? Que va-t-il faire? Doit-elle s'attendre à un éclat de colère, un flot de réprimandes, les yeux exorbités, ou à un *mea culpa* venu du fond du cœur sur son propre comportement qui l'a amenée à se conduire ainsi. Saura-t-elle lui pardonner? Elle s'attendait à tout, mais pas au tableau qu'elle a maintenant devant elle: Randall assis sur une chaise longue, la tête entre les mains, murmurant « Non, non, bon sang, non. »

Les reflets de la piscine dansent délicatement dans son cou, tandis que les pensées de Kendra dérivent vers leur lune de miel et le bungalow sur la côte californienne, les vagues qui se brisent sur les rochers en contrebas, Randall qui la tient dans ses bras et promet qu'il veillera toujours sur elle. En le regardant là, plié en deux, elle n'est pas certaine qu'il puisse tenir sa promesse.

Il émet un faible gémissement, lève la tête et contemple le désert, comme si une réponse était cachée quelque part dans cette obscurité desséchée. L'élection est proche et risque de se jouer à quelques voix près, celles des gens qui seront dégoûtés d'apprendre que Kendra est impliquée dans un scandale lubrique.

– Vous avez des tatouages assortis? dit-il, comme si le fait de répéter cette simple réalité pouvait permettre à son psychisme meurtri de trouver une prise, juste le temps d'interrompre son plongeon vers l'abîme.

– Je t'ai dit que j'étais désolée.

– Quand tu penses à ce qui se passe maintenant ? Je crois qu'il ne suffit pas d'être désolée.

– Tu veux que l'on parle de cette femme de chambre dans l'Arizona, Randall ? Parce que je veux bien en parler si tu veux.

Randall ne répond pas. À quoi bon ? En dépit de son pilonnage à répétition du serment de mariage, il n'a jamais imaginé que son épouse puisse en faire autant, et encore moins avec une femme, et le choc infligé à son organisme est profond. Il a la bouche sèche, son estomac se soulève. L'environnement du jardin est familier et pourtant tout lui paraît légèrement différent, comme animé par une vibration indétectable jusqu'alors. Il est pris par le désir de faire cesser ce mouvement, de remettre son monde au repos. Et pour éviter le sentiment de trahison il doit s'occuper de la logistique.

– Tu es homo ? demande-t-il.

– C'est sans importance, mais non.

– C'est important si on doit rester mariés.

– C'est ce que tu veux ?

Un défi.

Randall réfléchit avant de répondre.

– Bon Dieu, oui. Évidemment que je veux qu'on reste mariés. Écoute, j'ai fait des erreurs, etc. Je ne peux même pas dire que je ne mérite pas ce qui m'arrive. Sans doute que oui. Mais, nom d'un chien, une liaison *lesbienne* ?

– Peut-être que, quelque part, j'essayais de me venger.

Là encore, Randall prend le temps de réfléchir. Voilà un sentiment auquel on ne peut pas s'opposer. Bien qu'il n'ait aucun intérêt à sauter sur cette occasion pour rompre son mariage, il craint, de manière légitime, que l'état de son couple ait une influence délétère sur sa carrière. Qui veut être catalogué comme le membre du Congrès dont l'épouse est devenue lesbienne, ne serait-ce que temporairement? Qu'il essaye donc d'expliquer ça à ses collègues de la Commission sur la sécurité intérieure.

– Tu as choisi le moment idéal, ma chérie.

– Que ça remonte à plus d'un an ne change rien?

– Tu crois que quelqu'un a oublié Chappaquiddick?

– Ted Kennedy a toujours été réélu.

– Dans le Massachusetts!

Kendra considère l'objection de son mari. Les Kennedy sont une dynastie connue et aimée, victime de grandes et de petites tragédies. Dans le cas de Teddy, de la voiture et du pont, on a pu faire appel à la compassion. Mais dans l'impitoyable désert de Mojave, Randall ne peut puiser dans aucune réserve de bonne volonté.

– J'envisageais de partir, si tu veux tout savoir, dit-elle.

Randall lève la tête, sincèrement surpris. Il n'a jamais pris la peine de songer aux conséquences de sa conduite. Dans le monde politique, son approche du mariage est si répandue qu'il pensait que la discrétion le protégerait du divorce. Ce n'était pas comme s'il avait été amoureux d'une autre. Et il aime Kendra. Autant qu'il peut aimer quelqu'un. Du moins, le pense-t-il.

– Tu envisageais de partir?

Elle secoue la tête, exaspérée qu'il puisse être obtus au point de ne pas envisager cette possibilité.

– Randall, ta vie est une campagne électorale permanente. Ta fille te connaît à peine. Si tu continues comme ça, qu'est-ce qu'il va rester?

Il ôte ses mains de son visage et redresse le dos. Ce qu'elle vient de dire est vrai, sans le moindre doute. Depuis qu'il a été élu au Congrès, il rentre chez lui un week-end sur deux et le temps qu'il passe dans le désert est consacré à la collecte de fonds. Brittany est devenue l'entière et unique responsabilité de Kendra et sa famille ne sert plus qu'à lui fournir des photos pour ses brochures de campagne. Mais Randall est ambitieux, et c'est le prix à payer. Il discute avec ses collègues à Washington et il sait que ses choix n'ont rien d'exceptionnel. La politique américaine contemporaine fétichise la famille tout en la décimant. C'est comme ça. Comparé à beaucoup de mariages, le leur n'est pas le pire. Kendra est une formidable épouse de politicien. Il ne veut pas la quitter et il ne veut pas qu'elle le quitte. Mais l'angle lesbien le trouble. Il ne fait pas partie de ces hommes qui trouvent ça excitant. Était-elle obligée de l'émasculer de manière si radicale ? Son comportement méritait-il pareille humiliation ? Hélas, c'est fait. Il n'a d'autre solution que d'avaler la pilule.

– S'il fallait absolument que tu ailles voir ailleurs, je suis content que ce soit avec une femme, ment-il.

Il ne peut même pas l'imaginer avec un autre homme. D'ailleurs, il est même surpris, à cet instant, de réussir à formuler une phrase cohérente. Kendra pose une main réconfortante sur son épaule et il pose sa main sur la sienne. Ils demeurent muets un long moment.

Finalement, elle demande :

– Tu crois qu'on devrait la payer ?

Randall se lève de sa chaise longue, marche vers la piscine et s'arrête au bord. Une légère brise provoque une ondulation à peine visible. Il scrute le fond comme pour obliger la réponse à remonter et à crever la surface.

– Je croyais qu'elle n'avait pas réclamé d'argent.

– Non. Pas directement, du moins.

– Alors, pourquoi la payer maintenant ? Ce serait un acte irresponsable.

L'énergie qui semblait s'être évaporée pendant qu'il digérait l'aveu de Kendra revient lentement. Le calcul intérieur a été effectué, les résultats rendus. Randall dit des choses que d'autres ont dites des milliers de fois avant lui, mais il les dit avec un sentiment de possession, comme si c'était lui qui les avait pensées. Il reste silencieux encore un moment, mais Kendra songe qu'ils vont s'en tirer. Un faucon tournoie au-dessus de leurs têtes, ses ailes sont éclairées à contre-jour par le croissant de lune ascendant.

– À ton avis, qu'est-ce qu'elle va faire ?

– Difficile à dire.

– Je m'en occupe.

Il s'est ressaisi ; il calcule quel est le meilleur moyen de surmonter cet obstacle, d'une manière qui tiendra compte des impératifs à court terme tout en minimisant les ramifications à long terme.

– Je pensais que tu saurais quoi faire.

– Je peux te poser une question personnelle ? (Il prend le silence de son épouse pour un consentement.) Après toutes les merdes qu'on a traversées, on s'aime toujours, hein ?

Le soulagement qu'elle éprouve en voyant la façon dont Randall gère désormais sa révélation terriblement gênante la submerge. Malgré cela, Kendra se met à rire.

– Désolée, dit-elle en se reprenant.

– Tu trouves ça drôle ?

– Est-ce que c'est de l'amour ?… Je ne sais pas, peut-être. (Les mains sur les hanches, elle secoue la tête avec perplexité.) Est-ce qu'on s'aime ?

– À ton avis ?

– Je ne suis pas sûre que la question soit d'actualité.

Une part d'elle-même est émue par la douceur de la voix de son mari quand il confie :

– Je comprends ce que tu veux dire.

– Tu veux qu'on reste mariés ?

– Kendy, on est bien ensemble, dit-il en lui prenant la main.

Kendy, se répète-t-elle. *Kendy!* Il ne l'a pas appelée comme ça depuis dix ans. Son ton plaintif et son comportement inquiet indiquent à quel point il est déconcerté par cette histoire. Elle n'était absolument pas certaine qu'il réagirait ainsi. Kendra Kerry Duke sait qu'elle se trouve à l'instant le plus critique de sa vie conjugale. Si elle lui annonçait que le temps est venu de mettre un terme à leur union, le moment ne pourrait pas être plus favorable. La campagne sera bientôt terminée et ils pourront se séparer en douceur. Elle pourra passer à la phase suivante de son existence, trouver un appartement, et peut-être reprendre sa carrière de chanteuse. Ou se remarier si elle le souhaite. Il y aura forcément un soupirant qui ne demandera pas mieux que de pendre à son bras l'ex-femme, encore jeune, de Randall Duke. Alors, elle sait que les paroles qu'elle va prononcer vont résonner pendant des années. Et voici ce qu'elle répond:

– Je crois qu'on est bien ensemble, moi aussi.

Quand ils regagnent la maison, c'est avec l'accord tacite qu'ils feront tout ce qui doit être fait, sans regret.

http://www.desert-machiavel.com
30/10 - 23:49

Pendant que vous dormiez, amis internautes, le Machiavel a fouillé dans le bric-à-brac fétide du passé de Mary Swain. Que sait-on réellement de cette femme ? A-t-elle seulement obtenu un diplôme universitaire ? Elle servait des rafraîchissements à bord du jet privé de son mari, quand celui-ci était encore marié à sa première épouse. Elle dit qu'elle va beaucoup à l'église, on le sait. Mary Swain dit « Jésus m'accompagne » comme la plupart d'entre nous disent « Passe-moi le sel ». Mais Jésus aime l'humanité tout entière, non ? Quoi que vous pensiez de Randall Duke, son épouse Kendra est votre amie, à vous autres, les homos. Un petit doigt gai m'a soufflé à l'oreille que son apparition lors du Charity Drag Ball de Palm Springs avait fait dire à certaines personnes qu'elle ressemblait à un travesti, ce qui se voulait être un compliment, je pense. Alors, même si son mari est un peu mou du genou dans le domaine des droits des homos, son épouse est l'amie des folles du désert. Quant à l'Hôtesse de l'air, bien qu'elle prétende avoir des amis gays, elle a affirmé que l'homosexualité pouvait être guérie. Pensez-y le jour de l'élection, chères Reines du Désert ! Le Héros américain ou la Canadienne honteuse ?

13

Il est minuit passé, Jimmy et Cali Pasco, son ancienne collègue flic, sont assis sur le canapé dans le mobil-home ; ils écoutent Waylon Jennings sur la chaîne hi-fi. Cali boit une bière, Jimmy sirote une tisane. Leurs relations ont toujours évolué dans le respect des limites professionnelles, et même si ni l'un ni l'autre ne voudront jamais reconnaître que cette soirée était autre chose qu'un moment partagé par deux anciens collègues, les heures ont passé avec la rapidité d'une bille qui dévale un toboggan. Chez Pappy et Harriet, un restaurant-grill niché dans les collines au nord de Morongo Valley, ils ont dansé et mangé, dansé et bu, ou plutôt, Cali a bu et Jimmy en a eu envie, mais il s'est abstenu, puis ils ont encore dansé, avant que Jimmy commence à parler du *Livre des chiens*, et Cali lui a demandé quand elle pourrait le voir. Ils se sont arrêtés dans une épicerie pour acheter une dernière bière, et Cali l'a suivi jusque chez lui avec sa Volkswagen Jetta verte. Maintenant, elle a le livre sur les genoux et elle tourne les pages.

– Parle-moi de celui-ci, dit-elle en montrant un chien qui ressemble à un croisement entre un chow-chow et un berger allemand.

Une mèche de cheveux tombe devant les yeux de Cali, elle la replace délicatement derrière son oreille. Jimmy remarque pour la première fois ses doigts gracieux, la peau sans tache, le vernis à ongles transparent, le fin anneau d'argent autour de son pouce.

– La maison de son propriétaire a été cambriolée.

– Et celui-ci ? demande-t-elle en montrant un vieux beagle.

– Deux types qui possèdent un magasin d'antiquités dans le centre. Le chien s'appelle Oscar.

– Pourquoi tu as commencé à faire ça, cet album ?

– Pour m'occuper quand j'ai quitté la police. Ça m'aidait à me calmer.

Tout en maintenant l'album sur ses genoux comme si elle ne voulait pas s'en séparer, Cali ôte ses bottes et les dépose côte à côte sur le plancher.

– Qu'est-ce qui s'est passé entre Hard et toi, au juste ?

Jimmy pousse un soupir, il se demande s'il a envie d'aborder ce sujet, la soirée a été très agréable jusqu'à présent. Il boit une gorgée de tisane, se renverse contre le dossier du canapé et réfléchit. C'est un baromètre. La réaction de Cali indiquera s'ils sortiront de nouveau ensemble. Bruno vient poser sa tête sur la cuisse de la jeune femme. Elle lui gratte l'arrière des oreilles.

– Je participais à une descente, conjointement avec le Bureau du shérif, dans un labo de crack clandestin, installé dans une caravane, à l'est de la ville, et on avait deux chiens avec nous. Un des suspects, un camé décharné, était menotté. Il ne tenait pas en place et soudain, sans aucune raison, il a flanqué un coup de pied à un des chiens. Le chien, ça ne lui a pas plu et il a mordu le type à la cheville, jusqu'au sang. Mais c'était superficiel.

– Oui, je me souviens quand c'est arrivé. Je ne savais pas que tu étais dans le coup.

– Le type, un « citoyen en état d'arrestation », a affirmé que le chien l'avait attaqué. Et voilà que monsieur le Dealer de crack fait un procès à la ville, et l'avocat du conseil municipal harcèle le chef Marvin, il lui explique qu'il doit montrer qu'il attache de la valeur à la vie de toutes les personnes de sa juridiction, y compris les criminels. Alors, Hard répand la nouvelle que le chien va se retrouver dans le quartier des condamnés à mort. Sauf que c'est mal passé, vu que je travaillais avec ce clebs et que je l'aimais bien. Mais j'ai gardé mon opinion pour moi. Un truc larmoyant du genre «Je vous en supplie, monsieur, ne tuez pas ce gentil toutou» n'aurait pas marché. Quand même, j'étais étonné par l'attitude de Hard envers ce chien. Il a un rottweiller qu'il adore. Bref, je lui dis que je vais emmener le chien faire une dernière promenade, avant de le conduire à la fourrière pour le voyage vers le paradis canin. Une fois là-bas, je m'arrête sur le parking, mais je laisse tourner le moteur et je ne bouge pas. Je me dis que la seule solution, c'est de faire vite.

… Ma femme m'a quitté, je vis dans un mobil-home, je n'ai que ce chien et je suis censé le tuer? Sans comprendre ce qui m'arrive, je me mets à pleurer. Soudain, je sens un souffle humide et froid sur ma nuque, je me retourne et je vois la tête du clebs juste à côté de moi. Alors, je sors mon portable et je me renverse dans mon siège de bagnole pour avoir un meilleur angle. Je photographie le chien avant de lui mettre son collier étrangleur pour lui faire traverser le parking. On entre dans le bâtiment. Figure-toi qu'ils ont décoré les murs avec des posters de chatons et de chiots! Je tends le collier étrangleur à une bonne femme qui travaille là-bas et qui s'appelle Coral.

… J'ai bien vu que Hard était content quand j'ai déposé sur son bureau le carton avec les cendres du chien. Il le montrait à tous ceux qui entraient dans la pièce; il a même pris une photo qu'il a envoyée au maire et au chef du conseil municipal pour leur prouver que le chef Marvin avait la situation en main. Et donc, il a tiré une sacrée gueule quelques semaines plus tard en parcourant des rapports de la fourrière sans voir le nom du chien sur la liste. J'étais en planque devant un autre labo de crack, avec les hommes du shérif, quand Hard m'appelle, il veut savoir ce qu'il en est. Le chien est-il mort ou vivant? Il a intérêt à être mort, dit-il. Je savais que ça ne servait à rien de mentir, alors je lui réponds que je n'ai pas pu tuer ce chien. Hard me demande: qu'est-ce que vous en avez fait? Je lui dis que je l'ai emmené à Anza-Borrego et que je l'ai lâché dans le désert. Vous avez relâché ce clebs? s'exclame-t-il. Oui, dans le désert, chef. Il doit être mort maintenant.

... Quand je rentre au Q.G., il m'attend. Il m'injurie. Je suis suspendu pendant la durée de l'enquête. C'est là que j'ai dit à Hard que j'allais le balancer par la fenêtre.

Il s'interrompt, puis reprend:

– J'ai lu un truc dans un bouquin de philosophie asiatique qui dit: si tu attends assez longtemps au bord du fleuve, tu verras passer le corps de ton ennemi.

Cali hoche la tête et assimile cet extrait de sagesse ancienne. Jimmy espère transmettre une impression de profondeur acquise de fraîche date, et faire comprendre à Cali qu'il n'est plus le type qu'elle a connu dans la police; il est devenu un homme plus sensible, avec qui elle pourrait faire l'amour sans forcément le regretter le lendemain matin. De fait, il essaye véritablement d'acquérir de la profondeur, mais c'est une transformation difficile à communiquer. Ce n'est pas quelque chose dont on peut se vanter sans passer pour un imbécile. À son grand soulagement, Cali ne cherche pas à aller plus loin. Elle veut savoir:

– Ce chien, qu'est-ce qu'il est devenu?

– Tu es en train de lui gratter la tête.

En la voyant sourire, il sait qu'il a eu raison de tout lui raconter. Elle lâche un petit rire, regarde Bruno, puis Jimmy.

– J'aimerais croire que j'en aurais fait autant, dit-elle. Jamais je ne pourrais buter ce beau petit gars.

Elle masse la tête de Bruno et fourre son visage dans le cou de l'animal. Il lui lèche la joue, le nez, les paupières.

Jimmy balaye du regard le mobil-home, satisfait d'avoir fait du rangement avant de retrouver Cali. Le CD est terminé, il se lève pour mettre Johnny Cash. Quand il se rassoit, il lui prend la main. Le stress et la tension de son quotidien se sont évanouis; ils sont suspendus dans le silence nocturne du mobil-home, tandis qu'il écoute cette vieille musique de bastringue, en plongeant son regard dans les yeux bruns de Cali.

– Tu me dévisages, dit-elle.

– Faisons une bêtise.

Il l'embrasse, elle lui rend son baiser, puis il se lève et ils dansent un peu sur Johnny Cash; Jimmy a posé sa main sur sa taille, la paume de Cali repose sur son épaule, ils ne parlent pas, leurs joues se frôlent, chacun sent le souffle chaud de l'autre. Ils s'embrassent de nouveau, les mains de Cali déboutonnent lentement la chemise de Jimmy, un bouton, puis un autre, pendant qu'il se faufile sous son chemisier et détache le soutien-gorge. Il fait courir ses doigts dans le bas du dos de Cali, sur la courbe douce de sa hanche, puis sur ses seins; elle le dégrafe, le prend dans sa main et demande: tu as changé les draps? Il répond que oui. Sans ôter sa main, elle l'entraîne vers la chambre.

Mercredi 31 octobre

14

Ce matin, avant d'aller travailler, Hard doit s'occuper de la campagne, c'est pourquoi il se lève plus tôt que d'habitude et s'enferme dans la salle de bains. Vêtu simplement de son pantalon de pyjama en coton, il se plante devant la glace. La tête tournée sur le côté, il ôte délicatement le pansement de son cou et, du bout des doigts, palpe les marques bien nettes des dents de la fourchette. Maudissant une fois de plus Nadine, il se rase, en redoublant de prudence autour de la blessure encore fraîche. Puis il prend une douche et applique un pansement propre.

Il a distribué des pancartes pour que les administrés les plantent dans leurs jardins et il a été déçu d'en voir fleurir si peu. Ce matin, il a l'intention de consacrer une heure au porte-à-porte, pour demander aux gens s'ils verraient un inconvénient à ce qu'il installe des pancartes en faveur de Mary Swain devant chez eux. Vonda Jean fait encore semblant de dormir quand il se rend dans la cuisine.

Fléau est roulé en boule sur sa banquette. En temps normal, il gratte à la porte pour sortir, mais Hard suppose que la chaleur, inhabituelle en cette saison, l'épuise. Il verse des corn-flakes dans un bol, les noie avec du lait et s'assoit à table pour lire le journal. Par habitude, il survole la une pour voir si on parle de lui. Rien aujourd'hui. Ce sera différent le jour de l'élection, pense-t-il avec satisfaction.

À sept heures trente, le soleil fanfaronne déjà. Arrivé à la moitié de son bol de céréales, Hard se tourne vers Fléau. Le chien n'a pas bougé. Il est capable de dormir toute la journée. Mais Hard a envie de compagnie. Il prononce son nom. Fléau ne réagit pas. « Fléau ! » répète-t-il. Plus fort.

Hard pose son journal sur la table et s'agenouille près du rottweiller. Il appuie sa paume sur sa poitrine. À la place du rythme régulier de la respiration, il ne sent qu'une masse inerte. Fléau semble ne plus avoir de pouls. Hard secoue le corps lisse, mais le chien ne bouge pas. Il colle son oreille à la cage thoracique. Rien. Il s'empresse de prendre le chien dans ses bras, soixante kilos de chair, de nerfs et d'os, il le balance sur son épaule, l'emporte au-dehors et l'allonge délicatement à l'arrière de son pick-up Dodge Ram. Il s'installe au volant, fixe le gyrophare sur le toit et fonce à la clinique vétérinaire en roulant à plus de 150 km/h, tout en composant le numéro personnel de la vétérinaire sur son portable, et il dit à la femme encore endormie de le rejoindre immédiatement à son cabinet. Fléau Marvin ne respire plus, apparemment.

Il lui faut presque vingt minutes stressantes pour atteindre Yucca Valley et le cabinet du Dr Amber Foyle, une séduisante jeune femme avec laquelle il se serait fait un plaisir de remplacer Vonda Jean. Mais ce matin, il ne pense pas à ça. Fléau est le membre de la famille qu'il préfère, il faut lui sauver la vie à tout prix.

Le Dr Foyle a déjà ouvert la porte de la clinique ; elle attend leur arrivée. Hard entre en courant comme s'il participait à une épreuve olympique ; le chien est tout mou dans ses bras inhabituellement doux. La vétérinaire lui demande de l'installer sur la table d'examen et il s'exécute immédiatement. Elle applique son stéthoscope sur la poitrine de l'animal. Hard attend, le souffle court, nerveux. Il ne comprend pas ce qui a pu se passer. Fléau n'a que six ans et, jusqu'à ce matin, il était en parfaite santé. Hard a entendu parler de chiots qui meurent subitement, mais jamais un chien adulte. Hier soir, ils avaient fait une courte promenade avant le dîner et il ne s'était rien produit d'anormal.

De plus en plus agité, il regarde le Dr Foyle examiner le rottweiller inerte. Au bout de presque cinq minutes, elle lui annonce que Fléau est mort. En entendant cela, il est obligé de s'asseoir. S'il est brutal et insensible avec les humains, Hard aime sincèrement son chien. Hormis tromper sa femme, un de ses rares plaisirs dans la vie est d'emmener Fléau faire de longues promenades au crépuscule, quand la chaleur est retombée, ou à l'aube avant que le soleil éclaire l'horizon. Il n'a pas besoin de laisse, le chien marche au pied, tranquillement.

Après une attente respectueuse, la vétérinaire lui demande s'il veut effectuer des tests afin de savoir ce qui s'est passé exactement, et il accepte aussitôt. Il est tellement déprimé par les événements de la matinée qu'il en oublie son projet de pancartes et se rend directement au quartier général.

Tous les matins, depuis le début de la campagne, Randall et Maxon prennent leur petit déjeuner Chez Rick, dans North Palm Canyon Drive, un restaurant-salon de thé où il est bon d'être vu, très apprécié des touristes et des gens du coin. Il y a toujours une personne qu'ils connaissent à une table voisine, et l'atmosphère est conviviale. Ils passent en revue le programme du jour, échangent des ragots d'hommes et font des projets pour s'emparer du monde. D'ailleurs, c'est au cours d'une conversation Chez Rick, il y a sept ans de cela, que Randall a levé les yeux de ses fajitas pour annoncer à Maxon son intention de briguer un siège au Congrès. À la sortie, il y a toujours des mains à serrer, des tapes dans le dos à distribuer et des bons sentiments à partager. Autant de raisons qui font qu'au lieu de se retrouver Chez Rick ce mercredi matin, ils sont allés au Viceroy, un petit hôtel élégant situé tout près du centre.

Ils sont les deux seuls clients à prendre un petit déjeuner près de la piscine qui jouxte la salle à manger. Randall est assis sur une banquette en cuir blanc, Maxon est en face de lui. La piscine est bordée de transats à rayures jaunes et blanches, au pied desquels on a roulé des serviettes blanches. Des fleurs blanches jaillissent des urnes romaines posées sur des socles. Des cages à oiseaux décoratives pendent aux arbres. La serveuse hispanique arrive avec leur commande – salade de fruits pour Randall, *huevos rancheros* pour Maxon – et repart avec un hochement de tête et un murmure. Maxon secoue une bouteille de sauce pimentée au-dessus de son assiette.

– Qu'est-ce que vous lui avez dit ?

– Que je m'en occupais, répond Randall.

Il n'a toujours pas touché à ses fruits. Il n'a pas beaucoup d'appétit depuis les révélations de sa femme, la veille au soir. Et il a mal dormi car il a passé une partie de la nuit à imaginer différentes fins de carrière, et ce matin il espère que le café va redonner un coup de fouet à son organisme chamboulé. Maxon jette des coups d'œil aux alentours pour s'assurer que personne ne peut les entendre. Ce sont encore les prémices du coup de feu matinal.

À voix basse, il demande :

– Kendra est homo ?

– J'en sais foutre rien et je m'en balance.

Il a dit cela d'un ton bravache que contredit son comportement, car aucun homme n'accepte avec une telle insouciance l'adultère de son épouse, sauf s'il en tire un plaisir personnel. Il espère que Maxon ne voit pas ce qui se cache derrière ces fanfaronnades.

– Hé, je pose la question, rien de plus. Est-ce qu'on va devoir gérer un divorce ?

– Personne ne va divorcer.

– Tant mieux. Mais vous devriez peut-être envisager de la quitter après la campagne. Tout le monde se contrefiche du divorce. Mais on ne veut pas que ça se passe pendant que vous êtes candidat à votre réélection, c'est tout. Ça peut devenir compliqué.

– Cette fichue prof de tennis laisse entendre qu'elle possède des preuves visuelles d'une partie de jambes en l'air lesbienne, et je me fous pas mal de savoir si cette ville est homo ou pas, il y a suffisamment de retraités et d'anciens militaires qui vont flipper en apprenant que la femme de leur député a viré sa cuti pour me faire perdre cette putain d'élection.

Randall jette des coups d'œil à droite et à gauche, les traits tirés par l'angoisse. Puis il croise le regard de Maxon et ajoute :

– De quoi je vais avoir l'air si j'anime le Purity Ball et que je me retrouve mariée à une brouteuse de minous ?

Ce n'est pas le genre de conversation auquel Maxon s'attendait quand vingt minutes plus tôt il a quitté son appartement de Twin Palms, dans un immeuble du milieu du siècle dernier parfaitement restauré. Un fait nouveau comme celui-ci, juste avant l'élection, c'est un mauvais karma. Mais si cette indiscrétion avait surgi plus tôt, ça n'aurait pas été mieux. Il ne veut pas que cela occupe l'esprit d'une électrice au moment d'abaisser le levier.

Jeune homme, Maxon avait nourri lui aussi quelques ambitions politiques, mais son crâne dégarni, son strabisme et son teint terreux de Scandinave ne font pas recette à une époque où l'importance donnée à des campagnes électorales oblige à posséder un physique séduisant si l'on veut accéder au plus haut niveau. Les électeurs ne veulent pas de n'importe quel dirigeant. Ils veulent des dirigeants qui se comportent comme s'ils incarnaient des dirigeants dans une série télé, des hommes comme Randall. En se regardant dans la glace, Maxon voit un type qui travaille au rayon homme chez Gap.

Il occupait les fonctions de consultant politique à Sacramento quand le sénateur Randall Duke avait fait savoir qu'il cherchait quelqu'un pour diriger sa première campagne en vue d'être élu au Congrès. Maxon avait sauté sur l'occasion. Il avait étudié les maîtres de la guerre électorale, ces adeptes des coups fourrés qui boxent à mains nues; et il était impatient de mettre ces leçons en pratique sur un terrain plus vaste.

Il y a six ans, quand Randall s'était présenté pour la première fois à la Chambre des représentants, le siège était vide car son occupant était mort durant son mandat. Son adversaire était une femme nommée Karen Niles. Avocate dans un cabinet spécialisé dans les causes d'intérêt public, elle avait remporté un procès contre les autorités du comté de Riverside pour les obliger à fournir de meilleurs logements aux sans-abri; elle était mariée à un chirurgien et elle avait un jeune fils. N'importe quel parti aurait eu bien du mal à trouver un candidat aussi remarquable et on la donnait vainqueur face à Randall Duke jugé inexpérimenté et fade. Mais Maxon avait réussi à braquer le projecteur sur des vacances qu'elle avait passées en Égypte avec une amie dix ans auparavant, et à en faire une fantaisie aux relents de sympathies islamiques qui, selon la plupart des observateurs, lui avait fait perdre l'élection. Ce matin, Maxon sait que Randall attend de lui un nouveau coup tordu maintenant que les enjeux sont plus importants.

– Je fais tout ce qu'un candidat sortant est censé faire. Le programme d'aide aux Hispaniques, la manifestation contre les violences conjugales, j'ai même défilé en tête du cortège de lutte contre le sida, nom d'un chien! Et pour éviter tout malentendu, j'anime ce foutu Purity Ball ! J'œuvre pour la sauvegarde de la mer de Salton, je suis l'ami des anciens combattants, je visite toutes les maisons de retraite dans un rayon de cent bornes. Et je ne vais pas voir seulement les seniors, Maxon, je vais voir aussi les seniors gays ! Qui, à part moi, se soucie des seniors gays au Congrès ?

– Les seniors gays ont énormément d'affection pour vous.

Après cet échange, les deux hommes restent muets un instant. Un groupe de quatre jeunes golfeurs entrent et viennent s'asseoir à la table voisine. Ils parlent fort, d'heures de départ et de cotations boursières, en les ignorant.

– Ce que je veux dire, reprend Randall, c'est que j'ai tenu mes promesses envers mes administrés durant trois putains de mandats. Je rentre de Washington une semaine sur deux pour écouter leurs problèmes. Je fais tout ce qu'il faut et je me retrouve dans cette situation ? Avec Mary Swain qui gagne du terrain et une vipère lesbienne tapie dans les hautes herbes, prête à planter ses crocs dans mon pied ?

Il transperce un cube d'ananas et le fourre dans sa bouche.

– Quand quelqu'un vous menace de cette façon, si vous lui donnez de l'argent, il revient immédiatement en tendant la main, dit Maxon.

Il remarque qu'un des golfeurs regarde dans leur direction. L'homme glisse quelques mots à ses compagnons de table et tous s'esclaffent.

– Il n'y a pas beaucoup d'options propres, dit Randall.

– Il n'y a aucune option propre. Vous voulez que je lui parle ?

– Qu'est-ce que ça changera ? demande Randall, avec une pointe de désespoir.

Peut-être est-ce réellement la fin. Tous les mensonges politiques dessinent une courbe. Il a toujours cru que la sienne serait longue, mais c'est un monde imprévisible.

– Qui est cette fille ?

Randall sort de sa poche un petit carnet à spirale et un stylo-bille bon marché, ouvre le carnet et griffonne quelques mots. Il arrache la feuille et la fait glisser sur la table. Maxon y jette un regard. Il voit un nom et une raison sociale : un salon de bronzage. Il a investi des années de travail dans la marque Randall Duke, il ne veut pas qu'on lui porte atteinte. Plus de siège à la Chambre, ça veut dire plus de candidature au Sénat, plus de candidature au poste de gouverneur. Plus de bonnes options. S'ils ne jouent pas finement, Randall Duke se retrouvera gérant d'une franchise Baskin-Robbins dans l'Arizona et Maxon, lui, confectionnera des sundaes. Il va empêcher ça.

– J'irai lui parler, déclare-t-il en pliant la feuille en deux et en la glissant dans sa poche de chemise.

– Comment sont vos *huevos* ? demande Randall.

– Très bien. Mais j'aurais dû prendre la salade de fruits. Je n'ai pas besoin de tout ce gras. (Puis il comprend la plaisanterie et esquisse un sourire.) Ne vous en faites pas pour mes *huevos*, dit-il.

Il plonge la main dans sa poche et sort son portefeuille.

– Le petit déjeuner, c'est pour moi, dit Randall.

– Je sais.

Maxon ouvre son portefeuille pour montrer un insigne doré de représentant de l'ordre.

– C'est quoi, ce truc ?

– Vous vous souvenez quand vous avez fait un discours devant l'Association des forces de l'ordre californiennes ? Je les ai convaincus de me nommer adjoint à titre honorifique.

– Ah, mon salaud !

Randall en rit encore quand la serveuse apporte l'addition.

15

Cali avait regagné son appartement de Yucaipa à trois heures du matin et dormi un peu. Puis elle s'était levée, avait pris une douche et s'était rendue à son travail en se demandant si elle allait réclamer une autre affectation à Hard aujourd'hui. Il lui avait confié des affaires de crimes et délits contre les propriétés : cambriolages chez des particuliers ou dans des commerces, vols en tout genre, escroqueries bancaires, détournements de fonds, arnaques, actes de vandalisme. Mais ce qui l'intéressait, c'étaient les crimes contre les personnes : vols avec violence, viols, agressions sexuelles, maltraitance d'enfants, fugues, personnes disparues, actes de détraqués et, bien évidemment, meurtres.

Surtout les meurtres.

Il s'était passé quelque chose entre elle et Hard peu de temps après qu'elle était entrée dans la police, et cela influait sur son comportement vis-à-vis de lui. Voici les faits : de retour de patrouille, alors qu'elle se désaltérait à la fontaine dans le couloir, elle avait senti une main se poser dans son dos et exécuter un mouvement du nord vers le sud, puis un doigt courir sur la bretelle de son soutien-gorge. Elle s'était retournée brusquement, prête à décocher un coup de poing, et s'était retrouvée face à Hard. Il avait penché la tête sur le côté et lui avait répété les compliments de ses supérieurs à son sujet. Il aurait bien aimé qu'ils aillent boire un verre un soir, après le boulot, et comme elle était encore jeune officier, elle s'était sentie flattée, tout en demeurant méfiante. Ils avaient bu plus qu'un verre, finalement, et Hard l'avait entraînée dans son pick-up, où il avait essayé de la sauter. Cali avait cru pouvoir le calmer avec une branlette, mais quand il avait insisté pour la baiser, elle lui avait balancé un coup de coude dans le menton. Il s'était mordu la langue et avait bavé du sang pendant une demi-heure.

Pourquoi cette jeune femme, talentueuse et séduisante, ce parangon du maintien de l'ordre, n'avait-elle pas déposé plainte pour harcèlement sexuel, alors que les faits déplorables faisaient pencher nettement la balance de son côté ? Elle aurait touché une grosse somme d'argent, mais sa carrière aurait été terminée, elle n'aurait jamais été admise dans ce club contrôlé par les hommes, dont les membres voient d'un mauvais œil les femmes qui osent exposer leurs collègues au vent mauvais de la justice. Elle pouvait s'attendre à un avenir fait de sales missions, de mises à l'écart et de frustrations. Dotée d'un grand sens pratique, Cali avait jaugé la situation avec lucidité. Sa conclusion : passons à autre chose.

À partir du moment où il avait compris qu'elle ne porterait pas plainte, Hard avait gardé ses distances. Ils n'avaient plus jamais évoqué cet incident.

Aujourd'hui, Cali s'est arrêtée en chemin pour acheter une douzaine de donuts. La boîte est ouverte sur le bureau de Hard Marvin. Elle ne répugne pas à exploiter son faible pour les sucreries. Sans vergogne. Elle s'en fiche, elle sirote son café. Le gobelet de Hard – du lait et deux sucres, elle a demandé à sa secrétaire – a encore son couvercle, il n'y a pas touché. La pièce est grande et le chef est assis derrière son bureau en chêne bien rangé. Seule décoration : une sculpture de Frederick Remington, produite en série, représentant un cow-boy sur un cheval sauvage. Au mur, derrière le bureau, est accroché un tableau encadré, un portrait du général George S. Patton. Cali est assise devant Hard sur une chaise en bois verni.

– Tu voudrais arrêter un meurtrier ?
– Je suis prête.
– Tu es passée inspectrice il y a moins de deux mois.

Hard n'a pas envie de s'occuper de cette femme maintenant. Son chien vient de mourir, il est en deuil. Tout ce qu'il veut, c'est regarder par la fenêtre et avoir mal, se laisser submerger par la douleur tout en réfléchissant à la nature insatisfaisante des relations humaines et à la supériorité des chiens. Et cette femme assise devant lui, qui se plaint parce qu'elle n'obtient pas le genre de missions qu'elle souhaite. Jamais il ne lui aurait accordé une promotion si le chef du conseil municipal n'avait pas fait pression sur lui, et aucune place ne se serait libérée si Jimmy Duke n'avait pas merdé. Certains jours, Hard a l'impression que le monde entier complote contre lui, et c'est un de ces jours.

Cali prend soin de croiser en permanence le regard de son chef. Elle voit en lui un vieux type d'une cinquantaine d'années pas du tout féministe. Elle sent qu'il l'aime plutôt bien, mais qu'il préférerait qu'elle soit secrétaire. Il a posé ses grands pieds sur le bureau et mâchonne un tee de golf, qu'il sort de sa bouche pour boire une gorgée de boisson énergisante Buck Rhino. Sans doute ne touche-t-il pas au café qu'elle lui a apporté uniquement pour la contrarier. Après avoir dégluti, il coince à nouveau le tee entre ses dents.

– Tu fais du bon boulot, Cali. Avec Arnaldo, vous avez réussi une jolie descente l'autre jour.
– Je ne veux plus me taper des missions d'infiltration.
– Ça te rend nerveuse ?
– Absolument pas. Je ne suis pas nerveuse. Je veux changer, c'est tout.
– Change de coupe de cheveux.

Il sourit pour lui faire comprendre qu'il plaisante, comme si ça excusait tout. Elle doit faire semblant de trouver ça drôle, lui montrer qu'elle peut accepter la plaisanterie, alors qu'elle a une seule envie : le mettre K.-O. Ainsi va la vie des filles. Elle dit :

– Je vous le répète : je veux arrêter un criminel.

Il la regarde comme si elle lui chatouillait le menton, avec une sorte de demi-sourire et une expression qui demande « À quoi tu joues ? Pourquoi tu ne laisses pas tomber ? ». Il tripote l'ordinateur portable posé sur son bureau maintenant, il contemple une liste de noms.

– Rojas, Torres, Reyes, Jimenez.

Il lève les yeux vers Cali.

– Oui ? fait-elle.

Genre : « Où vous voulez en venir ? »

– Ce sont les quatre premiers noms sur la liste des personnes recherchées pour meurtre.

– OK.

Ton neutre.

– Tu remarques quelque chose ?

Elle connaît la réponse, mais elle refuse de passer un examen, alors elle attend que Hard comble le vide. Il l'observe… Elle ne veut pas répondre ? Elle reste muette.

– Cali, je ne dis pas cela pour être raciste, je ne le suis pas. Mais dans ce comté, presque tous les meurtres sont commis par des individus d'origine hispanique.

– Et ?

– Si tu vois où je veux en venir.

– Je n'en suis pas sûre.

– Je ne pense pas que leur race les prédispose à tuer des gens, mais c'est comme ça dans le désert. Statistiquement, je veux dire. Tu peux vérifier.

– Et donc ?

– Tu hablo l'espagnol ?

– Tous les inspecteurs de la brigade parlent espagnol ?

– Ce n'est pas ce que je te demande. Ils ont été engagés avant que cette compétence devienne une nécessité. Avec les évolutions démographiques et tout ça.

– Sauf votre respect, chef, je ne pense pas que ce soit la raison. Je suis la seule inspectrice, et je ne devrais pas être obligée de le souligner. Je dis juste, respectueusement, que si un homicide est commis, je veux avoir ma chance. Je ne demande pas à diriger l'enquête.

Hard la transperce d'un regard qui voudrait la transformer en pierre. Mais Cali se demande uniquement pourquoi elle n'a pas agi de cette façon avant. C'est la panique chez les hommes de nos jours: pressions, procès... tout l'arsenal politiquement correct dont elle n'abuse pas. Celle qui apporte les donuts le matin peut aussi apporter les souffrances de la procédure judiciaire. L'incident sexuel gronde comme un tonnerre lointain et quand Hard expire par le nez, elle se dit qu'elle a collé au sol ses larges épaules. Mais elle ne veut pas enfoncer le clou de manière trop flagrante.

– J'ai écouté des cassettes de langue, dit-elle, bonne fille.

Elle lui accorde un peu de dignité. Inutile de le traiter avec mépris, alors qu'elle a déjà coincé ses couilles dans un étau.

– C'est bien d'avoir des hobbies.

– Ce que je veux dire, monsieur (le mot monsieur est servi avec une pointe de vinaigre)... c'est que je suis en train d'apprendre.

– Jamais aucune femme n'a enquêté sur un meurtre dans cette brigade.

Cali a toujours le poil qui se hérisse quand des gens énoncent une réalité en laissant entendre que cette réalité demeurera une réalité car cela a toujours été une réalité. Elle n'est pas d'humeur à supporter le manque d'imagination de Hard Marvin.

– Vous êtes en train de dire que si je parlais espagnol et si j'avais un pénis, tout irait bien pour moi ?

Il avait de nouveau retiré le tee de sa bouche pour boire une gorgée de Buck Rhino. Il est obligé de sortir un mouchoir de poche pour essuyer la salive sur son menton. Il la foudroie du regard.

– Dépose une demande, je la considérerai avec soin.

– Je suis dans la police depuis presque huit ans.

– Et inspectrice depuis deux mois.

– Mes évaluations ont toujours été bonnes.

– Je le sais.

L'interphone posé sur son bureau retentit. C'est sa secrétaire qui lui annonce que la vétérinaire est en ligne. Hard renvoie Cali d'un petit geste sec. Elle reprend les donuts et sort. Elle sait qu'elle finira par remporter cette bataille et Hard ne mérite plus de manger ses donuts.

Le Dr Foyle lui apprend que si le cœur et les poumons de Fléau ont l'air en parfait état, le chien semble avoir avalé une sorte de sédatif. Les résultats du laboratoire seront disponibles plus tard dans la journée. Hard sent une fureur meurtrière monter dans sa poitrine, le pousser à foncer vers la porte de son bureau, puis à sortir du bâtiment, mû par une mission : venger la mort de son chien. Il rêve d'un châtiment rapide et brutal. Mais il reste assis. Avec les élections qui approchent, il doit se comporter de manière circonspecte.

S'en prendre à lui, c'est une chose, il peut le comprendre. Cela parle à son instinct de guerrier. Mais attaquer un animal innocent, quand bien même il aurait été capable de vous réduire en lambeaux sanguinolents pour un regard de travers ? Voilà qui dépasse largement ce qui est acceptable dans le domaine du comportement humain et quelqu'un le paiera.

Quand la fureur de Hard quitte les hauteurs meurtrières pour redescendre au niveau plus raisonnable de la dyspepsie, il décroche son téléphone et compose le numéro de portable de Nadine. Après une unique sonnerie, il tombe sur le répondeur. Le ton enjoué de la jeune femme fait grimper son exaspération de quelques crans, mais il réussit à se contrôler assez longtemps pour lui demander de le rappeler immédiatement. Il ne s'attend pas à ce qu'elle le fasse. Mais il s'en fiche. Il n'a pas particulièrement envie de lui parler.

Durant toute la journée, la fureur submerge Hard Marvin, comme une crue subite dans un caniveau ; elle croît et décroît, sans jamais s'éloigner d'un niveau minimum de rancœur, profonde et durable. Il lit des rapports, distribue des tâches et mange un burrito au bœuf à son bureau, mais il est incapable de se concentrer plus de quelques minutes. Les plans de vengeance compliqués qu'il fantasme sont du genre à l'expédier en prison pour des dizaines d'années. Il rumine et réfléchit, tout cela dans sa tête car il ne dit pas un mot, à personne. Ni au capitaine Delgado, son adjoint pointilleux, de dix ans son cadet et qui vise le poste de chef, ni au sergent détective Spooner, l'homme responsable des affectations, son protégé. Leur réunion quotidienne se déroule sans anicroche et les deux hommes quittent le bureau de Hard sans se douter que quelque chose ne va pas. Mais Hard a le plus grand mal à s'empêcher de décocher un coup de poing dans le mur quand le Dr Foyle lui indique que d'après les examens toxicologiques qu'elle a effectués sur Fléau, celui-ci a certainement succombé à une overdose de Valium.

Assis à son bureau, Hard contemple le parking, jusqu'aux collines desséchées au loin, et il marmonne, presque en chantonnant: *Cette cinglée a assassiné Fléau, cette cinglée a assassiné Fléau...* comme si ces mots lui permettaient d'appréhender l'inconcevable. *Cette cinglée a assassiné Fléau...*

– Chef?

L'inspecteur Arnaldo Escovedo essaye d'attirer l'attention de Hard. Il répète. Cette fois, Hard se retourne dans son fauteuil pivotant.

– J'ai besoin de vous faire signer des paperasses.

Hard pose sur Arnaldo le regard le plus noir que le vieil inspecteur ait jamais vu et d'une voix qui semble sortir d'une crypte, il dit:

– Et moi, j'ai besoin que tu ne restes pas planté là comme un pauvre connard de Mexicain de merde et que tu foutes le camp de mon putain de bureau.

Une fois Arnaldo reparti, Hard se tourne vers le portrait du général Patton accroché au mur derrière lui. C'est une chose qu'il fait dans les moments d'accablement, avec l'espoir de puiser des forces dans la contemplation du visage du vénérable héros de guerre. Hard ne veut pas finir à Desert Hot Springs, une ville perdue dans les contreforts des Little San Bernardino Mountains, dont personne en dehors du désert n'a jamais entendu parler. Pourquoi n'est-il pas devenu chef de la police de Palm Springs, un endroit chic connu du monde entier? Pourquoi est-il coincé dans cette banalité calcinée, au milieu de terrains pour camping-cars remplis de retraités? Pourquoi faut-il qu'il travaille avec des imbéciles? Généralement, il arrive à contenir ces sentiments mais quand quelqu'un tue votre chien, tout déborde.

Avant de se remettre au boulot, Hard jette un dernier coup d'œil à Patton et secoue la tête d'un air consterné. Il se réjouit que le général ne puisse pas le voir. Il sait que le grand guerrier ne serait pas impressionné. Mais il a bien l'intention d'y remédier, au plus vite.

16

Le Hâle-Cool est un endroit propre, bien éclairé. Une moquette couleur blé recouvre le sol et les murs sont peints en jaune clair. Vers le fond de la salle, il y a cinq cabines, deux verticales et trois horizontales. Sur des étagères sont alignés des lotions hydratantes, des crèmes bronzantes et des exfoliants. Un disque de ukulélé égaie l'atmosphère.

Nadine déteste le ukulélé. Elle préférerait une musique un peu plus agressive, mais Krystle, la propriétaire, refuse de passer autre chose. Elle revient d'une croisière à Hawaï pour fêter son troisième divorce et la semaine dernière, elle a installé plusieurs palmiers en pot et accroché derrière le bureau de la réception une grande carte encadrée des îles hawaïennes. Alors que Nadine et Krystle étaient en train de passer l'aspirateur sur les matelas de bronzage, cette dernière lui a annoncé que le salon allait être rebaptisé dans un esprit plus tropical afin de se démarquer de la concurrence locale. Une enseigne *Paradis hawaïen* a été commandée.

Vêtue d'une chemise hawaïenne et d'un large short à fleurs, Nadine est assise derrière le comptoir en verre, seule. Ses tongs sont posées près d'elle, sur le sol. Elle n'arrive pas à déterminer ce qui est le plus énervant : le ukulélé ou sa tenue vestimentaire. Un peu plus tôt, elle avait mis un disque d'une diva du hip-hop. Une sacrée femme, une amazone afro-américaine qui ne se laisse pas emmerder par les hommes. Nadine admire ça, elle voudrait prendre un peu de l'attitude de cette divinité hip-hop et s'en servir dans sa vie. La déesse aurait-elle approuvé sa manière d'attaquer Hard ? Difficile à dire. À la réflexion, elle craint d'être allée un peu trop loin en droguant son chien. En revanche, elle se dit que la chanteuse aurait aimé la façon dont elle l'avait frappé avec la fourchette à salade.

Hélas, Nadine avait été obligée d'arrêter la musique il y a une heure, quand Krystle, une femme imposante, extrêmement bronzée, vêtue d'un boubou à motif tropical, avait entendu le hip-hop gynocentrique. Elle avait dit: «Non seulement je déteste cette merde, mais si la prochaine fois que je passe, je n'entends pas du ukulélé, tu es virée.» Nadine aurait aimé démissionner sur-le-champ, et elle fulmine contre sa situation financière qui ne lui permet pas de claquer la porte.

À l'exception de l'arrivée imprévue de Krystle, la matinée a été calme au Hâle-Cool. Un pédicure du coin est venu pour sa séance de bronzage hebdomadaire et une célibataire ayant quitté le Kansas pour s'installer dans le désert venait de débuter une séance de vingt minutes dans la cabine numéro 2. Nadine s'est redressée sur son siège, elle a fini son café et surfe maintenant sur Internet, à la recherche de renseignements sur la ville de Seattle. Elle doit ficher le camp loin du désert, de Hard Marvin. Si elle reste ici, la situation ne va faire qu'empirer.

Les clochettes de la porte annoncent l'entrée d'un client. Nadine détache les yeux d'une photo de Puget Sound. Un homme blond et mince, vêtu d'un costume sombre, jette des regards autour de lui. Elle s'oblige à sourire.

– Vous êtes intéressé par une séance de bronzage?

Elle déteste poser cette question. S'il voulait acheter des fruits et légumes, ou des chaussures, est-ce qu'il entrerait au Hâle-Cool? Mais Krystle y tient, et si ça se trouve, elle a envoyé ce type pour vérifier si son employée connaît bien son texte.

– Nous avons deux cabines UVB intensifs et trois cabines normales. Êtes-vous plutôt intéressé par une séance unique ou par un abonnement ?

L'homme avance sur la moquette, sans un mot, en examinant les lieux.

– Nous proposons une offre découverte à cinq dollars, récite Nadine. La semaine, c'est vingt-cinq, deux semaines trente et un mois quarante. Vous pouvez payer en liquide, par chèque ou par carte.

Il s'est arrêté devant elle, de l'autre côté du comptoir. Nadine ignore qui est ce type, mais elle ne l'aime pas. Il a l'intention de rester muet ? Elle remarque qu'il presse une balle de tennis dans sa main gauche.

– Comment allez-vous, Nadine ?

Sa voix est basse, sinueuse, presque un ronronnement. Comment connaît-il son nom ? Elle espère qu'il ne travaille pas pour la banque qui détient l'hypothèque de sa maison. Quelle est la peine encourue par les squatteurs ?

– Je vais bien.

Méfiante. Est-il déjà venu ici ? Non, elle s'en souviendrait.

– Vous venez pour une séance de bronzage ?

Ce type lui file les jetons. Dehors, il fait jour et ils se trouvent dans un mini centre commercial, à la sortie de la Route 111. Il ne peut rien lui arriver. Néanmoins, elle regrette que Krystle n'ait pas installé un bouton d'appel d'urgence. L'homme la regarde – avec compassion ? – et pose les mains à plat sur le comptoir. Elle remarque la bague ornée d'une pierre bleue à sa main gauche. Il se penche en avant.

– Vous devez jouer dans votre catégorie, Nadine.

– Vous venez pour le bronzage, monsieur ?

– Un bon joueur ne prend pas de risques inutiles.

Elle a cessé de faire attention au son du ukulélé. Sur ce visage pâle, totalement dénué d'expression maintenant (où était donc passée la compassion ?), deux yeux d'un bleu intense la transpercent.

– Vous pouvez servir et monter à la volée, mais si vous sous-estimez votre adversaire, si vous commettez la moindre erreur tactique…

Il s'interrompt, comme s'il la mettait au défi de dire quelque chose. Voyant qu'elle reste muette, il reprend :

– Votre adversaire réussira un coup gagnant.

Nadine ne comprend pas trop ce qu'il veut dire, mais elle perçoit une sorte de menace. Est-ce Hard qui lui a envoyé ce type ? Il ne ressemble pas à un flic, mais comment savoir ? Elle n'aime pas être menacée. Hard l'a contrariée et regardez ce qu'elle lui a fait. Et ce n'était qu'une question de temps avant que Krystle et elle croisent le fer. Mais ce type ? Ce gringalet pâlot et maladif ? Comment osait-il venir ici pour essayer de l'intimider ? Se levant de son tabouret, elle met les mains sur les hanches.

– Vous savez ce que j'ai fait hier ? J'ai planté une fourchette dans le cou de mon petit ami, et il est beaucoup plus effrayant que vous.

– Vraiment ?

D'un ton neutre. Impassible.

– Oui, vraiment, réplique-t-elle en essayant d'empêcher sa voix de trembler. Maintenant, si vous ne foutez pas le camp, j'appelle la police.

– Vous avez toujours joué chez les amateurs, hein ? dit-il, nullement impressionné par ses fanfaronnades.

Cette détermination froide commence à la déconcerter.

– Au niveau amateur, ce n'est pas le même jeu, reprend-il. Vous n'avez jamais joué chez les professionnels.

L'homme frêle aux cheveux blonds clairsemés observe Nadine sans émotion. Seule la petite veine qui court sur sa tempe droite frémit légèrement. Elle essaye de l'obliger à baisser les yeux. Leur environnement semble s'être réduit à la distance qui les sépare. Elle a uniquement conscience de sa présence. Soudain, elle ressent une pressante envie d'uriner. Elle a la bouche sèche et le souffle court, mais elle ne s'en aperçoit pas. Quand il plonge la main dans sa poche, Nadine comprend qu'elle est sur le point de mourir. En un éclair, elle repense à son père et à un voyage qu'ils ont fait tous les deux, au bord de l'océan, quand elle avait six ans. Au coucher du soleil, ils sont montés sur la grande roue et elle se souvient que l'horizon indigo s'étendait jusqu'à l'infini. Quand la nacelle a atteint son point culminant, elle a levé les bras. Comme maintenant. Les lèvres fines de l'homme se retroussent. Il tient une balle de tennis. Une balle de tennis jaune ! Nadine pousse un soupir. Elle baisse les mains. Il lui lance la balle et elle la rattrape au vol, par réflexe. Si un rapace pouvait sourire, il ressemblerait à cet homme qui se tient devant elle. Il dit :

– La prochaine fois, vous ne la verrez pas arriver.

Elle ne sait pas ce qui la pousse à dire cela, mais les mots « Essayez pour voir ! » jaillissent de sa bouche. Aussitôt, elle aimerait les reprendre, les arracher au vide et les remettre sur sa langue pour les ranger dans leur lieu d'origine, dans les recoins obscurs de son cerveau, mais évidemment, c'est impossible. L'homme a un rire sec et cassant.

Quand il fait demi-tour et marche à grands pas vers la porte, ses mocassins rouge sang ne font aucun bruit sur la moquette. Nadine le regarde passer derrière la vitrine et disparaître. La musique tropicale a repris. La circulation s'écoule dans la rue. La vie, qui s'était arrêtée, reprend. Doit-elle appeler la police ? Après ce qu'elle a fait, Hard laissera-t-il la police intervenir ?

Une Oldsmobile Toronado de 1966, bordeaux, parfaitement retapée, est garée devant une boutique vide. Assis au volant, Maxon observe la porte du salon de bronzage. Au bout d'un moment, il ouvre la boîte à gants, sort son Smith & Wesson calibre .38 et vérifie qu'il est chargé. Il l'a acheté à un vendeur sans licence dans une foire aux armes à Riverside, impossible à retrouver. Il regrette de ne pas l'avoir montré à Nadine. Peut-être que cela aurait produit l'effet recherché. Difficile de lire dans les pensées de cette femme. Elle était nerveuse, sans aucun doute. Mais quelque chose dans sa réaction laissait penser qu'elle était peut-être un peu instable. L'histoire du petit ami poignardé avec une fourchette était une pure invention, de toute évidence, mais cela l'inquiétait. Si son esprit fonctionnait de cette manière, elle pouvait devenir un problème. En fait, elle est déjà un problème. C'est pour ça qu'il est ici. En allant la voir, le but de Maxon était de déterminer dans quelle mesure ce problème pouvait se métastaser. Pronostic : mauvais.

Il jette un dernier regard à la devanture du Hâle-Cool. Nadine est toujours à l'intérieur. Maxon songe à son père, qui vit à la périphérie de Washington, avec une femme qui n'est pas sa mère. Il sait que cet homme est impitoyable, il ne laisse jamais les sentiments lui barrer la route. Maxon s'est souvent demandé s'il avait hérité de ce gène, cette volonté de ne laisser aucun blessé sur le champ de bataille. Peut-être, se dit-il. Malgré cela, il range l'arme dans la boîte à gants, démarre et quitte sa place de stationnement en méditant sur les vertus de l'inaction.

17

À Indio, les services du procureur sont situés au troisième et dernier étage de l'immeuble de verre et de grès du Centre administratif du comté de Riverside, au bord de la Nationale 111, à quelques kilomètres au sud de l'endroit où cette route prend le nom de Deputy Bruce Lee Memorial Highway. Le bureau des enquêteurs se trouve au sous-sol du bâtiment. Tout un couloir souterrain est flanqué, du sol au plafond, de boîtes remplies de dossiers, de crimes, de tragédies, de vies couchées à l'encre sur du papier qui se décompose lentement, empilées, classées, entassées, oubliées. Jimmy est accompagné de l'enquêteur chef Oz Spengler qui lui fait visiter les lieux. La quarantaine, un corps tonifié par le sport, des cheveux bruns coupés à ras. Il tient à la main une tasse à café en céramique frappée du logo d'un casino local. D'un geste, il désigne les montagnes d'archives.

– On est en train de numériser tous les dossiers. Il y en a au moins un million.

Jimmy hoche la tête en essayant de paraître intéressé. C'est son premier jour et il veut faire bonne impression. Il se dit que s'ils le trouvent sympathique, ils seront plus enclins à le laisser se débrouiller comme bon lui semble.

– Il y en avait autant quand je suis arrivé. La pile n'a pas diminué. Et dites-vous bien qu'elle n'aura pas diminué non plus quand vous partirez. Alors, ne vous mettez pas martel en tête.

Jimmy lui promet que non.

Oz avance dans le couloir. Jimmy fait maintenant partie des dix enquêteurs qui travaillent pour ces services. Oz est son supérieur immédiat, celui à qui il rendra des comptes. Jimmy l'aime bien.

Ils franchissent la porte à double battant qui s'ouvre sur la grande salle commune. La pièce mesure une vingtaine de mètres de long sur dix de large. Il y a dix espaces cloisonnés, dont la plupart sont occupés par des enquêteurs en train de téléphoner, de remplir de la paperasse ou d'envoyer des mails aux avocats chargés de leur divorce. Les bureaux des gradés, ceux qui disposeraient d'une fenêtre et d'une porte s'ils ne se trouvaient pas au sous-sol, encerclent la pièce.

– Tous les lundis matin, lui explique Oz, cinq nouveaux dossiers atterriront sur votre bureau. Ce que vous devez faire, c'est organiser votre temps.

Il désigne le centre de la salle où un ordinateur trône sur un plan de travail vide, à l'exception de quelques chemises cartonnées.

– Voici votre poste. Faites-en ce que vous voulez, du moment qu'il reste bien rangé.

Jimmy le remercie pour la visite. Oz lui dit qu'il aimerait bien aller manger un burger avec lui un de ces quatre, histoire de bavarder, pour qu'ils apprennent à se connaître. Puis il disparaît. Jimmy aperçoit deux anciens collègues : Danny Stringer, un ancien flic de Riverside, et Miguel Sandoval, avec qui il a enquêté sur plusieurs homicides. Il va les saluer. Ils sont contents de le voir.

Jimmy discute avec eux pendant quelques minutes, avant d'aller s'asseoir dans son box et jeter un coup d'œil aux dossiers sur son bureau. Le mélange habituel d'escrocs, de dealers, de maris violents, de braqueurs, de pédophiles et de kidnappeurs. Aucun ennemi public numéro un parmi eux, ils ne sont donc une priorité pour personne, sauf pour les victimes.

Les enquêteurs des services du procureur disposent d'une grande latitude dans le choix des affaires. Ils sont notés en fonction du nombre d'inculpations auxquelles ils contribuent. C'est en gardant cette pensée présente à l'esprit que Jimmy entreprend de chercher des affaires pouvant déboucher sur des condamnations faciles; le but étant de faire profil bas, d'éviter les ennuis et d'avancer ainsi jusqu'à la retraite.

Les dossiers qu'on lui a remis contiennent une centaine d'affaires. Jimmy les classe en cinq groupes de vingt affaires. Ensuite, il établira des priorités à l'intérieur de chaque groupe. Grâce à ce système, il compte se retrouver avec cinq affaires qu'il pourra étudier de manière plus approfondie dès demain.

Après trois quarts d'heure de zèle contraint, il a du mal à cacher le fait qu'il n'aime pas demeurer assis devant un bureau. Il est en train de méditer sur cette question, en essayant de rester éveillé, quand une sonnerie de portable lui vrille le cerveau.

– Jimmy, c'est Maxon Brae.

– Ouais?

Au diable les civilités.

– Votre frère a besoin que vous lui rendiez un service.

Silence. Comme si ça ne suffisait pas qu'il ait effectué le pèlerinage jusqu'à Mecca pour s'occuper de Dale. Si Maxon attend qu'il réponde « Qu'est-ce que je peux faire? », il va être déçu.

– Randall doit prononcer un discours au cours du premier Purity Ball annuel de Riverside County et il pense que ce serait bien si vous pouviez le présenter. On avait réservé Jay Leno, mais il a annulé.

– C'est quoi, un Purity Ball?

– Une manifestation électorale.

– Et je dois remplacer Jay Leno ?

– Personne ne peut remplacer Jay Leno, Jimmy. Jay est une institution. Mais il y a eu un conflit.

Il devine que Maxon ment.

– Kenny Chesney se produit dans le coin demain soir, non ?

– Kenny Chesney n'aime pas votre frère. Randall lui a demandé un service une fois. Il s'est comporté comme un connard.

– Qu'est-ce que je suis censé dire ?

– Vous parlerez un peu du métier de représentant de l'ordre et de ce que ça signifie d'avoir un frère comme Randall.

– Vous voulez dire quelqu'un qui peut me faire entrer au bureau du procureur alors que j'ai démissionné de la police ?

– Franchement, c'est lui le bon gars dans cette histoire. Et il aimerait que vous portiez votre uniforme.

– On n'a pas d'uniforme au bureau du procureur, Maxon.

– Votre uniforme de policier.

– Ce serait illégal, vu que je ne suis plus flic.

– Depuis quand vous souciez-vous de ce qui est illégal ou pas ?

Maxon connaît la raison qui a mis fin à la carrière de Jimmy dans les forces de police de Desert Hot Springs ; il s'ensuit donc un silence pesant, pendant lequel Jimmy se demande s'il doit relever cette allusion ou pas.

– C'est ce que veut Randall ? Pas de problème, dans ce cas.

Jimmy n'a aucune envie de faire un discours en faveur de son frère. Et il ne s'intéresse pas à la politique. Mais Randall lui a donné un coup de pouce, et maintenant il réclame un renvoi d'ascenseur. De toute évidence ce n'est pas vers Dale qu'il peut se tourner. Alors Jimmy demande à Maxon de lui indiquer l'endroit et l'heure. Il y sera. Après avoir raccroché, il envisage brièvement d'appeler Cali pour lui proposer d'être sa cavalière à cette soirée qui promet d'être une occasion d'hilarité partagée. Mais il ne la connaît pas suffisamment bien pour être certain qu'elle sera capable d'apprécier toute l'ironie de la situation, et il décide que leur prochaine soirée ensemble devrait avoir lieu en dehors de la présence d'un membre de sa famille.

18

Enfant des classes moyennes élevé au milieu des vastes exploitations agricoles de Modesto, en Californie, Maxon Brae n'était pas le seul garçon sans père. Mais lui seul jouissait d'une réputation qui allait au-delà du comté de Stanislaus. À la fin des années 1970, sa mère préparait une maîtrise d'histoire à Berkeley. Maxon était le fruit d'une brève liaison avec un professeur invité dans son université, un ancien militant extrémiste des années 1960, qui portait sandales et queue-de-cheval. Quand cet homme avait rencontré la jeune Anita Brae aux yeux pétillants, fille d'une institutrice de l'Oregon, il subissait ce processus de reconversion fréquent chez certains gauchistes véhéments et légèrement hystériques qui, ayant découvert des failles dans le dogme révolutionnaire, ne se contentent pas de rejeter leurs anciens camarades mais les traitent comme des pestiférés et se métamorphosent en conservateurs tout aussi horripilants. Il se coupa les cheveux, troqua ses sandales contre des mocassins vernis et fonda un magazine néoconservateur baptisé *Le Nouveau Clairon.* Tout cela se déroula durant les années qui suivirent l'unique fois où il coucha avec la mère de Maxon.

Par la suite, il épousa la riche héritière d'un commerce de bois (c'est avec son argent qu'il fonda *Le Nouveau Clairon*) et engendra deux fils, dont l'un, diplômé de Princeton, travaille maintenant dans l'équipe d'un sénateur, et l'autre, diplômé de Georgetown, fut le plus jeune collaborateur d'un membre éminent du gouvernement. Le père apparaît régulièrement dans divers débats sur les chaînes d'informations du câble, pour donner son avis sur les problèmes du jour. Ces gens constituent un peu la seconde famille de Maxon, et il serait faux de dire qu'il ne pense pas souvent à eux.

À la naissance de Maxon, Anita Brae écrivit au père du garçon. Il enseignait alors à l'université de Chicago et consentit à abandonner quelques instants la rédaction de son œuvre maîtresse *L'Attaque gauchiste contre l'Amérique* pour lui répondre et la prier poliment de ne plus le contacter. Elle accéda à sa requête, en songeant qu'un individu qui était devenu, à ses yeux, totalement inhumain, comme le prouvait sa réaction, exercerait sur Maxon une influence forcément néfaste. Quand celui-ci eut dix ans, sa mère, qui était devenue enseignante et ne s'était jamais mariée, lui avoua qui était son père, mais Maxon ne demanda pas à le rencontrer. Il ne l'a toujours pas rencontré, d'ailleurs, mais il a toujours su qu'il se présenterait devant lui le jour venu.

Après avoir fait ses études dans une obscure école publique de Californie, Maxon commença à travailler comme assistant parlementaire à Sacramento. L'esprit du temps soufflait alors en direction de Jésus et Maxon misa sur la victoire des chrétiens. Et si ses actes de dévotion dominicale consistaient principalement à écumer les marchés aux puces à la recherche d'objets de collection du milieu du siècle dernier, il rejoignit une Église importante qui lui permettrait de rester anonyme, tout en affirmant son appartenance à une congrégation religieuse.

Maxon Brae n'adhère à aucun dogme. Pour lui, les dévots sont des naïfs qui croient que la réalité est malléable et peut être modifiée par la prière. L'histoire lui a appris que tout cela n'a aucun rapport avec la prière. C'est uniquement une question de pouvoir. On peut vendre n'importe quoi aux gens, en tout cas pendant un temps. Ils finissent par ouvrir les yeux, mais à ce moment-là, on leur vend autre chose. Il le voit bien avec son propre père, qui a d'abord gobé les clichés de la gauche avant de les rejeter pour accueillir les vieilles idées rassurantes du camp opposé. Savoir cela lui simplifie la vie.

Si Maxon ne croit pas en l'existence d'une divinité traditionnelle, il s'incline devant l'autel de l'Harmonie, surtout celle qui trouve une expression esthétique, et il lui arrive de s'immerger dans un musée quand il a besoin d'un endroit calme pour réfléchir. Comme aujourd'hui. Après son entrevue avec Nadine, il parcourt quelques kilomètres vers l'ouest, jusqu'au Palm Springs Museum of Art. Celui-ci présente actuellement une exposition sur le Bauhaus. Il espère que l'élégance fraîche et propre régnant en ce lieu l'aidera à apaiser son esprit. Car si Maxon a une croyance au fond de lui, elle trouve son expression dans la beauté et l'ordre de l'école du Bauhaus.

L'exposition est divisée en trois galeries : la première présente des maquettes d'architecture, la deuxième est consacrée à l'artisanat et la troisième à la décoration d'intérieur. Maxon passe devant des photos en noir et blanc de Walter Gropius et Ludwig Mies van der Rohe, deux de ses héros, de part et d'autre de la porte menant aux galeries. Arrêté devant la maquette d'un immeuble d'habitation, il sort la balle de tennis de la poche de sa veste. Et il se met à la malaxer en s'interrogeant sur l'attitude à adopter face à Nadine. Que lui avait-elle crié ? *Essayez pour voir !* Cela n'augurait rien de bon.

Cette femme peut, en appuyant sur une simple touche d'ordinateur, détruire la carrière politique de Randall Duke, et porter par là même un coup sévère aux plans de Maxon. Comment se ressaisir si le trône derrière lequel vous avez choisi de vous tenir devient radioactif ? Soit en prenant un long congé sabbatique et en attendant que la puanteur se dissipe, soit en changeant de métier. Aucune de ces alternatives ne le séduit.

Alors qu'il réfléchit à ces différentes options, un professeur à l'air distingué, avec une abondante chevelure blanche et un maquillage discret, conduit un groupe de seniors vers la galerie suivante. Maxon a déjà renoncé à essayer de soudoyer cette fille pour qu'elle s'en aille. Ne pas avoir de solution à portée de main est une chose qui, en temps normal, rend Maxon nerveux. Mais les lignes pures du Bauhaus l'apaisent. Il s'accroche à l'idée que cette affaire connaîtra une issue heureuse et que tout finira par rentrer dans l'ordre. De quelle manière ? Il ne le sait pas encore. Mais il espère que cela se produira. Hélas, l'espoir ne peut faire office de plan.

La pile de dossiers posée devant Jimmy semble avoir augmenté durant ces quelques heures qu'il a passées assis à son bureau, mais il sait bien que c'est juste une impression. À la pause-déjeuner, il grignote distraitement une pomme qu'il a apportée, puis regagne sa voiture, s'installe à l'intérieur et branche la climatisation. Il ne démarre pas, il ne va nulle part. Il pose les mains à plat sur ses genoux et essaye de méditer. Ça se passe mal. Au lieu de l'insaisissable sensation de calme qu'il recherche, il se retrouve en train de se débattre dans les fourrés de Randall et du Purity Ball. Suis-je redevable à Randall ? Me sera-t-il redevable ensuite si je fais ce qu'il me demande ? Ces interrogations occultent toute autre pensée, à l'exception du souvenir de sa soirée avec Cali. Bien que le moment passé avec elle soit un épisode phare de l'année écoulée, il n'est pas sûr d'avoir besoin de quelqu'un d'autre dans sa vie pour l'instant. Qu'est-ce que cela entraînerait, sinon de nouvelles obligations ? Comment peut-il se mettre avec quelqu'un, alors qu'il ne sait plus où il en est avec ses propres croyances ? N'était-ce pas déjà son problème avec Darleen ? Sans vouloir minimiser les infidélités de sa compagne et ses propres démêlés avec l'alcool.

Quand il se demande pourquoi, au juste, il a repris du service avec un tel empressement, il n'est pas sûr d'avoir la réponse. Ses frais sont relativement limités et il n'a personne à charge. De longues vacances reconstituantes s'offraient à lui. Et pourtant, il est assis là dans une camionnette, sur le parking brûlant d'Indio. Il regarde sa montre et constate qu'il médite depuis un quart d'heure, une éternité pour lui, et c'est largement suffisant compte tenu des circonstances. Il regagne son bureau et, désireux de donner un sens à ses pensées embrouillées, il allume son ordinateur.

Bodhi Colletti, son coach dharmique en ligne, dont il contemple l'image informatique tous les dimanches matin depuis quelque temps, lui a dit qu'elle était disponible pour des consultations individuelles. Bodhi ne répond pas quand Jimmy essaye de la contacter une première fois, mais une demi-heure plus tard, sa seconde tentative est couronnée de succès.

AIM IM avec DharmaGirl@gmail.com 30/10 15:09

Jimmy Duke

Mon frère le grand manitou me demande de faire un truc inconvenant pour lui. J'ai l'impression de lui être redevable car il m'a aidé à trouver un nouveau boulot. Y a-t-il un moyen de faire ce qu'il veut tout en pratiquant le dharma ?

Jimmy Duke

J'aurais d'abord dû vous demander si le moment est bien choisi pour discuter. Oui ?

DharmaGirl@gmail.com

Jimmy, c'est toujours un plaisir de voir apparaître votre icône. Mais laissez-moi vous donner un petit conseil relationnel... À l'avenir, vous devriez commencer par dire bonjour, me demander si je vais bien et si j'ai un moment pour aborder un problème avec vous.

Jimmy Duke

Désolé. Alors, vous avez un moment?

DharmaGirl@gmail.com

Vous deviez commencer par dire bonjour et me demander comment j'allais.

Jimmy Duke

Comment allez-vous?

DharmaGirl@gmail.com

Très bien, merci. Et vous?

Jimmy Duke

Pas terrible. Mon frère Randall veut que je le présente lors d'une cérémonie (en fait, il a exigé que je porte mon ancien uniforme, ce qui est un délit) et je suis très en colère contre lui.

DharmaGirl@gmail.com

Il y a énormément de choses contenues dans cette seule phrase – votre frère veut que vous le présentiez, il vous demande un service, et ce qu'il vous demande de faire est apparemment un délit, même si ça semble anodin, et vous ressentez des choses à cause de tout ça.

Jimmy Duke.

Oui, on peut dire que je ressens des choses. J'ai envie de l'étrangler.

DharmaGirl@gmail.com

Est-ce un sentiment?

Jimmy Duke

C'est ce qui se passe dans mon esprit. Est-ce un sentiment? Je ne sais pas. Je pense que c'est un fantasme que j'ai parce que je suis furax.

DharmaGirl@gmail.com

Que se passe-t-il dans votre corps?

Jimmy Duke

Je suis tendu.

DharmaGirl@gmail.com

Où?

Jimmy Duke

La tête, le cou, le dos.

DharmaGirl@gmail.com

Kalu Rinpoche a dit: « Nous n'aurons plus jamais l'occasion de naître dans un corps comme celui-ci. » Vous devez en prendre soin. Alors, faites une pause, respirez un peu et voyez quelle zone de votre corps vous apparaît comme la moins détendue.

Jimmy Duke

Je peux aller chez un ostéopathe pour ça. Je veux que vous m'aidiez à comprendre mes pensées.

DharmaGirl@gmail.com

Votre esprit, votre corps et vos muscles ne sont pas séparés, ils sont liés. Si vous assouplissez votre corps, peut-être que vos pensées s'assoupliront elles aussi.

Jimmy Duke

Je suis allé prendre des nouvelles de mon autre frère. Il sort de prison. Je crois qu'il va avoir du mal à rester dans le droit chemin. Je me sens responsable de lui d'une certaine façon, même si c'est faux, et ça me rend encore plus tendu.

DharmaGirl@gmail.com

Faites une pause, respirez un peu, et essayez de trouver un espace dans l'œil du cyclone des pensées qui vous occupent à cet instant; je vous donne un truc: pour accéder à la porte qui s'ouvre sur cet espace, il se peut que vous soyez obligé de passer par des sensations et non pas par la pensée.

Jimmy Duke

Comment faire pour ne pas penser à mes frères quand j'essaye de méditer?

DharmaGirl@gmail.com

Jimmy, vous vous débrouillez très bien. Le but n'est pas de ne plus penser à vos frères ni à autre chose quand vous méditez, c'est de prendre conscience de vos pensées (le fait que vous pensez à vos frères), mais de ne pas vous en soucier.

Jimmy Duke

Comment je fais pour ne pas m'en soucier ?

DharmaGirl@gmail.com

Le cœur de la pratique bouddhiste est quelque chose appelée l'esprit du débutant ; ce qui veut dire regarder une chose sans jugement ni attente, uniquement avec une pure ouverture d'esprit. Dites-vous ceci : vous regardez un film, un film qui parle de deux types qui ressemblent beaucoup à vos deux frères, le film vous intéresse, peut-être qu'il fait naître des émotions en vous, mais ce n'est pas vous qui allez écrire le dialogue, vous écoutez, vous regardez, vous attendez de voir ce qui va se passer ensuite, vous participez au film en ce sens qu'il éveille votre curiosité, et peut-être même des émotions, mais le film ne parle pas de vous, ce n'est qu'un film, alors avec cet esprit de débutant essayez de garder une petite distance émotionnelle salubre à partir de maintenant et voyez ce que deviennent vos sentiments, est-ce qu'ils changent ?

Jimmy Duke

J'aimerais bien sortir de ce film.

DharmaGirl@gmail.com

C'est bien aussi.

Le rapport fervent que Bodhi Colletti entretient avec le monde n'est pas une chose à laquelle Jimmy est sensible habituellement, mais il ne peut pas critiquer son point de vue général. Quand il se déconnecte pour revenir à ses dossiers, il est toujours fâché contre Randall, mais il se sent mieux armé pour atteindre la fin de la journée sans passer la tête par la fenêtre et hurler. Avant de quitter son travail, il restera assis à son bureau pour siroter une tasse de thé. Il sentira le breuvage chaud couler sur sa langue, dans sa gorge et son estomac. Il sera attentif au remplissage et au vidage de ses poumons. À l'air climatisé sur sa peau. Mais même s'il trouve tout cela relaxant, il sera toujours incapable de sortir du film.

Dale Duke n'est pas connu pour son sens des responsabilités et Maxon n'est pas certain que l'ex-détenu récemment libéré se rendra à son rendez-vous chez le dentiste. Aussi a-t-il pris sur lui de l'y conduire.

– Alors, il est comment ce nouvel appart?

– Pas mal.

Pauvre type ingrat, pense Maxon. Après trois ans passés en prison enfermé entre quatre murs, avec des taulards qui hurlent à la mort toute la nuit, à rester sur tes gardes dans la cour de peur de te faire planter, la bouffe dégueulasse, tout ce que tu trouves à dire, c'est *pas mal*? C'est comme si ton frère t'avait installé au Four Seasons. Mais Maxon ne veut pas faire la morale à Dale, alors il dit simplement:

– Randall s'est vraiment démené pour vous.

– Vous voulez que je lui écrive une carte de remerciements? Conduisez-moi au supermarché, je vais en acheter une.

Lorsqu'ils passent devant les murs d'adobe d'un célèbre complexe hôtelier, Maxon pense aux gens qui occupent en ce moment même les chambres et les suites. Sur le parcours de golf, à la piscine et sur les courts de tennis, ils ignorent tout du combat qu'il livre. Et il sait que cela doit demeurer ainsi. Si demain ils parlent de son problème en mangeant des fajitas et en buvant des margaritas, ce sera une catastrophe.

Maxon jette un coup d'œil à Dale et à son T-shirt noir sur lequel on peut lire *Ma langue fonctionne encore.* Il le portait sous le polo imposé par le concessionnaire de camping-car, qu'il a ôté à la seconde où ils sont sortis du parking. Comment a-t-il pu se procurer ce genre d'accessoire si rapidement ? Dale ne manque pas de ressources, c'est un fait. Maxon devra veiller à ce qu'aucun photographe entreprenant ne l'immortalise dans ce T-shirt avant la fin de la campagne. Cet étalage vestimentaire pourrait coûter quelques votes. Car en dépit du côté charmant et monsieur Tout-le-monde de Billy Carter, et de son style regardez-moi-pisser-au-bord-de-la-route, nul ne peut affirmer sérieusement qu'il a aidé son frère. L'histoire de Dale doit reposer sur la rédemption. Alors les appels au cunnilingus devront attendre.

Pour ce qui est de soumettre Dale à sa volonté, Maxon se heurte à un problème fondamental : il sent que celui-ci ne le respecte pas. En tant que propriétaire et contribuable, il incarne tout ce que l'ancien détenu abhorre. Il sent également que Dale le considère comme le larbin de Randall. En temps normal, il s'en ficherait, mais dans l'immédiat, il a besoin que l'ex-taulard se tienne à carreau.

– Quel genre de types vous avez connu en prison, des gros durs ?

– À ton avis ?

Maxon ne prétend pas comprendre la mentalité criminelle, mais franchement, il n'arrive pas à cerner Dale. Pourquoi cette pure agressivité ? Être paraplégique est un calvaire permanent, mais tous les paraplégiques ne sont pas des connards. N'ayant pas connu Dale avant l'accident, il ne peut pas établir de comparaison entre avant et après, mais il est prêt à parier sa Toronado vintage que Dale n'était déjà pas un ange avant l'accident de moto qui lui avait brisé la colonne vertébrale. Il sait seulement que Dale possède une personnalité abrasive. Maxon s'interroge parce qu'ils se retrouvent en tête à tête pour la première fois. Il n'a jamais beaucoup pensé à Dale avant aujourd'hui; le frère de Randall était toujours à l'arrière-plan, comme le bourdonnement sourd d'un futur accident auquel tout le monde s'attend.

La sonnerie d'un téléphone portable interrompt ces réflexions: Randall. Maxon lui explique que la visite chez Nadine ne s'est pas passée aussi bien qu'il l'aurait souhaité, mais à son avis, ils devraient attendre de voir ce qu'elle va entreprendre. Randall réplique que cette stratégie ne correspond pas au plan dynamique qu'il recherchait. La voix de Maxon a perdu la décontraction provoquée par le Bauhaus; la tension transparaît. Il se fiche de savoir que Dale l'écoute. Au contraire, il a envie que son passager l'entende tenir tête à Randall; il veut montrer à ce criminel acariâtre que même s'il n'a pas fait de taule, il n'est pas une mauviette. Sans chercher à masquer son agacement, Maxon répète qu'il est préférable de ne rien faire pour le moment, en employant un langage plus musclé. Randall souligne son manque d'enthousiasme pour cette idée et raccroche.

– Tout va bien? demande Dale.

Est-ce un sourire satisfait sur son visage?

– Inutile de vous inquiéter.

Calmement, Maxon glisse la main dans sa poche de veste. Les yeux de Dale suivent le mouvement, prestement, mais il se détend en voyant Maxon sortir une balle de tennis. Il la fait rouler dans sa paume en plantant ses ongles dans la surface jaune pelucheuse.

– Qu'est-ce qui fait enrager mon frangin?

Maxon lui résume rapidement les événements récents, en laissant de côté les détails les plus salaces liés à la situation délicate de Kendra. Quand Dale l'interroge sur la femme qui est à l'origine de ce problème, Maxon lui dit tout ce qu'il sait, sans cesser de malaxer sa balle de tennis. Dale l'écoute en hochant la tête. Quand il a fini de parler, Dale lui demande ce qu'ils ont l'intention de faire.

– Vous avez une idée ? répond Maxon.

Son ton est faussement badin, mais il aimerait bien savoir.

– Vous n'êtes pas payé pour ça justement, pour faire le ménage ?

Le restant du trajet s'effectue en silence, Maxon continue à cogiter. Il est tellement banal de nos jours que les secrets malsains des personnages publics soient dévoilés, généralement de la manière la plus embarrassante. Alors, peut-être qu'ils devraient juste serrer les dents et essayer de laisser passer la tempête. Une épouse infidèle, ce n'est pas une raison suffisante pour que l'électorat se détourne d'un candidat. Ils se sont laissé déstabiliser par une histoire qui pourrait faire long feu et ça l'ennuie.

Après son rendez-vous chez le dentiste, Dale rejette la proposition de Maxon de le ramener à son travail, disant qu'il préfère prendre un taxi. Dale demande au chauffeur de le conduire à l'agence de la Wells Fargo Branch à Borrego Springs. Là, une caissière trop grosse, vêtue d'un tailleur pantalon bleu pastel, le conduit à son coffre, où il retrouve l'argent qu'il a déposé avant d'aller en prison.

http://www.desert-machiavel.com
31/10 - 21:14

Quand il s'agit de gagner, nul ne peut nier que certains politiciens n'hésitent pas à utiliser des coups tordus. Surtout pas le Machiavel. Sans vouloir montrer quiconque du doigt, votre humble serviteur vous annonce que dans la course qui se déroule ici, dans le désert, entre Randall et l'Hôtesse de l'air, c'est celle-ci qui est passée du côté obscur. Nul ne veut le déclarer ouvertement, mais l'intrépide Machiavel a entendu dire que le camp de Swain répandait de sales rumeurs concernant Duke et son épouse Kendra. Des histoires circulent depuis des années, comme quoi l'Honorable Parlementaire venu du désert n'est pas du genre à laisser la banane dans sa peau. Franchement, le Machiavel se fiche de savoir qui Randall baise, du moment que ce ne sont pas les électeurs. Mais les murmures qui s'échappent comme des gaz fétides de la fosse d'aisance du camp de l'Hôtesse ont atteint un niveau encore plus bas : ils concernent l'épouse de Randall Duke. Pourquoi devrions-nous, en tant qu'électeurs responsables, en tant que personnes profondément attachées à la démocratie, nous soucier des éventuelles frasques de cette femme ? Je n'ai pas besoin de vous rappeler que c'est l'épouse d'un ancien président qui a fondé le Centre Betty Ford. Je me fiche de savoir qu'elle boit un litre de vodka par jour. Bon d'accord, le Centre Betty Ford ne soigne pas les problèmes d'adultère… Oh, zut ! J'ai craché le morceau ? Je ne suis pas ici pour porter atteinte au mariage de Duke, sur lequel je n'ai aucun avis, mais si ces deux-là ont pu se marier, pourquoi deux homos liés par un compte en banque profond et durable ne pourraient pas en faire autant ? Je suis ici uniquement pour rapporter les rumeurs et les insinuations dont les médias traditionnels, contraints par des notions de bon goût surannées, ne peuvent pas parler. Sont-ce des ragots ? Bien sûr. Non corroborés ? Itou.

Mais n'avez-vous pas envie de les connaître, amis lecteurs ? Moi, si. Tout comme quelqu'un chargé de la campagne de l'Hôtesse, dont j'aimerais beaucoup dévoiler le nom. Pardonnez-moi de ne pas le faire. Le Machiavel a besoin de protéger sa source la moins scrupuleuse.

Restez branchés si vous voulez une révélation sur l'Hôtesse. Elle a quatre beaux enfants caucasiens qu'elle exhibe partout, mais on raconte qu'il existe un cinquième gamin, plus âgé, et qu'il est noir. Ce n'est qu'une rumeur, comme l'était l'attaque sur Pearl Harbor jusqu'à ce que l'aviation japonaise pointe son nez.

Jeudi 1er novembre

19

La fenêtre de la cuisine est ouverte, mais aucun souffle de vent n'agite les rideaux élimés. Il est à peine plus de sept heures du matin et Vonda Jean sent déjà la chaleur à venir. Elle frotte encore ses yeux pleins de sommeil en sortant le jus d'orange du réfrigérateur. Il n'y a pas de quoi remplir un verre. Nom de Dieu! Combien de fois faudra-t-il répéter à Hard d'en racheter quand il n'y en a presque plus? Il est toujours dans la chambre. Elle lui fera la remarque quand il viendra boire son café. Dans la fenêtre elle voit son reflet: sa chemise de nuit à carreaux trop large pend sur son corps comme un sac à patates. Ses yeux se posent sur ses pantoufles en fausse fourrure rose. Si elle essayait de paraître séduisante, elle aurait du souci à se faire, mais désormais elle se contrefiche de ce que pense Hard. Ces pantoufles sont confortables, c'est tout ce qui compte. De toute façon, Hard aime les femmes plus jeunes. Vonda Jean a l'impression qu'il s'est passé quelque chose entre lui et cette fille qui est venue chez eux l'autre soir. Elle a senti qu'il mentait, mais elle n'avait pas assez de force pour le pousser dans ses retranchements. Ni assez de motivation. Elle envisage de mettre un terme à ce mariage et elle ne veut plus perdre son énergie à se battre.

Après avoir mis du pain à griller et lancé un café, elle se rend dans le garage pour chercher du jus d'orange. C'est là que les Marvin ont installé un congélateur horizontal dans lequel Hard entrepose la viande qu'il rapporte de ses parties de chasse. Chaque automne, il se rend dans la Sierra Nevada et sillonne les bois pendant plusieurs jours pour traquer le cerf et l'élan. Autrefois, elle l'accompagnait. Ils s'asseyaient dans un arbre, arme au poing, muets pendant des heures, guettant l'arrivée du gibier. Pour Hard, c'était le bonheur absolu: être dans les bois en compagnie d'une femme séduisante, sans être obligé d'entretenir une conversation inepte, un fusil dans les bras. Vonda Jean n'aimait pas particulièrement la chasse, mais à cette époque, elle avait plaisir à être avec son mari. Elle avait cessé de l'accompagner quand ses fils avaient été en âge de la remplacer. Puis les garçons s'étaient intéressés à d'autres choses et depuis quelques années, Hard partait seul. Généralement, il tuait une bête et le congélateur du garage se retrouvait rempli de steaks qu'ils mangeaient durant les mois d'hiver. La saison de chasse s'était achevée un mois plus tôt et elle n'avait pas été bonne. Bien qu'il ait pisté un huit-cors pendant presque dix kilomètres, Hard n'avait jamais réussi à l'avoir dans sa ligne de mire et il était rentré bredouille. Mais ce revers avait un aspect positif inattendu: il y avait de la place dans le congélateur pour Fléau, un détail que Hard avait omis de signaler à Vonda Jean.

Hard est dans la chambre, en train d'enfiler son caleçon, quand il entend le hurlement de sa femme. Il comprend qu'elle a ouvert le congélateur. Il aurait dû la prévenir au sujet du chien, mais cela aurait provoqué une dispute. Et il a eu sa dose dernièrement. Il continue à s'habiller, en prenant son temps, et quand il entre dans la cuisine, il trouve Vonda Jean assise devant une tasse de café.

– Bonjour, dit-il.

– Oui, c'est ça.

Hard ouvre un placard, sort un paquet de céréales et remplit un bol. Il prend le lait dans le réfrigérateur puis il va chercher une cuillère dans un tiroir et rejoint Vonda Jean à table.

– Bien dormi ? demande-t-il.

– J'ai failli avoir une attaque. Tu veux bien m'expliquer ce que cet animal fait dans le congélo ?

Hard mâchonne ses céréales et déglutit. Il regarde sa femme droit dans les yeux.

– Je vais le faire empailler.

– Pour le mettre dans le salon ?

Son ton laisse entendre qu'il aura plus de chances s'il essaye avec elle.

– Oui, en quelque sorte.

– Jamais de la vie.

– C'est pour ça que je ne t'ai pas dit qu'il était là.

– J'ai cru que j'allais faire une crise cardiaque, Harding. Ça t'aurait fait plaisir, je parie.

– Non. Je n'ai aucune envie de te tuer, Vonda Jean. Pas comme ça en tout cas.

Sa remarquable tentative d'humour à froid ne la fait pas rire. Vonda Jean en a marre de Hard, elle le hait désormais, elle voudrait qu'il sorte de sa vie une fois pour toutes. Mais elle sait que si elle commet une erreur, elle risque de se faire avoir au moment du divorce. Et Hard a passé presque vingt ans dans la police. Sa retraite, un sujet qui revient régulièrement dans leurs fréquentes disputes, ne sera pas négligeable.

– Je ne veux plus voir ce chien.

– Le taxidermiste le plus proche est à Apple Valley. Je l'emmènerai quand je serai en congé.

– Non, Harding. Tu vas te débarrasser de ce chien illico presto. Et je ne veux pas le voir revenir sous forme d'objet décoratif.

– Qu'est-ce que tu veux que je fasse ?

– Fais semblant d'être une personne normale. Enterre-le.

– Directement dans la terre, comme ça ?

– Fais-le incinérer, si tu veux. Et enterre les cendres. Mais enlève ce chien de mon putain de congélo.

Hard mange ses céréales sans rien dire.

– Je ne plaisante pas, ajoute-t-elle.

– Ou sinon ?

– J'irai balancer sa carcasse sur le bord de la route.

Hard brûle d'envie de se justifier en expliquant à Vonda Jean que Fléau a été assassiné. Mais évidemment, il ne peut pas car cela ouvrirait la porte à une succession de questions compromettantes. Pourquoi quelqu'un voudrait-il faire du mal à Fléau, par exemple.

– Très bien, dit-il. Dès que j'aurai un jour de congé, je l'enterrerai.

– Si ce chien n'a pas quitté mon congélo dans vingt-quatre heures, c'est la fin de notre mariage.

– Tu crois que ça m'inquiète ?

– N'oublie pas que j'ai droit à la moitié de ta retraite.

Elle le regarde avec autant d'affection qu'un mur de brique. Hard soutient son regard ; l'artère que Nadine a failli transpercer avec la fourchette à salade palpite comme un stroboscope.

20

Au nord de la très chic Coachella Valley, avec son parcours de golf aussi lisse qu'une moquette, il y a Morongo Valley, beaucoup moins chic, et plus loin, au nord-est, entre les montagnes Tehachapi et San Gabriel, se trouve Antelope Valley, encore moins chic, où les laboratoires clandestins de métamphétamine sont plus nombreux que les golfeurs, dans un rapport de zéro à l'infini. Quand Odin Brick avait annoncé à Princess qu'il habitait à Antelope Valley et qu'il voulait qu'elle vienne vivre avec lui, elle avait imaginé des arbres chargés de fruits, à l'ombre des montagnes, pas cette fournaise avec des vents brûlants et un soleil impitoyable. Ils logent dans un minuscule pavillon, au bord d'une route poussiéreuse, à moins d'un kilomètre de l'autoroute. Derrière la maison il y a un camping-car, abandonné là par son propriétaire. Tout autour, c'est la cambrousse, l'habitation la plus proche est à plus de cinq cents mètres, et elle est inoccupée depuis une descente de police.

Princess range ses affaires dans la valise en plastique jaune posée sur le sol de la chambre. Un ventilateur faiblard souffle un peu d'air dans sa direction, tandis que des gouttes de transpiration se forment sur sa lèvre supérieure si douce. C'est une belle jeune femme, un peu trop petite peut-être, mais bien roulée. Ses longs cheveux bruns avec la raie au milieu encadrent un visage mat. Elle porte un mini-short blanc et un haut de maillot de bain rouge, à fines bretelles, qui met en valeur sa poitrine ferme. Princess a accouché il y a trois ans et elle est fière d'avoir retrouvé la ligne. À l'approche des vingt-trois ans, elle sait qu'elle pourrait en avoir besoin si jamais elle doit recommencer le strip-tease.

Tout en pliant un T-shirt bleu orné d'une constellation de strass sur le devant, elle écoute son fils Chance King qui fait la sieste dans le salon. Elle est impressionnée par sa capacité à dormir malgré cette chaleur. Alors qu'elle se penche pour déposer le T-shirt dans la valise, elle entend la porte d'entrée qui s'ouvre. Elle n'attend personne. Elle se dirige vers sa table de chevet pour prendre un pistolet calibre 22. Une seconde plus tard, Odin, son mari, apparaît sur le seuil de la chambre.

– Tu veux me flinguer ?

Il demande ça gentiment, comme si c'était une plaisanterie entre eux, une marque d'intimité. N'étant pas d'humeur à faire de l'esprit, Princess repose le pistolet et regarde Odin, en tenue de travail, jean et T-shirt blanc sale moulant son corps sec et musclé. Le tatouage sur son biceps droit représente un cœur rouge fendu en deux par les lettres *Princess* en cursive. Odin est tendu, prêt à bondir, même s'il essaye de donner une image décontractée. Ses épais cheveux noirs peignés en arrière dégagent son visage au teint pâle. Ses yeux verts sont un peu trop rapprochés. Une croix pend au lobe de son oreille droite et une tache de graisse brille sur sa joue.

– Parce que dans ce cas, ajoute-t-il, sache que j'ai retiré les balles cette nuit, pendant que tu dormais.

– Pourquoi tu es à la maison en pleine journée ?

Elle parle d'une voix douce, teintée d'un léger accent qu'elle a essayé de perdre, au prix de gros efforts.

– J'ai oublié mes médocs.

Odin remarque alors la valise par terre.

– Tu pars en voyage ?

C'est justement la scène qu'elle voulait éviter en partant pendant qu'il était au travail.

– J'ai reçu un coup de fil de ma sœur. Notre mère est malade. Je dois aller la voir.

– Aux Philippines ?

– Je dois partir aujourd'hui.

– Avec quoi tu vas acheter ton billet d'avion ? Ça va chercher dans les mille dollars.

Même si Odin continue à sourire, le soupçon perce dans sa voix. Princess et lui ne s'entendent plus très bien et hier soir, il l'a frappée. Juste une fois, du plat de la main, mais c'est suffisant, et elle le lui a dit.

– Je suis désolé pour hier soir, OK ?

– Ma mère est très malade. Peut-être elle meurt.

– Hé, je sais que tu es furax à cause d'hier soir, mais ça se reproduira plus, je te le promets.

Il s'appuie contre l'encadrement de la porte et lui adresse un sourire contrit. Généralement, ça marche. Il sifflote quelques mesures d'une chanson populaire qu'elle chantait dans la maison l'autre jour.

– Tu m'emmènes à la gare routière ?

– Non, Princess, je ne t'emmènerai pas à la gare routière. Je suis sûr que ta mère va très bien. Et si tu t'en vas, tu ne connaîtras pas la nouvelle.

– Quelle nouvelle ?

– Je vais me faire dix mille dollars cette semaine.

– C'est du baratin.

– Non, baby, c'est pas du baratin. Je pourrai t'acheter cette bagnole d'occasion que tu voulais. Et si ce boulot se passe bien, ce sera qu'un début.

– Quel genre de boulot ?

– Un type a besoin d'aide pour déplacer un derrick. Dix mille dollars pour un seul boulot.

Princess réfléchit. Odin lui répétait toujours qu'il allait décrocher le gros lot, et qu'ils vivraient dans une belle maison sur une colline, à l'ombre des arbres, avec une piscine. Elle ne voyait pas trop comment il allait pouvoir leur offrir ça avec ce qu'il gagnait à l'atelier de carrosserie, mais s'il dit qu'il a de super plans... Princess a envie de le croire.

Un coup de klaxon déchire l'air étouffant. Odin jette un regard par-dessus son épaule, avant de revenir sur Princess.

– Tu attends quelqu'un ?

Elle étouffe un juron, alors il fonce vers la porte, l'ouvre à la volée et découvre un taxi garé devant la maison. Il sort et marche vers le véhicule, une Plymouth blanche. Un Hispanique d'un certain âge est assis sur un siège à boules. La sueur dessine des auréoles sous les aisselles de sa guayabera.

– Ma femme n'a pas besoin de taxi, dit Odin.

Le chauffeur le foudroie du regard et repart sans un mot. Princess est sortie sur le seuil de la maison, elle voit partir son plan d'évasion. De retour dans la cuisine, elle se sert un verre de Kool-Aid citron, contenu dans un broc en plastique. Sur le comptoir trône une statuette de Bouddha de trente centimètres, en bois, qu'Odin a rapportée d'Afghanistan. Princess aimerait qu'il prenne exemple sur l'idole et qu'il se calme.

En entendant cogner la porte à moustiquaire, elle lance :

– Je n'en peux plus de tes conneries, Odin.

Il apparaît à l'entrée de la cuisine.

– Je sais, je sais. Je vais retourner aux réunions. Dès aujourd'hui, tiens. Je m'en remettrai à une puissance supérieure.

Odin se dirige vers la salle de bains, située à quelques pas. Elle l'entend qui ouvre l'armoire à pharmacie.

– Tu mens, dit-elle.

De la salle de bains, il répond :
– Non, Princess. Promis juré. OK ?
Il réapparaît sur le seuil de la cuisine.
– Je comprends ce que tu ressens, et je vais essayer de faire un effort. Je peux avoir un peu de Kool-Aid ?
Elle lui tend son verre et le regarde déposer un cachet sur sa langue ; il boit une gorgée et déglutit, avant de lui rendre le verre.
– Dix mille dollars, ma jolie. Ça en fait, des *dineros*.
Se peut-il qu'il dise la vérité ? Odin ne mentait pas tant que ça, en fait, pas plus sans doute que la plupart des autres hommes. S'il disait la vérité, ils pourraient payer toutes leurs factures en retard et acheter pour de bon ce petit pick-up Toyota qu'elle a repéré.
Ce qu'il y avait de mieux dans les disputes avec Odin, c'étaient les réconciliations sur l'oreiller. Qu'importe l'ampleur de l'altercation, quand ils atteignaient le stade où ils avaient épuisé le sujet de discorde, ils tombaient dans les bras l'un de l'autre, inévitablement, avec fougue, et ils maltraitaient les ressorts du lit, ou le plan de travail de la cuisine, ou n'importe quoi d'autre, en fonction de l'endroit où ils se trouvaient, du moment qu'il offrait un minimum d'intimité. Aujourd'hui ne fait pas exception à la règle, et après qu'ils se sont roulé une pelle, Princess laisse Odin lui ôter son mini-short blanc ; il la couche sur l'évier et la prend par-derrière. Le cul blanc d'Odin s'agite de haut en bas comme la pompe à eau dans le village natal de Princess, et elle s'accroche aux carreaux ébréchés du plan de travail, en regardant les montagnes brunes au loin ; elle songe à l'idée qu'elle se faisait de l'Amérique quand elle était enfant, là-bas aux Philippines. Il y aurait des maisons claires et spacieuses, avec d'immenses pelouses vertes. Les gens seraient grands et blonds ; ils auraient une peau douce et

dorée. Et cette race de dieux grands, blonds et bronzés serait accueillante et généreuse. Aussi est-elle légèrement déçue de se retrouver en plein désert avec Odin et Chance King, obligée de travailler quarante heures par semaine dans un centre de tri Fed-Ex.

Mais Odin est un bon coup. C'est une qualité qu'elle lui reconnaît volontiers, tandis qu'il lui lèche la nuque avec le bout de sa langue, en lui promettant que tout va changer. Il veut lui faire plaisir, dit-il, la rendre heureuse, il est prêt à tout pour ça. Elle dit oui, oui, oh oui, mais elle pense: si tu veux vraiment me rendre heureuse, commence par la boucler. Quand Odin jouit en silence, Princess profite de ce blanc dans la conversation pour atteindre l'orgasme elle aussi.

21

– Franchement, je ne comprends pas pourquoi tu te lamentes, dit Randall. Ce n'est qu'un blogueur. Tout le monde se fout de ce qu'il raconte.

– Il a dit que j'avais une liaison !

– Il a écrit aussi que Mary Swain avait peut-être un gamin noir caché quelque part.

– Je me fous de ce qu'il a écrit sur Mary Swain. Je m'intéresse à ce qu'il a écrit sur moi !

À ces mots, elle fond en larmes.

Ils sont dans leur chambre et Randall se prépare pour le Purity Ball. On est en début de soirée, et pourtant, Kendra est couchée sous les couvertures, en pantalon, chemisier et gilet. Cela est possible uniquement parce que le système de climatisation a transformé la maison en frigo.

– D'abord, comment tu sais que c'est un homme ? dit-elle. Est-ce qu'un homme peut être aussi vache ?

– J'en connais quelques-uns, répond Randall en ajustant sa ceinture de smoking. Écoute, Kendy, la politique, c'est un jeu de massacre. Ils vont dire un tas de trucs sur toi. Si tu ne supportes pas la pression…

– Il faut changer de métier, je sais.

Elle tend la main vers les mouchoirs en papier sur la table de chevet. Après s'être mouchée bruyamment, elle demande :

– Tu ne pourrais pas dire une chose que je n'ai pas déjà entendue mille fois ?

– Arrête de lire les trucs sur Internet.

– C'est Maxon qui m'a appelée pour me prévenir. Je ne suis même pas allée voir. (Elle prend un autre mouchoir et se mouche de nouveau.) Où en est-on avec l'autre problème ?

Kendra ne veut pas lui attribuer de nom, de crainte de le rendre encore plus réel.

– On laisse filer pour le moment.

– Je te trouve affreusement calme.

Randall observe sa femme avec froideur. Les heures qu'il a passées à s'entraîner à désamorcer des pièces d'artillerie dans une unité de démineurs à l'armée sont un puits profond d'où il tire des ressources pour la vie civile. Les problèmes qui surgissent au cours d'une campagne, même aussi épineux que celui nommé Nadine, ne sont rien comparés au fil capable de provoquer une explosion qui séparera votre buste de vos jambes.

– Je ne suis pas très inquiet.

Il jette un dernier coup d'œil au miroir. En smoking, il incarne l'image de l'autorité élégante. Toutefois, il juge que sa crinière manque de tenue. À travers un nuage de laque, il entend Kendra renifler dans le lit derrière lui.

– Je ne sais pas quoi faire, gémit-elle. Qu'est-ce que je peux faire ?

Voyant que Randall, pour qui c'est une question de pure forme, ne répond pas, elle ajoute :

– Je veux que tu demandes à Maxon de découvrir qui est ce Machiavel, OK? Tu me le promets ?

– Il faut te blinder, soldat, répond son mari.

Il se penche pour l'embrasser sur le front et sort de la chambre.

L'Amérique est une nation droguée à Dieu et tout politicien qui ignore cette réalité sait qu'il peut provoquer l'implosion de sa carrière. Les véritables croyants n'ont pas à se soucier de cette question car ils entretiennent déjà une sorte de dialogue avec la divinité de leur choix, mais ceux qui ont une vision plus nuancée de l'univers et de ses mystères doivent naviguer dans ces hauts-fonds avec précision. Bien que son père ait été un pasteur pentecôtiste, la religion a cessé de jouer un rôle important dans la vie de Randall Duke le jour où il est parti de chez lui. Néanmoins, lors de chaque campagne électorale, il doit donner le change. C'est pour cette raison qu'il se réjouit qu'une équipe de journalistes l'entoure à l'entrée du Parker Palm Springs Hotel où a lieu le premier Purity Ball annuel de Riverside County.

Ancien palace, cet hôtel a été repensé avec élégance; il incarne désormais le chic de Palm Springs. Une soirée de ce genre aurait dû tout naturellement se tenir dans un établissement pourvu d'un terrain de golf et de courts de tennis, mais Maxon avait souligné que le Parker offrirait un savoureux contraste avec l'aspect traditionnel de l'événement. Devant les gigantesques portes orange de l'hôtel, Randall pérore face aux caméras, aux côtés de sa fille-accessoire Brittany, l'air gênée. Sur l'insistance de sa mère, elle a revêtu une robe en satin bleu pastel, avec un gros nœud dans le dos. Son unique clin d'œil à l'esprit de révolte adolescent est d'avoir glissé dans son sac l'édition de poche d'*Une chambre à soi* – elle tenait à emporter une dose de Virginia Woolf pour tromper l'ennui – et de ne pas avoir mis de culotte.

D'après Maxon, il devait y avoir plusieurs équipes de télé. Les autres sont-elles ailleurs en train de filmer Mary Swain? Randall ne laisse pas la déception refroidir son enthousiasme.

– Nous avons besoin d'une nouvelle morale en Amérique, proclame-t-il, sous les hochements de tête approbateurs de plusieurs pères qui se sont rassemblés pour l'écouter avec leurs filles.

Randall juge qu'il fait particulièrement autorité en smoking. Le pantalon est un peu plus moulant que dans son souvenir, mais son allure générale le satisfait. Il se promet de complimenter Maxon qui a insisté pour imposer une tenue de soirée.

– Nous avons vu où nous conduit l'absence de valeurs. À Sodome et Gomorrhe ! Et je ne porte pas de jugement critique en disant cela. Néanmoins, je pense que nous devons enseigner des valeurs positives à nos enfants, et la meilleure façon de commencer, c'est avec nos filles puisqu'elles seront les mères de la prochaine génération.

Les mères de la prochaine génération ? Cette formule l'arrête dans son élan. S'agit-il d'une tournure qu'il pourra recycler ou a-t-il l'air d'un imbécile en disant cela ? La frontière est ténue. Il demandera à Maxon.

– Bon, il faut y aller. N'oubliez pas de voter !

Randall cherche Jimmy du regard, mais il ne le voit pas. Où est-il nom d'un chien ? À l'instar des pères et des filles qui ont assisté à cette péroraison, Brittany suit bien sagement le Représentant Randall Duke à l'intérieur de l'hôtel.

La salle de bal se trouve dans un bâtiment indépendant situé en bordure des jardins sophistiqués de l'hôtel, et ce soir on dirait que le décor a été confié à saint Jean-Baptiste. Il n'y a aucun ornement superflu, à l'exception d'une immense croix en bois à une extrémité de la salle. Dressée telle une sentinelle, elle condamne en silence tout désir de frivolité. Randall a des goûts plus festifs d'ordinaire, mais il comprend l'objectif métaphorique de la décoration. Le dernier groupe à avoir organisé un événement dans cette salle somptueuse est l'Association des artistes de music-hall transsexuels, mais en dehors de la multitude de tiares qui orne la tête des filles, il ne reste aucune trace de leur présence éclatante. Randall cherche encore à apercevoir Jimmy. Toujours pas le moindre signe.

Les murs de marbre incrustés de grands miroirs rectangulaires donnent au minuscule bar jouxtant le hall de l'hôtel l'apparence d'un écrin à bijoux. Les pieds des six tabourets semblent inspirés par les cornes d'un mammifère à l'ossature fragile trouvé dans le veldt africain. Sur l'un d'eux est assis un homme en costume sombre, chemise blanche et cravate à motifs rouges qui gobe une énième cacahuète et la fait passer avec les dernières gouttes de sa troisième bière sans alcool. Jimmy Duke : respectable. Il est un peu plus de dix-neuf heures et le bar ne marche pas très fort dans cet hôtel ; il est donc quasiment désert. Un jeune surfeur blond en chemise noire et pantalon blanc s'ennuie ferme derrière le comptoir. Les seuls autres clients sont un couple d'une quarantaine d'années installé à l'autre bout de la salle. Ils ne se parlent pas, et Jimmy en déduit qu'ils sont mariés.

C'est dans des moments comme celui-ci, quand il se retrouve seul dans un bar, qu'il regrette d'avoir arrêté de boire. L'absorption de trois bières sans alcool est sans intérêt. C'est comme aller dans une boîte de strip-tease pour reluquer la caissière. Pourtant, il est attiré par l'ambiance, la bouteille. Il n'apprécie même pas le goût, l'absence de goût plutôt, de cette pâle imitation. Il n'a pas digéré le coup de téléphone de Maxon exigeant sa présence ce soir. Il n'a pas digéré que Randall ne l'ait pas appelé personnellement, et il n'a pas digéré qu'on lui ait demandé de faire ça, pour commencer. Mais il sait qu'il a une dette envers Randall et son frère n'hésite jamais à réclamer son dû. Pour Randall les services sont une monnaie d'échange et généralement Jimmy a pour règle de conduite de se tenir à l'écart. Hélas, il ne pouvait pas se défiler sur ce coup-là, et il se retrouve dans le rôle du pilier de bar solitaire.

– Une autre fausse bière ? demande Joe le Surfeur.

Jimmy sait que le gamin ne l'a pas fait exprès, mais il a l'impression qu'on se fout de lui. Il le congédie d'un geste.

Qu'est-il censé dire à cette assemblée de vierges accompagnées de leurs pères ? Que Randall est un type super ? Un mari formidable ? Un père dévoué ? Est-il censé mentir en parlant d'un frère qu'il n'aime pas particulièrement ? Bien sûr, pourquoi pas ? Ça ne le gêne pas de baratiner une foule d'inconnus à propos d'une chose aussi insignifiante qu'une élection. Ce qu'il sait de Mary Swain n'est pas particulièrement reluisant – même s'il ne détesterait pas coucher avec elle –, alors, si on lui demande de jouer un petit rôle dans le grand spectacle de la campagne de réélection de Randall, il peut difficilement refuser. Il improvisera quelques inepties foireuses destinées à présenter son frère comme un parangon de vertu et il rentrera chez lui ensuite regarder la télé.

– Jimmy !

Il se retourne et voit Maxon, en smoking, marcher sur lui. L'inquiétude creuse ses traits fades.

– Où est votre uniforme ?

– Dans ma camionnette. Je pensais me changer en arrivant ici, mais finalement, j'ai décidé de ne pas le mettre.

– L'intérêt de la chose, c'est que vous soyez en uniforme.

– Je vous le répète : laissez tomber.

Maxon se rapproche de Jimmy. Il lui glisse :

– Randall vous a trouvé un poste au Bureau du procureur après que vous avez volé ce chien à la police, non ?

– Je n'ai pas volé ce chien, Maxon. Je l'ai gracié.

– N'est-il pas intervenu personnellement pour empêcher les poursuites ? Si je me souviens bien, vous aviez été obligé de démissionner pour avoir menacé votre supérieur.

– Randall va me reprendre mon boulot si je ne fais pas ce qu'il me demande ?

Jimmy secoue la tête, il essaye de contenir l'amertume qu'il éprouve à se retrouver dans cette situation. La bulle rose apparaît et il place Maxon à l'intérieur. Elle s'élève et emporte le factotum au teint terreux vers le plafond, à travers le toit, jusque dans la nuit étoilée.

Inspirer. Un, deux. Expirer. Deux, trois, quatre.

– Je présenterai Randall, dit Jimmy. Mais oubliez l'uniforme.

Maxon sort son portable de sa poche. Jimmy lui demande qui il appelle.

– Votre frère.

Maxon hésite ; il attend de voir si sa ruse produit l'effet escompté. Jimmy regarde son verre vide, sans rien dire.

– Pourquoi m'obligez-vous à l'embêter avec ça, alors que vous aviez accepté de le faire ? Il est déjà assez emmerdé avec Dale.

– Demandez donc à Dale de le présenter.

– Oui, c'est ça.

Puis, au téléphone :

– Il faut que vous parliez à Jimmy. Il a un problème.

Maxon tend le portable à Jimmy, qui le prend à contrecœur et explique brièvement à son frère ce qu'il ressent. Il écoute la réponse, son visage s'assombrit.

– Oui, peut-être, mais... Je sais, Randall. Je comprends. Oui, j'ai dit que je comprenais. Et je te suis reconnaissant. En ce qui me concerne, je suis là et on est quittes.

Jimmy referme le portable et le tend à Maxon.

– Alors, vous voulez bien mettre votre uniforme ?

– Vous voulez bien me sucer ?

Maxon semble chercher la réponse appropriée. Mais si Randall n'est pas capable de convaincre Jimmy de violer la loi, cela dépasse ses compétences également.

– Voici votre discours, dit-il en lui tendant une feuille dactylographiée.

Jimmy y jette un rapide coup d'œil.

– J'avais l'intention d'improviser un petit quelque chose.

– Pas ce soir.

Jimmy observe Maxon. Certains hommes quand ils enfilent un smoking ressemblent à James Bond. Maxon ressemble à un maître d'hôtel.

– Contentez-vous de lire ce qui est écrit.

Jimmy a toujours eu un problème avec l'autorité et Maxon s'est aventuré un peu trop loin sur ce terrain. Ce qui le dérange, ce ne sont pas tellement les mots écrits sur cette feuille. Ce qu'il ne supporte pas, ce sont les manières autoritaires de ce type, qui laisse entendre que Jimmy est ici pour obéir à ses ordres. Peu importe qu'il soit ici justement pour ça. Et ce n'est pas à mettre sur le compte de l'ivresse, comme en témoignent les trois bouteilles de fausse bière, mais d'une forte prédisposition pour l'anticonformisme quand il répond :

– Je ne suis pas un singe savant.

– Vous aviez promis de porter votre uniforme et vous ne le portez pas, j'en prends bonne note. Alors, lisez au moins ce foutu discours.

– Je ne peux pas me contenter de…

– Lisez ce qui est écrit.

– Je n'apprécie pas cette attaque de front, Maxon. Vous ne me faites pas confiance ou quoi ?

– Votre frère aimerait juste que vous lisiez ce paragraphe. Dites-le à votre façon, si vous voulez, mais faites passer le message : il est attaché aux valeurs familiales. C'est tout ce qu'il vous demande. Vous en êtes capable ?

Le dos de Maxon est une cible tentante. En le regardant s'éloigner, Jimmy éprouve l'envie de lui lancer une bouteille à la tête et de lui fendre le crâne sous ses cheveux blonds clairsemés, mais il se retient. La seule chose qui lui paraît plus pathétique que de boire de la bière sans alcool, c'est d'assommer quelqu'un avec une bouteille de ce breuvage. Il a besoin de se calmer. Il doit se concentrer sur sa respiration. Deux inspirations, quatre expirations. Jimmy sait que cet instant, dans ce petit bar chic du Parker Palm Springs Hotel à côté d'une salle de bal remplie de chrétiens, représente une excellente occasion de pratiquer le dharma: Maxon enfermé dans une bulle rose, Jimmy y met le feu avec une torche et Maxon s'envole dans la bulle rose dévorée par les flammes.

Non, ça ne va pas.

Il recommence. Inspirer. Expirer. Ça ne marche pas.

Voici à quoi il pense: quand Darleen et lui se sont disputés pour la dernière fois, juste avant de quitter le désert, elle a rendu visite à Randall. Ils s'étaient toujours bien entendus et aucune femme séduisante n'avait jamais pu échapper à son œil perpétuellement aux aguets. Issue d'un milieu modeste, Darleen n'était pas peu fière d'avoir épousé le frère d'un membre du Congrès. Kendra était partie faire un stage de tennis avec Brittany, et Randall venait de rentrer de Washington pour le week-end. Ils avaient bu quelques verres et comme la soirée était douce, Randall lui avait proposé de piquer une tête dans la piscine. Jimmy et Darleen ne possédaient pas de piscine et la proximité de ce beau-frère séduisant et presque célèbre ajoutée aux effets de l'alcool lui avaient donné envie de sentir la fraîcheur de l'eau sur sa peau. Randall lui avait prêté un des maillots de bain de Kendra, mais elle ne l'avait pas gardé longtemps.

Jimmy n'aurait jamais su que son frère avait fait «de vilaines choses» avec sa femme si Darleen n'avait pas employé cette expression dans un mail envoyé quelques jours après une conversation téléphonique houleuse où il l'avait mise en garde contre toute tentative de lui réclamer une pension alimentaire. Même si cette information ne constituait pas une énorme surprise, c'était quand même décevant. Darleen et lui avaient beau ne plus être ensemble, Jimmy estimait que les membres d'une fratrie devaient respecter certains principes, au premier rang desquels on trouvait: ne pas coucher avec le conjoint, l'ex-conjoint, ou autre, de son frère ou de sa sœur. Depuis un an que la chose s'est produite, il a choisi de ne jamais y faire allusion, pour une raison simple: il craint de tuer son frère. Si ses paroles se transforment en émotions incontrôlables, il passera le restant de sa vie en prison. Alors, pourquoi aborder ce sujet?

– Oncle Jimmy? Moi, je suis *obligée* d'être ici, mais toi?

Il se retourne et découvre Brittany, les mains appuyées sur son tabouret. Il remarque les ongles peints en noir et la robe bleu pastel avec le nœud dans le dos. Il est un peu trop large pour sa fine silhouette et la bretelle d'un soutien-gorge rose sectionne son épaule gauche. Pour l'occasion, elle s'est fait un brushing qui semble souligner sa mèche écarlate. Jimmy lui explique qu'il doit présenter son père à l'assistance.

– Tu n'as pas réussi à te défiler?

Il lui assure que non. Elle lui demande s'il n'est pas halluciné par tout ça, en incluant d'un geste large le décor, la soirée à laquelle ils vont participer l'un et l'autre et un couple père-fille qui passe devant eux pour se rendre dans la salle de bal.

– Peut-être que je vais défaire ce joli nœud sur mon cul pour me pendre à un lustre, dit-elle. Mais ça laisserait croire que je me souciais de cette connerie, ce qui n'est pas le cas.

Une sensation rare prend naissance dans la poitrine de Jimmy, monte dans sa gorge et remplit ses joues avant de se libérer : un rire. Cela fait longtemps qu'il n'a pas ri. Brittany sourit en voyant l'effet qu'elle produit.

– Qui peut bien avoir envie de siéger au Congrès, et encore plus d'assister à un Purity Ball pour supplier une bande de culs-bénits de vous accorder leurs votes ?

– Là, tu me poses une colle, répond Jimmy, véritablement perplexe.

Mais il apprécie cette conversation, et ça ne le gêne pas de continuer à écouter Brittany. Cette gamine est explosive. Il ne sait pas d'où ça lui vient, ses deux parents ayant une approche presque militaire de la normalité.

– J'aimerais que des terroristes fassent tout sauter, dit-elle, mais ça me ferait quand même de la peine. Je suis une sentimentale dans le fond.

– Comme moi, dit Jimmy.

– Hé, si on foutait le camp d'ici pour aller chercher des armes, et si on revenait pour combattre l'oppresseur ? Comme des révolutionnaires. Mort au Purity Ball !

– Tu veux changer les choses ?

– Je devrais voter ?

– Pourquoi pas. Quand tu auras dix-huit ans. Tu ne les as pas encore, hein ?

– L'année prochaine. Ne me dénonce pas, hein. Je plaisantais en parlant de faire le coup de Columbine.

– Je sais.

Jimmy n'arrive pas à cerner sa nièce. Certaines choses ont-elles un sens pour elle ou bien fait-elle partie de ces jeunes qui flottent au-dessus de l'existence dans le seul but de la bombarder avec le napalm de leur mépris ? Sa façade ironique n'est-elle qu'une couverture rêche qu'elle utilise pour masquer une âme de midinette ou se fout-elle véritablement de tout ? Avant qu'il ait le temps de parvenir à une conclusion, Brittany sort un joint de son sac à main.

– Tu fumes ?

Voyant que Jimmy se contente d'écarquiller les yeux pour toute réponse, elle ajoute :

– Relax, monsieur l'agent de police. J'ai une ordonnance.

– Ah bon ?

– Tennis elbow. Mais ne le dis pas à mes parents, OK?

Quelque chose attire l'attention de Brittany par-dessus l'épaule de Jimmy et elle s'empresse de ranger le joint dans son sac. En suivant son regard inquiet, Jimmy voit Maxon marcher sur eux à grands pas. D'un ton irrité, il leur annonce que le bal va commencer et que Randall leur serait reconnaissant de bien vouloir se joindre aux festivités.

Il n'est pas facile de créer une ambiance festive dans une soirée dont le but est de proscrire les rapports sexuels à des personnes dont la sexualité traverse une période tumultueuse. Voilà pourquoi la salle de bal vibre de conversations un peu tendues. Des pères débordant d'affection et des filles penaudes, certaines allant encore à la maternelle alors que d'autres sont à l'université, forment des petits groupes gênés pendant qu'un quatuor à cordes joue un mélange de cantiques et de chansons des Carpenters. Les pères sont aussi nerveux que peuvent l'être des Blancs d'un certain âge en smoking : ils auraient l'air plus détendus s'ils étaient morts. Leurs filles, qui portent toutes des robes de bal dans les tons pastel, sont plus décontractées, du fait de leur jeunesse, mais le rôle qui leur a été assigné pour la soirée a pour effet de contenir le niveau d'excitation. La plupart ne voulaient pas venir, mais la solidarité s'impose entre détenues.

Randall est entouré de quelques pères mal à l'aise qui néanmoins semblent tous heureux de se trouver en sa présence. Il continue à s'émerveiller des réactions qu'il provoque chez ses administrés. L'antipathie que professent la plupart des gens envers les politiciens ne l'atteint pas, dirait-on. Un conseiller en investissement, un grand type blond avec une petite moustache bien taillée, confie :

– Ma fille ne voulait pas venir, mais je lui ai expliqué que Dieu nous juge d'après nos actes.

Deux autres pères approuvent en chœur :

– Amen.

Un analyste-programmeur à la forte carrure, avec une coupe en brosse et un visage épais, déclare :

– Nous devons donner l'exemple.

Hochements de tête. Randall a attendu poliment que tous les hommes présents prennent la parole. Ce qui lui permet d'entretenir l'illusion qu'il écoute réellement. L'homme aux cheveux en brosse était le dernier à s'exprimer. Au tour de Randall maintenant.

– L'impiété doit être éradiquée. (Il marque une pause pour accentuer son effet.) Sauf dans les casinos indiens car cela serait nuisible pour l'économie.

Tout le monde hésite un instant, avant de rire. Les gens ne rient pas parce que sa plaisanterie est drôle, puisqu'elle ne l'est pas. Mais quelqu'un a l'audace d'introduire un soupçon de légèreté en cette vénérable assemblée. Ces hommes, ces bastions de la rectitude, espéraient sans se l'avouer, mais collectivement, que Randall prendrait le contrôle de la conversation et les soulagerait de l'obligation de devoir dire une chose qu'ils n'avaient pas déjà entendue des milliers de fois. Ils aimeraient mieux parler de sport ou de leurs affaires, mais le poids du thème de la soirée – la virginité de leurs filles ! – les incite à élever le débat.

Ce Randall Duke ! Quelle décontraction, quel humour ! Quelle prestance ! Les pères sérieux, sanglés dans leurs smokings, étaient un peu intimidés par la gravité de la soirée, mais il a détendu l'atmosphère avec une plaisanterie. Pas étonnant qu'il soit réélu à tous les coups. Le soulagement est palpable, et Randall le sent.

– Ces Purity Balls, c'est un bon départ, mais chacun de nous doit s'engager à répandre la parole de Dieu dans le monde.

Nouveaux hochements de tête.

– Mammon est un tentateur, tapi dans l'ombre, toujours prêt à nous séduire par ses belles paroles. Si nous cédons, nos filles en feront autant. Nous devons leur dire qu'elles sont belles, que nous les aimons car sinon elles chercheront à entendre ces paroles dans la bouche d'un adolescent rappeur avec le pantalon sur les chevilles et une casquette de base-ball à l'envers.

Quelques filles gloussent, Randall ayant réussi à dépeindre en quelques mots leurs petits copains du moment. Les autres connaissent toutes une version de ce prédateur décrit par le maître de cérémonie. Leurs pères leur lancent des regards étonnés: qu'est-ce qu'il y a de si amusant?

Randall aperçoit Brittany en compagnie de Maxon, légèrement en retrait de leur petit groupe.

– N'est-ce pas, ma chérie?

Maxon pousse la jeune fille vers l'avant. Elle vient se poster près de son père qui la prend par les épaules.

– Je vous présente ma fille, Brittany.

Le sourire contrit de celle-ci n'exprime qu'une infime partie de la gêne qu'elle éprouve à cet instant.

Quand Randall lui avait proposé de s'asseoir à sa table en tant qu'invité d'honneur, Jimmy avait décliné l'offre. Si ça ne l'embêtait pas, avait-il répondu, il préférait rentrer après avoir fait son discours de présentation. Il aurait bien aimé bavarder encore un peu avec Brittany, mais impossible d'avoir une véritable conversation en présence de Randall. Il a de la peine pour elle, il se demande ce qu'elle va devenir. Maintenant, Jimmy scrute la salle depuis le côté de la scène. Randall aurait aimé qu'il porte son uniforme, mais il s'en fout. Il a mis une cravate, c'est déjà pas mal.

Il y a cent soixante-trois invités (un nombre impair dû à un couple de jumelles blondes et maigres vêtues de la même robe en mousseline de soie blanche), assis autour de seize tables rondes : un père, une fille, un père, une fille… des cercles de perfection virginale imaginée et ardemment espérée : *mon Dieu, faites qu'elle n'ait pas couché avec ce crétin qui porte un maillot des Lakers et des baskets sans lacets !* Au menu : salade, poulet et ensuite, tarte aux pommes, encore un coup de génie de Maxon Brae.

Jimmy embrasse du regard les filles, jolies dans la lumière éclatante, la croix austère au fond de la salle et les pères qui parlent fort et tentent d'alimenter les conversations. Ce tableau réveille en lui le souvenir de son propre père, le révérend Ralph Duke. Qu'aurait-il pensé en voyant Randall en maître de cérémonie ?

– Jimmy Duke occupe les fonctions d'enquêteur au Bureau du procureur de Riverside County…

Distrait par ses propres pensées, il n'a pas vu Maxon se diriger vers l'estrade. Des tentacules de nervosité enserrent son estomac, c'est de lui qu'on est en train de parler.

– Je vous demande de réserver un accueil chaleureux au frère du Représentant au Congrès Randall Duke.

L'assistance applaudit avec ferveur et d'un signe de tête, Maxon lui indique que le spectacle commence. En approchant du pupitre, Jimmy pense à son père ; celui-ci aurait été fier qu'il présente son frère aîné. Il repousse l'idée que son père n'a pas vu Randall depuis longtemps et se concentre sur sa tâche.

– Bonsoir à tous. Je m'appelle Jimmy Duke…

Il s'arrête, surpris par une nouvelle rafale d'applaudissements. Son statut de représentant de l'ordre lui confère une autorité immédiate, particulièrement devant ce public. Quand les applaudissements s'atténuent, il reprend, plus à l'aise :

– Mon frère Randall est très attaché à la famille. Je ne sais pas si vous êtes au courant, mais notre frère Dale a eu quelques démêlés avec la justice. Ce n'est pas un problème facile à gérer quand vous êtes dans la police.

Il s'interrompt, le temps de quelques rires complices de la part des pères. Il sait que les filles ne l'écoutent déjà plus, sauf sa nièce, qui lui adresse un petit signe de la main. Un petit signe qui n'a rien d'innocent, d'ailleurs. Il devine une certaine réticence, comme si elle voulait lui faire partager un secret, mais n'osait pas, en tout cas pas devant son père. Il lui répond par un sourire et un hochement de tête.

Une fois les murmures retombés, il continue :

– Ça peut même être très délicat si vous occupez une fonction officielle. Mais mon frère Randall fait toujours passer la famille en premier. Qu'il s'agisse de sa belle épouse Kendra, de sa fille Brittany, de notre frère Dale ou de moi-même, Randall est quelqu'un qui se démène pour sa famille. Et il considère ses administrés comme sa famille. C'est pourquoi j'ai l'immense plaisir de vous présenter votre élu au Congrès, mon grand frère. Veuillez applaudir comme il le mérite votre Représentant à la Chambre, j'ai nommé Randall Duke !

Jimmy s'éloigne du micro et lance les applaudissements, soulagé d'être débarrassé de cette obligation. Quelque part, il est gêné de constater qu'il peut débiter ce baratin si facilement, mais il sait aussi que c'est une qualité qui peut se révéler utile.

Un sourire jusqu'aux oreilles, Randall se lève en agitant les bras et marche jusqu'au pupitre où il serre la main de son frère.

– J'aurais aimé te voir en uniforme, lui dit-il sans se départir de son grand sourire.

Jimmy secoue la tête et s'éloigne.

– Mon frère, Jimmy Duke !

Randall déclenche une salve d'applaudissements pour Jimmy qui salue l'assistance sans se retourner, avant de disparaître par une porte située sur le côté de la scène.

– Merci à tous d'être venus ce soir, dit-il en s'adressant aux visages radieux. Pour commencer, j'aimerais que toutes les filles se lèvent pour que l'on puisse les compter.

Randall attend, tandis que, au milieu des gloussements nerveux et des raclements de chaises, les vierges – et celles qui ne le sont plus – se dressent tel un reproche colossal et collectif adressé à la culture dominante. Elles se trémoussent en pouffant.

– Vous êtes toutes très belles ce soir. Et vos papas sont très fiers. J'espère qu'ils vous le diront en rentrant à la maison. Vous, les pères, dites-vous à vos filles qu'elles sont belles ?

Des murmures d'acquiescement parcourent l'assemblée ; les hommes échangent des sourires crispés, voire coupables.

Randall enchaîne :

– Ce soir, les filles, je vais vous demander de vous engager, et quand vous le ferez, pensez bien que vous ne le faites pas uniquement pour vous-mêmes. Vous vous engagez au nom de Dieu également.

Il attend que ses paroles fassent leur chemin. Après s'être assuré que toutes les personnes présentes ont bien conscience de l'importance de ce qui va se passer, il lève la main droite et leur demande de l'imiter. Quand toutes les filles ont levé la main droite, Randall sourit et dit :

– Je m'engage à mener une vie d'abstinence... Répétez après moi, s'il vous plaît. Je m'engage...

Les filles embrayent et Randall continue.

– Je m'engage à mener une vie sans péché...

Elles répètent ces paroles.

– Et je m'engage à suivre le chemin de Jésus-Christ qui saura me garder pure jusqu'au mariage.

Les voix juvéniles, certaines timides et hésitantes, d'autres vibrantes comme des cloches d'église, se mêlent et s'élèvent en un chœur de renoncement (largement feint). Les pères sont submergés par un sentiment de fierté teinté d'une dose de perplexité : ces hommes ne sont pas totalement exempts de tout péché, véniel et mortel. Randall exulte car les votes tombent dans ses filets comme s'il était saint Jacques et les pères de gros poissons en forme de chèques de soutien. Ses coffres seront remplis dès demain, sans qu'il ait besoin de demander quoi que ce soit.

Randall demande aux filles de se rasseoir et aux pères de se lever. Quand ils sont tous debout, il leur dit :

– Le monde est parfois un endroit effrayant. Plein de tentations pour l'esprit et pour la chair. Ce soir, je veux que vous redoubliez d'efforts pour rester purs dans vos cœurs. Nous éduquons par l'exemple et il n'existe pas de meilleur exemple que nos propres cœurs. Nos filles comptent sur nous. Nous sommes leurs rochers. Les mères sont importantes, elles aussi, mais voyons les choses en face : nous sommes les pères, pas vrais ? Nous sommes les pères ! Dites-le !

– Nous sommes les pères !

Le cri monte de ses ouailles, doucement tout d'abord.

L'énergie qui flotte dans la salle est encore contenue et Randall propose de la libérer. Il connaît le pouvoir de la voix pour libérer l'âme, alors il ouvre les portes en grand.

– Dites-le encore !

Plus fort, cette fois :

– NOUS SOMMES LES PÈRES !

Dans la marée rose, jaune et bleue, certaines filles s'efforcent de ne pas rire, et leurs pères aux visages austères essayent d'ignorer cette hilarité réprimée. D'autres filles, en revanche, observent la scène avec l'intensité d'une sainte Thérèse d'Avila, et leurs expressions se transforment en masques de dévotion.

Pendant que la meute est distraite par les exhortations de son père, Brittany en profite pour glisser son téléphone portable sous sa robe afin de photographier son vagin.

– Encore une fois !

Comme une explosion, une fanfare dans un défilé, écoutez bien, vous autres Filles en Danger :

– NOUS SOMMES LES PÈRES !

– Oui. Nous sommes les pères et nos précieuses filles sont confrontées à un monde de ténèbres et de dangers. Elles ont besoin que nous portions le flambeau, elles ont besoin que nous servions de balise, nous devons être leur rocher.

Si certains sont gênés par le mélange des métaphores, personne ne veut que cela vienne doucher son enthousiasme. Le public est sous le charme.

– Les flammes de l'enfer brûlent autour de nous, jour après jour. Elles brûlent dans les villes, elles brûlent dans les banlieues et elles brûlent ici aussi, dans le désert. Nos belles et jeunes filles sont confrontées à des niveaux de dépravations que nous ne pouvons même pas imaginer, à la télé, au cinéma et sur Internet. Elles nous appellent à l'aide. Nos chères filles ont besoin de nous et notre devoir moral est de les protéger.

Randall s'interrompt ; il attend de nouveau que ses paroles produisent leur effet.

– Maintenant, reprend-il, si vous voulez bien reporter votre attention sur la croix.

Cent soixante-trois paires d'yeux se tournent et découvrent deux jeunes soldats, des marines – merci, Maxon Brae ! – impeccables dans leur uniforme, postés devant la croix en bois. Ils se font face et brandissent, selon un angle de quarante-cinq degrés, des épées étincelantes dont les pointes se touchent pour former une arche qui brille dans la lumière des lustres. Ils sont figés, l'air sévère. Si l'un ou l'autre est habité de désirs coupables vis-à-vis de cette assemblée de vierges, impossible de s'en apercevoir.

– Pères, prenez vos filles par la main et passez sous ces épées. Ensuite, je vous demande de vous agenouiller devant la croix, ensemble, pères et filles, et de faire le serment de pureté. Récitez une prière, échangez quelques mots intimes, marchez dans la lumière.

Le quatuor à cordes attaque *Es-tu lavé dans le sang ?*, tandis que les participants se lèvent pour former une longue file tranquille. Deux par deux, ils passent sous les épées, devant les marines impassibles, et s'approchent de la croix pour s'agenouiller un instant. Quelques pères chuchotent à l'oreille de leur fille, d'autres restent muets, mais tous se comportent avec un sérieux à la hauteur de l'événement.

Randall et Brittany sont les derniers à passer. Il sent que tous les regards sont braqués sur lui alors qu'ils marchent vers l'Arc des Épées. Assurément, pense-t-il, voilà un excellent moyen de rafler des votes. Lorsqu'ils s'agenouillent devant la croix, il se penche vers Brittany et lui murmure :

– Je serai toujours là pour toi, ma chérie.

Elle lève les yeux au ciel, mais Randall ne le voit pas car il a fermé les siens pour se concentrer sur la fabrication de la dévotion.

Le père et la fille rentrent en voiture dans un silence plaisant. Randall est tellement satisfait du déroulement de la soirée qu'il ne remarque pas que Brittany, affalée dans le siège passager, collée à son portable, envoie un nouveau triptyque labial à Seth, son petit ami.

Son espoir de réussir à s'endormir sans encombre s'envole en fumée quand, en entrant dans la chambre, il découvre Kendra, en chemise de nuit blanche diaphane, adossée à une montagne d'oreillers, un ordinateur sur les genoux.

– Alors, qui est ce Machiavel du Désert ?

Randall lui répond qu'il ne sait pas et lui demande quel est le problème.

– Il m'a sortie du placard.

– Comment ça, il t'a sortie du placard. Tu n'es pas homo.

– J'avais juré de ne pas lire son blog, mais j'ai craqué. Il raconte qu'une personne travaillant pour cette salope de Mary Swain lui a dit que j'avais une liaison.

– Avec une femme ?

– Non, mais peu importe. Il a écrit que j'avais une liaison, Randall ! Lis ça !

Elle lui tend le portable d'un geste brusque. Sa voix est montée de plusieurs octaves et en jetant un coup d'œil au blog, Randall craint une évolution vers l'hystérie. Kendra lui presse le bras en enfonçant ses ongles dans sa peau.

– Le monde entier va penser que c'est moi qui suis une débauchée !

Randall s'assoit sur le lit, passe son bras dans le dos de sa femme et l'attire contre lui. Elle pose sa tête sur son épaule.

– Si tous les politiciens soupçonnés d'avoir une liaison devaient mettre fin à leur carrière, je peux te jurer qu'il n'y aurait plus personne au Congrès. Tu le sais, non ?

Il voit trembler la lèvre inférieure de Kendra et l'entend soupirer, mais les grandes eaux redoutées ne se déclenchent pas.

– Ce n'est qu'un pauvre blogueur débile dont tout le monde se fout. D'ailleurs, il parle davantage de la campagne de Swain.

Dix minutes de paroles réconfortantes et un grand verre de riesling font l'affaire ; Kendra a retrouvé son calme, suffisamment en tout cas pour essayer de dormir. Quant à Randall, il se promet de demander à Maxon pourquoi il n'a pas découvert qui était ce Machiavel du Désert et ne l'a pas encore convaincu de laisser tomber. Au moins, Nadine ne l'a pas contacté, sinon ils le sauraient. Une nouvelle journée de passée et elle n'a toujours pas refait surface. C'est bon signe.

http://www.desert-machiavel.com
1/11 - 23:52

Alors comme ça, Randall Duke a joué les maîtres de cérémonie du Purity Ball ce soir? Quelle ironie! Ce baiseur en série, ce queutard homérique, ce politicien priapique a eu le culot de se présenter devant une salle remplie d'adolescentes pour leur dire de ne pas avoir de relations sexuelles avant le mariage? Le Machiavel aimerait savoir où il trouve ces gonades. Au Dépôt des Politiciens à la Langue Fourchue? Le Machiavel avait un espion sur place. Un partisan de l'Hôtesse de l'air? Je vous laisse juges, mes amis. Et il a vu un grand nombre de culs-bénits qui avaient pris sur leur temps d'adultère pour accompagner leurs précieuses vestales adolescentes à ce simulacre. Randall croit-il que ces gens vont oublier le penchant de sa femme pour les homos et voter pour lui? Apparemment, c'est exactement ce qui se passe. Car Randall a compris une chose essentielle au sujet de la vie politique actuelle: agitez Jésus devant certains individus et leurs cerveaux se transforment en bouillie. Le Machiavel a entendu dire qu'il y avait énormément d'amour pour Randall dans cette salle. Ces pères (ce sont eux qui comptent, étant donné que les vierges ne votent pas) sont le genre de types que Mary Swain aimerait avoir dans son camp, mais Randall s'est emparé du concept de pureté en premier. Si j'étais elle, je virerais mon directeur de campagne sur-le-champ, à coups de pied dans le cul.

D'un autre côté, tout n'est peut-être pas rose à Dukeville. Parfois, les meilleures nouvelles arrivent en fin de semaine, et par «meilleures» j'entends les plus salaces, les plus gênantes ou les plus destructrices. Attention, il ne s'agit que d'un tuyau, et j'ignore s'il est fiable. Disons que si j'étais le *New York Times*, je ne le publierais pas. Mais comme je suis un blogueur sans déontologie, je peux le rapporter comme une rumeur et à vous d'en faire ce que vous voulez. Quelqu'un m'a murmuré à l'oreille qu'il pourrait, tout réside dans le «pourrait», y avoir des irrégularités financières dans la campagne de Duke. Des irrégularités dans le sens de combines, et combines dans le sens d'illégal. Mais je le répète: c'est une rumeur. Je ne fais que rapporter ce que disent des gens. Les cyniques – vous vous reconnaîtrez – penseront sans doute que ces fuites malveillantes proviennent de l'équipe de campagne de l'Hôtesse de l'air. Mais ils auraient tort. Disons simplement que ma source est fiable et qu'il pourrait y avoir un audit. L'Hôtesse, elle, n'aura jamais ce problème car son mari peut payer toutes les factures et elle n'est pas obligée de se salir les mains avec cette dégradante activité qui consiste à collecter des fonds. Elle remue son cul gratuitement.

Vendredi 2 novembre

22

Avec des lunettes noires griffées *made in China* et une Camel aux lèvres, dans sa meilleure imitation de Johnny Depp, Odin roule vers Cathedral City au volant de son Impala bleue de 98, couverte de poussière. Le type assis sur le siège du passager, House Cat, de dix ans son aîné, exsude la virilité caractéristique des homos à tendances violentes, où que ce soit: jean bien coupé et T-shirt blanc sur un torse bodybuildé. House Cat passe sa main dans ses cheveux poivre et sel coupés en brosse; il a une bague à chaque doigt, corail à l'index, améthyste au majeur, turquoise à l'annulaire, onyx à l'auriculaire, et un bracelet en turquoise orne son poignet droit. Il feuillette un magazine de décoration intitulé *Intérieurs de Californie*. Ce n'est pas le genre de chose qu'il aurait lu à Calipatria où il purgeait une peine de trois à cinq ans pour cambriolage quand Odin avait fait sa connaissance. Il avait réussi plus de trente coups dans le désert, jusque dans la banlieue est de Los Angeles, avant de se faire pincer, et il avait acquis son surnom à la sueur de son front. Mais maintenant, il a des vues sur une propriété, une vieille maison dans le style victorien californien, au sud de Barstow, construite au début du siècle dernier. Ça ferait un formidable bed and breakfast. Il se dit qu'il peut changer l'installation électrique, rénover la plomberie, et ouvrir dans un an. House Cat reconverti dans l'industrie hôtelière! Qui a dit qu'on ne pouvait pas recommencer une nouvelle vie?

– Tu n'imagines pas ce que ça coûte un bon canapé.

– Achète un truc pourri au Mexique et fais-le expédier.

– Si tu veux une clientèle de qualité, il faut les meubles qui vont avec.

– Du moment qu'ils raquent, on s'en fout.

– C'est pas juste une question de fric, Odin. Il faut offrir quelque chose de raffiné, avec du goût.

– Mon cul.

– Tu crois que tu iras loin avec ce genre de raisonnement?

– Jusqu'à Vegas avec deux putes et un panier rempli de jetons de poker.

– Et ta jolie petite femme?

– Du moment que je lui offre un joli petit pick-up, pas de problème.

– Ça vous dirait de bosser dans mon bed and breakfast, tous les deux?

Odin ne sait pas si House Cat est sérieux. Ouvrir un bed and breakfast, c'est son rêve à lui, pas le sien. Il ne savait même pas ce qu'était un bed and breakfast avant que House Cat lui en parle. Et franchement, ça fait sacrément homo. Mais il ne veut pas le lui dire. À quoi bon? Odin se considère comme un homme de bon sens et il n'a aucun intérêt à cracher sur le rêve de son collègue. S'il veut claquer son fric de cette façon, Odin n'y voit pas d'inconvénient. Il remarque que House Cat le regarde.

– C'est pas une vie pour moi, dit-il.

– OK. Libre à toi.

Il reporte son attention sur le magazine.

C'est encore un après-midi étouffant et ils ont baissé les vitres car la climatisation de l'Impala est défaillante. Odin roule à cent dix et l'air brûlant qui s'engouffre dans la voiture leur irrite la peau. Il sait que House Cat veut coucher avec lui et ne se laisse pas décourager par ses fréquentes protestations affirmant qu'il est hétéro, il est même un peu flatté. Toutefois, les choses sont bien claires: s'il s'avise de poser simplement la main sur son bras, Odin peut devenir violent. House Cat a déjà fait une tentative, sur le mode de la plaisanterie, après deux ou trois gins à la prunelle, et il a reçu un coup de coude dans la trachée. Odin a eu peur en voyant qu'il avait frappé si violemment cette tantouse, et il s'est demandé pourquoi il avait réagi de manière si excessive. Quand House Cat a pu reprendre son souffle, il lui a conseillé de réfléchir à ce qu'il venait de faire, premièrement parce qu'il était son ami, et deuxièmement parce que ce geste pouvait le réexpédier en taule, les personnes chargées de surveiller les criminels en liberté conditionnelle n'appréciant guère ce genre d'agressions. La réaction circonspecte, pour ne pas dire aimable, de House Cat a failli raviver la colère d'Odin, mais il ne se sentait pas capable de lui infliger d'autres sévices ce jour-là. Il s'aperçoit qu'il peut s'apitoyer sur quelqu'un comme House Cat et ça l'inquiète; il se dit qu'il est peut-être en train de se ramollir. Il doit veiller à ce que ça n'arrive pas. S'il fait preuve de faiblesse, House Cat pourrait se méprendre. Même s'il a largement dépassé la quarantaine, ce n'est pas un minable. En taule, personne ne lui cherchait des noises; il savait se faire respecter.

– Il faut faire laver la voiture, déclare House Cat.

– Qu'est-ce qu'elle a, ma bagnole?

– Elle est sale, Odin. Donc plus facile à identifier. Si elle était propre, elle ressemblerait à n'importe quelle autre voiture.

– Là, elle ressemble à n'importe quelle voiture sale.

House Cat expire par les narines.

– Je dis juste qu'il faut prendre des précautions.

Odin n'aime pas provoquer la frustration de son complice; il se dit qu'il devrait peut-être céder pour le coup du lavage, ça ne mérite pas une dispute.

– OK, on ira dans un car wash. Monte pas sur tes grands chevaux.

Odin veut que ce boulot se passe bien. Ils étouffent tous les trois dans leur petite maison et il a promis à Princess une baraque plus grande, une baraque qu'il ne peut pas se payer avec un salaire de mécanicien. Il a besoin de réussir un joli coup et le fric qu'il va se partager avec House Cat représente le plus gros salaire qu'il ait jamais touché, un vrai jackpot. Il aimerait souscrire une assurance maladie pour sa famille. En prison, il est devenu agoraphobe et les médicaments qu'il prend pour se soigner lui coûtent presque deux cents dollars par mois.

Odin travaillait sur le moteur d'une Le Sabre de 94, chez Papi, une casse automobile de Fontana, quand le patron lui avait annoncé qu'on le demandait au téléphone. Il n'avait pas revu House Cat depuis un an, et celui-ci ne lui avait pas beaucoup manqué. Les termes de sa liberté conditionnelle lui interdisaient de fréquenter d'anciens détenus, mais la curiosité, alliée aux préoccupations financières, lui fit accepter de le retrouver au Chavela's, un bar de San Bernardino. Faire tout ce trajet ne l'enthousiasmait pas, mais quand House Cat lui apprit qu'il venait de Barstow, tout là-haut dans le nord – façon de parler –, il se laissa convaincre. Comme Princess travaillait de nuit au centre de tri FedEx, il se rendit au rendez-vous avec son fils, après l'avoir bourré d'antihistaminiques pour éviter qu'il fasse des siennes.

De la musique country dans le juke-box, deux poivrots au comptoir, une bande de bikers dans le coin et une serveuse qui ressemblait à Clint Eastwood. Le gamin ronfla dans un box à côté de son père pendant que celui-ci écoutait parler House Cat qui buvait une téquila sunrise. Quelqu'un cherchait quelqu'un pour effectuer un boulot, et House Cat pensait que deux personnes seraient plus efficaces qu'une seule, est-ce qu'il était partant? Odin but une gorgée de bière au goulot et hocha la tête. Même pas besoin de réfléchir. Il venait d'être rendu à la vie civile quand il s'était fait arrêter pour conduite en état d'ivresse. Il s'en serait tiré avec une nuit au poste et une amende, s'il ne s'était emparé de l'arme de service du policier. Le juge l'avait condamné à trois ans de prison, sans aucune clémence envers un vétéran. Odin avait purgé presque dix-huit mois avant d'être libéré pour bonne conduite. Sorti depuis six mois maintenant, il travaillait à temps partiel sur des cadavres de voitures pour des clopinettes, cherchait à passer dans la tranche d'impôts supérieure, et écoutait House Cat lui expliquer que quelqu'un avait besoin de prendre de courtes vacances.

Pas facile de réussir dans la vie avec un casier judiciaire qui vous suit comme une gueule de bois. La nuit, dans son sommeil, il entend des portes claquer, et l'unique boulot qu'il a trouvé, c'est dans cette casse où il est le seul à parler anglais et où l'atmosphère empeste la graisse et l'huile. Est-ce que je suis partant? Bon Dieu, oui, je suis une machine à tuer affûtée et cruelle, formée par le gouvernement, je suis ton putain de pognon de contribuable en action, dit-il à House Cat, tout en redressant le biberon de Chance King dans sa bouche. Quelle quantité d'antihistaminique peut-on mettre dans le lait d'un gamin? Avait-il eu la main lourde? Comment savoir? Les gosses, c'était comme les maths pour Odin: un truc qu'il ne comprenait pas. Mais il aimait son fils. Il se serait volontiers passé des pleurs – ce que ça pouvait être énervant! Et il voulait assurer, comme un homme. Odin commanda une autre bière et voulut savoir quand cette occasion allait se présenter. Tout ça, c'était hier.

Les cinq mille dollars qu'il a reçus en avance sont planqués chez lui, il touchera les cinq mille suivants une fois le travail effectué. Trop facile. Pourvu que House Cat ne pose pas sa main sur son genou. Il risque de le tuer et personne ne le paiera pour ça.

Odin se penche pour sortir de sous son siège un pistolet de l'armée calibre .38. Il le brandit sous le nez de House Cat.

– Dis bonjour à Beau Gosse.

House Cat n'est pas content que son associé ait apporté une arme car rien ne dit qu'il ne s'en servira pas.

– Tu as donné un nom à ton flingue ?

– Un modèle spécial marines volé dans un dépôt de munitions. Je l'ai acheté à un type à Hemet.

– Si tu rangeais ce Beau Gosse ?

– Tu seras bien content de l'avoir, répondit Odin en fourrant le pistolet sous son siège.

Les temps sont durs dernièrement et Princess est sur le point de foutre le camp, mais il sait que le fric que va lui rapporter ce boulot la persuadera de lui donner une nouvelle chance. Il peut encore sauver sa famille. Odin n'a pas été aussi motivé depuis qu'il traquait les djihadistes dans les montagnes brûlées d'Asie centrale. Et qui sait ? Si ce boulot se passe bien, si House Cat et lui forment une bonne équipe, ce n'est peut-être qu'un début. Il accélère, il pousse l'Impala jusqu'à cent vingt, puis cent trente. Son avenir lui plaît.

23

Vonda Jean est en train de donner un cours de jiu-jitsu quand Hard rentre de son travail un peu après dix-neuf heures. Il sait qu'elle ne sera pas de retour à la maison avant plusieurs heures, alors il verse le contenu d'une boîte de chili con carne dans un bol et le met au micro-ondes. Pendant que le plat chauffe, il va chercher une bière dans le frigo, puis il mange son chili et boit sa bière debout devant le comptoir de la cuisine. Cela fait deux jours que Vonda Jean a menacé de balancer Fléau sur le bord de la route, et Hard sait qu'elle n'a pas une patience illimitée. Il finit de dîner, dépose la vaisselle dans l'évier et se rend dans le garage. Il soulève le couvercle du congélateur et contemple son ami. Les replis de sa truffe noire sont raides et une pellicule de givre s'est formée sur ses paupières. Dans cet état, Fléau lui rappelle un des poèmes sur le Yukon qu'il aime tant. Il aurait préféré que son chien meure en combattant une meute de loups plutôt qu'entre les mains détraquées d'une technicienne de bronzage déséquilibrée.

Il prend une couverture de camping rouge sur une étagère et l'étend sur le sol du garage. Il attrape Fléau par les pattes avant pour le sortir du congélateur et le laisse tomber sur la couverture. Le chien heurte le sol avec une telle force que Hard craint de le voir se briser en deux, mais Fléau conserve son intégrité physique. Même s'il refuse de l'avouer devant Vonda Jean, Hard se réjouit qu'elle se soit opposée à l'idée de l'empaillage. Privé de l'esprit qui l'animait, Fléau ne ressemble plus qu'à un animal mort sur la route. Il s'en veut d'avoir cédé au sentimentalisme. Il replie la couverture sur son compagnon défunt et le soulève, en ahanant, pour aller le déposer sur le plateau de son pick-up, à côté d'un bidon contenant cinq litres d'essence.

De retour dans la maison, il va chercher une bouteille de bourbon pleine et un recueil de Robert Service. Il lance les deux sur le siège arrière et il prend la direction de Twentynine Palms, puis il bifurque vers le sud dans Gold Park Road et s'enfonce dans la nuit du désert. Il allume la radio pour écouter de la musique, mais très vite, il s'aperçoit que cela ne cadre pas avec la triste nature de sa mission, alors il éteint la radio et poursuit son trajet dans un silence respectueux.

Il réfléchit au concept d'enterrement tandis que le pick-up glisse dans la nuit étoilée. Il a effectué des recherches sur Internet et appris deux ou trois choses sur la manière dont on traite les morts selon les cultures. Il connaît l'existence des enterrements célestes chez les Tibétains : le corps est déposé sur un rocher, dans la chaîne de l'Himalaya, et les oiseaux se nourrissent de la dépouille jusqu'à ce qu'il ne reste que les os blanchis. Il sait que chez les Vikings on plaçait le corps dans un bateau, auquel on mettait le feu, avant de l'envoyer en pleine mer. Il a lu que les Égyptiens ensevelissaient leurs pharaons dans d'immenses pyramides, avec de l'or et des bijoux, et parfois même des esclaves vivants, pour les accompagner dans l'au-delà. Fléau mériterait de belles funérailles et Hard regrette de ne pas pouvoir les lui offrir. Il avait envisagé, un court instant, d'utiliser la technique des Vikings sur la Salton Sea, mais il serait difficile de se procurer un petit bateau en si peu de temps dans le désert, et si jamais quelqu'un le surprenait, il aurait du mal à expliquer ce que faisait le chef de la police de Desert Hot Springs avec un rottweiller à moitié congelé et un canot en flammes.

Au bout de vingt minutes, Hard atteint la fin de la route et se range sur le côté. Il fourre une lampe électrique, le recueil de poèmes et la bouteille de bourbon dans un sac à dos et descend de son pick-up. Il fixe le bidon d'essence sur le sac. Il contemple les montagnes au loin, leur silhouette massive qui se dresse dans le désert. Il remplit ses poumons d'air frais et repère un rocher au sommet d'une montagne. Ce sera son point de référence. Puis il hisse le corps du chien sur ses épaules et, courbé sous la charge, il part dans la nuit.

Hard avait aussi fait quelques recherches sur les cimetières pour animaux et il leur avait trouvé quelque chose d'efféminé, d'un peu nunuche. Fléau était un chien viril, puissant, et Hard ne veut pas qu'il passe l'éternité au Paradis des toutous à leur mémère, à côté de Frisettes le labradoodle. Où était la dignité dans tout ça ?

Un pâle croissant de lune flotte au-dessus du paysage rocailleux du Mojave. Les genévriers et les prosopis dessinent des ombres dans la plaine. Hard continue d'avancer, péniblement, en trébuchant parfois, mais il reste debout. Il est déjà à plusieurs kilomètres de tout être humain, mais il ne veut pas accomplir sa tâche près de la route. Il a calculé qu'il pouvait parcourir presque un kilomètre et demi en une vingtaine de minutes sur ce terrain, malgré son fardeau. Après cinq minutes, il commence à transpirer. Le corps de Fléau n'est pas seulement lourd, il est encombrant et Hard doit constamment le replacer sur ses épaules. Il halète sous l'effort. Ce serait une épreuve pénible même pour un homme jeune et Hard n'est pas un perdreau de l'année. Il repense à son séjour dans l'armée, les marches sous un soleil de plomb, avec sur le dos un sac aussi lourd que celui qu'il porte ce soir. Il se réjouit de ne pas s'être évanoui. Il imagine le titre en une des journaux : *Un officier de police perd connaissance en enterrant son chien.* Est-il devenu fou pour faire un truc pareil ? Une vive douleur dans les reins l'arrache au spectacle de son humiliation potentielle. Il ajuste la charge une fois encore. Il ne veut pas risquer une déchirure. Dix minutes plus tard, son T-shirt est trempé de sueur. Il sent son cœur cogner contre sa poitrine. Il commence à craindre que Fléau décongèle avant qu'il arrive à destination. Il redoute l'odeur. La brise sur son visage lui rappelle que la nuit est fraîche. Il aimerait lever la tête pour regarder les étoiles, mais le poids de son fardeau l'oblige à avancer en courbant l'échine. Peut-être que le Grand Chien est visible ce soir; c'est sa constellation préférée. Admirer Sirius, l'« étoile chien », l'étoile la plus éclatante, hommage stellaire rendu à Fléau.

Des filets de sueur coulent sur son crâne rasé et son visage. Il consulte sa montre. Encore cinq minutes de marche. Hard s'est juré de parcourir un kilomètre et demi, et pas question de faire moins. Il ignore peut-être les serments de mariage, et même les lois, mais quand il se dit qu'il va faire quelque chose, il le fait.

En marchant sur une pierre, il perd l'équilibre mais parvient à se rétablir en exécutant une sorte de petite danse, avant de se redresser en poussant un grognement. Il retrouve son point de repère en haut de la montagne et reprend sa route. Il s'enfonce au milieu des buissons de créosotier brûlés et le vent du soir sèche la transpiration sur son visage. Cinq minutes plus tard, Hard expire bruyamment, pose un genou à terre et, telle Marie dans une *pietà*, dépose Fléau sur le sol. Il reprend son souffle. Il lève les yeux vers le ciel, les étoiles. Il aperçoit la Grande Ourse. Il se réjouit qu'il y ait un animal là-haut; il aime cette symétrie, le lien entre les étoiles et la terre, il se sent moins seul. Il songe qu'il a de la chance d'être né avec le sens de l'orientation car sans cela, il risquerait de s'égarer dans le Néant.

Un petit remontant s'impose. Pour consacrer l'instant. Il sort la bouteille de bourbon du sac à dos et dévisse le bouchon. Il porte le goulot à ses lèvres, renverse la tête en arrière et boit. Il savoure la sensation de brûlure dans sa gorge. Il a la tête qui tourne après la troisième gorgée. Il s'aperçoit qu'il ferait bien de se mettre au travail.

Il pose la bouteille par terre, délicatement, en l'enfonçant un peu dans la terre pour éviter qu'elle se renverse, et il détache le bidon d'essence accroché au sac. Pendant un instant, il contemple Fléau en repensant à toutes les joies qu'il a partagées avec ce chien. Partagées n'est pas le terme exact car il ignore si Fléau éprouvait de la joie, même s'il remuait la queue quand ils étaient tous les deux. Ce qui lui manquera le plus, c'est ce qu'il ressentait quand ils se promenaient ensemble dans le désert, ou dans les montagnes, sous le ciel immense, l'homme et la bête dans un monde primitif. Rien que tous les deux, sans personne d'autre; c'était d'une magnifique simplicité. C'était plus facile que d'être avec Nadine, devenue une saloperie de missile incontrôlable. Et beaucoup plus agréable que d'être avec Vonda Jean. Bref, Hard préférait Fléau aux humains, tout simplement, et le voilà privé du plaisir de sa compagnie jusqu'à la fin des temps. Il serait capable de tuer Nadine pour ce qu'elle a fait. Nadine. Nom de Dieu, pourquoi lui avait-il parlé ce soir-là au centre commercial? Pourquoi n'avait-il pas passé son chemin, au lieu de sauter à pieds joints dans le piège? Cette femme lui plante une *fourchette* dans le cou, avec une force redoutable – il se serait vidé de son sang si elle avait atteint la carotide –, puis elle empoisonne la seule créature vivante avec laquelle il s'entendait bien.

Ses genoux broient le sable, dans une posture de suppliant. S'il est ici, c'est à cause de Nadine. S'il ne la tue pas, il peut au moins instiller en elle la peur de Dieu, lui faire croire qu'elle a une cible peinte dans le dos, lui transmettre un peu de ce malaise spirituel aigu qu'il ressent, cette impression qu'il se passe une chose terrible que nul ne peut empêcher.

Il boit une autre gorgée de bourbon. Il prend son portable et compose le numéro. Une sonnerie, deux, trois, quatre… et cette voix qui lui donne envie de l'étrangler et qui lui demande de laisser un message.

– Nadine, espèce de salope. Je sais ce que tu as fait à Fléau et je veux que tu saches que tu vas passer le restant de ta vie à regarder par-dessus ta jolie épaule.

Ça fait du bien. Enhardi et exalté par l'alcool, il se sent regonflé après avoir formulé cette menace. Il referme son téléphone. Voilà qui devrait au moins l'inquiéter. Elle ne peut pas le dénoncer, étant donné qu'elle a assassiné son chien. Qu'elle essaye un peu d'expliquer la situation. Sa fureur est une force stimulante qui court dans tout son corps et fait hurler ses cellules d'un chagrin muet. Hard revit quand il déteste quelque chose. Dans l'immédiat, c'est Nadine, et ce qu'elle lui inspire est littéralement vivifiant. Hélas la colère reflue lentement, comme une vague qui repart vers le large, et il se retrouve avec la tristesse de ce chien mort à ses pieds. Il s'aperçoit que, même s'il en a très envie, il ne peut pas passer la nuit dans le désert. Il a du travail demain matin, des responsabilités.

Hard asperge Fléau d'essence, il imbibe le pelage de la tête à la queue. Il est ivre, mais pas au point d'oublier d'éloigner ensuite le bidon. Ce serait gênant. « Hé, comment tu t'es fait exploser la gueule, Hard ? En foutant le feu à ton clébard ? » Il revient vers l'animal et met un genou à terre. Un instant, il envisage de prier – Seigneur, veille sur l'âme de ce chien –, mais il n'est pas très croyant, et comme c'est une réaction avant tout instinctive, elle s'envole rapidement.

Il sort de sa poche une boîte d'allumettes, en gratte une et la laisse tomber sur le flanc de la bête. Les flammes l'enveloppent en une poignée de secondes, l'odeur âcre du poil brûlé envahit l'atmosphère.

Il va chercher dans le sac à dos le livre de poche de Robert Service et la lampe électrique. Le visage éclairé par le chien en feu, il ouvre le recueil. Il se débat avec la torche, mais parvient à la braquer sur la page choisie. Puis il commence à lire le poème intitulé *Mon Chien.* D'une voix vibrante qui porte dans la plaine aride, jusqu'aux montagnes obscures, il entonne :

Mon chien est mort. Me voilà sans compagnon
Mais je n'en aurai pas un nouveau
Car en me témoignant son adoration
Il était plus proche qu'un frère jumeau…

Loin de toute pensée intéressée,
Exempt du désir bestial
Je ne connais pas d'amour aussi entier
que la dévotion de cet animal…

Quand il arrive à la fin du poème, Hard pleure des larmes de désespoir. Il n'est pas du genre à exprimer ses émotions en public, sauf la colère, et s'il est capable d'éprouver une profonde tristesse, jamais il ne l'affichera devant des témoins. Mais là, seul dans le désert et la nuit noire éternelle, il laisse la mélancolie le submerger, et tandis que les flammes consument son ami et compère, il est secoué de sanglots convulsifs. Il pleure sa jeunesse perdue et ses fils devenus grands, son mariage mort. Il se sent faible, pathétique même, mais le bourbon a rempli son office, alors il s'en fiche et il se lâche ; il lève les bras au ciel et pousse un rugissement, rauque et sonore, et soudain, la fatigue s'abat sur lui, il se laisse tomber à côté du bûcher, il porte la bouteille de bourbon à ses lèvres et boit goulûment, il sent la foudre descendre dans sa gorge, jusqu'à son cœur qui palpite d'une tristesse effrénée.

24

La pièce blanche forme une tache éclatante dans l'obscurité profonde de la nuit. Assis sur le lit, la tête penchée sur le côté, Diablo regarde Nadine fourrer ses affaires dans deux grands sacs de toile. Elle porte une robe de tennis blanche moulante qu'elle a choisie dans l'espoir qu'elle lui remonterait le moral: ce n'est jamais amusant de déménager, surtout quand vous déménagez parce que vos plans ont échoué. Nadine veut retourner dans le monde du tennis, elle veut croire que sa vie peut s'améliorer, c'est pourquoi, deux minutes après avoir commencé à faire ses bagages, elle s'est surprise à aller chercher cette robe dans le tiroir, et au lieu de la mettre dans un des sacs, elle l'a enfilée. Après s'être glissée dans ce fourreau moulant, elle a attaché ses cheveux en queue-de-cheval, avec un chouchou. Ses raquettes sont alignées contre le mur. Elle les prendra en dernier et les déposera sur le siège avant à côté d'elle, comme des talismans destinés à lui porter chance pour sa nouvelle vie.

Toutes les fenêtres sont ouvertes, mais la maison conserve encore la chaleur de la journée. Nadine rêve de nuits plus fraîches. Le mot de remerciement adressé au type de la banque qui lui a permis d'occuper cette propriété saisie est posé sur le bureau. Elle trouvera son adresse une fois installée à Seattle et l'expédiera de là-bas. Dès son arrivée, elle cherchera une place de professeur de tennis. Dans un country club ou un centre municipal, elle s'en fiche. Pour le moment, elle ne veut pas songer aux difficultés qui l'attendent, Seattle n'étant pas une capitale du tennis, loin de là. Ce qui l'attire, c'est le froid, la pluie et l'océan immense. Elle veut apprendre à naviguer. Il faudra qu'elle trouve un homme qui possède un bateau, mais cela ne devrait pas poser de problème si elle passe une annonce sur un site de rencontres. Les images du nord-ouest qu'elle a vues sur Internet l'ont fascinée par leur beauté mélancolique. Le climat cafardeux et les collines boisées en font l'anti-désert, et pour Nadine qui cherche à oublier autant que possible ces deux dernières années, c'est un attrait majeur. Elle a l'intention de rouler jusqu'à San Francisco, d'y passer la nuit et de repartir directement pour Seattle le lendemain matin. Elle a repéré l'itinéraire sur une carte et évalué la durée du trajet à une vingtaine d'heures. Voyager seule ne lui plaît pas trop, mais Diablo lui tiendra compagnie.

Elle ferme le sac et se tourne vers l'ordinateur portable posé sur le bureau, face à un mur délavé par le soleil. Cette maison lui a fait l'effet d'un four à micro-ondes durant les six mois où elle y a vécu et elle sera bien contente de ne plus la voir. Elle s'assoit sur la chaise de bureau branlante et allume l'ordinateur. Pendant qu'il démarre, elle réfléchit à ses différentes options. Option numéro un : transmettre à plusieurs médias les mails que lui a écrits Hard. Option numéro deux : envoyer un message avec une photo du tatouage Hello Kitty, en encourageant les journalistes et les blogueurs à interroger Kendra sur son tatouage identique.

Elle essaye de se souvenir si Hard et Kendra se connaissent. Impossible de se rappeler. Mais ils ne doivent pas beaucoup s'aimer, et ce serait amusant de les voir empêtrés dans cette histoire.

Les yeux fixés sur l'écran de son ordinateur, elle crée un fichier bourré d'éléments compromettants, de quoi donner des palpitations à un rédacteur en chef de tabloïd. Si ce n'est pas suffisant pour détruire des vies, il y a quand même de quoi nuire à certaines carrières. Elle est bien décidée à enterrer Hard Marvin en même temps que l'avenir politique qu'il s'est imaginé dans sa grosse tête luisante.

Mais quels éléments a-t-elle contre Kendra? Quand elle se pose cette question et réfléchit à la réponse, voici ce qui en ressort: rien, en réalité. Une liaison qui ne marche pas, ce n'est pas un scoop, et ce n'est pas comme si elle avait été folle d'amour. Elles avaient été sexuellement attirées, elles étaient passées à l'acte, et ça s'était terminé, comme d'innombrables relations en Amérique qui naissent et meurent simultanément en cette époque de sexe facile, qui arrive sans prévenir, reste pour la nuit, puis s'en va, sans conséquences. Combien de ces personnes envisagent-elles de fournir aux médias des informations sur leurs ex-amants ou ex-maîtresses? Pas beaucoup, devine-t-elle.

D'ailleurs, pourquoi songe-t-elle à compromettre Kendra? Elle n'avait pas l'intention de la menacer avant qu'elles se retrouvent assises face à face au Melvyn's. Cela ne faisait pas du tout partie de son plan. L'idée était née de la réaction virulente de Kendra devant sa tentative de l'entraîner dans son projet. Cette femme ne lui a rien fait, et le représentant Randall Duke existe à peine à ses yeux. Mais les combines d'un chef de la police brutal qui viole son serment de mariage, voilà qui peut intéresser les médias. Il participe à une campagne électorale et dénoncer ses manigances lui semble justifié sur un plan moral. Nul doute que Hard mérite le soufflé de honte qu'il va devoir avaler. Mais pas Kendra. L'ambivalence de ses sentiments lui apparaît plus nettement désormais. Sa haine envers Hard, compliquée par l'attirance sexuelle qu'elle continue à ressentir pour lui, a détruit des inhibiteurs censés contrôler les comportements extrêmes. Nadine est sur le point de frapper indifféremment tous ceux qui se trouvent à sa portée, en violation d'un des rares principes auxquels elle est attachée. Elle sait qu'elle n'est pas une personne particulièrement bonne. Néanmoins, elle ne pense pas non plus être une créature malfaisante capable de détruire quelqu'un par pure méchanceté. Hard l'a bien cherché, il récoltera ce qu'il a semé. Mais Kendra sera épargnée.

Elle pense à Hard: les rendez-vous galants, les leçons de tir dans le désert, les promesses…

Baby, je vais être un cauchemar pour toi, promet-elle en tapant une adresse mail. Elle fait glisser le curseur vers le dossier Hard Marvin pour le joindre à son envoi. Son doigt hésite au-dessus de la touche «Enter». Des images de la matinée passée avec Hard dans le désert lui reviennent, le contact du pistolet dans sa main, Hard qui s'appuie contre elle, le soleil qui leur brûle la peau. Le souvenir du recul du Glock est interrompu par un petit coup de sonnette.

C'est la porte.

Arrachée à son rêve éveillé, Nadine a quand même la présence d'esprit d'espérer que ce n'est pas quelqu'un de la banque. Elle envisage de ne pas aller ouvrir, mais elle sait que les lumières ont trahi sa présence. Elle jette un bref regard dans le miroir. La robe de tennis qu'elle n'a pas portée depuis des mois lui fait un gros cul, alors elle enfile un jean dessous. En ouvrant la porte, Nadine découvre un jeune homme qui tient une pizza et un bon de commande.

– La peperoni, c'est pour vous?

Diablo est à ses pieds; des aboiements furieux sortent de sa petite gorge.

– Je n'ai pas commandé de pizza.

Elle fait taire le chien et sourit, comme pour s'excuser. La pizza sent bon.

Le jeune homme regarde son bon de commande, puis Nadine.

– C'est bien votre adresse, non ?

Il montre le bon à Nadine, qui repousse le chihuahua avec son pied pendant qu'elle l'examine.

– Oui, mais je n'ai rien commandé.

– Vous êtes sûre ?

– Je m'en souviendrais. Je n'ai pas commandé de pizza peperoni.

Elle secoue la tête, mais son mouvement est interrompu par une main qui se plaque sur sa bouche et un choc métallique contre ses dents, sans doute des bagues. Comment a-t-il fait pour se faufiler dans son dos ? Il la tire en arrière brutalement, en lui tordant le cou, elle pense aussitôt à Hard. L'espace d'un instant, elle éprouve une joie perverse : il s'intéresse à elle ! Puis elle se souvient que Hard ne porte pas de bague. L'homme l'entraîne à l'intérieur de la maison. Le type à la pizza les suit et claque la porte derrière eux. L'adrénaline bouillonne et un puissant instinct de survie entre en action. Tel un alligator qui se tortille, Nadine enfonce son coude dans le ventre de son agresseur invisible et mord la main plaquée sur sa bouche. Le type à la pizza lui donne un coup de poing dans l'estomac qui lui coupe le souffle, pendant que le type aux bagues émet un grognement et la jette à terre. Elle lui décoche un coup de pied, dans le genou. Il pousse un cri de douleur intense. Et un juron lorsque Diablo referme sa mâchoire sur un morceau de peau dénudée. Le chien glapit quand il reçoit un coup de pied et Nadine l'entend gémir, comme dans une autre dimension. Incapable de respirer, elle tente de griffer ses agresseurs. Elle se retrouve plaquée au sol, sur le ventre, paniquée. Elle entraperçoit l'homme aux bagues. Environ quarante ou cinquante ans, des cheveux grisonnants et courts, et un regard enflammé. En appui sur les paumes, elle se redresse, mais une main lui fauche le poignet et elle retombe lourdement, écrasée par le poids de l'homme sur son dos. Son visage s'enfonce dans la moquette. Elle étouffe. Un genou lui broie la colonne vertébrale. Les deux types sont sur elle maintenant et une terrible douleur lui vrille les épaules lorsqu'on lui tord les mains dans le dos. Elle est bâillonnée par un morceau de ruban adhésif, le goût de son sang dans la bouche. On lui ligote les poignets, puis les jambes. Un autre bout de ruban adhésif met fin à la contribution de Diablo au vacarme. La joue appuyée contre la moquette à poils longs, Nadine voit le faux livreur de pizza balancer le chien apoplectique dans un tiroir, qu'il ferme avec son pied. Une taie d'oreiller glisse sur son visage et le décor disparaît. Au prix d'un effort surhumain, elle parvient à avaler un peu d'air. Elle se débat jusqu'à ce qu'un objet contondant s'abatte sur son crâne. Elle cesse de bouger. Le cœur battant à tout rompre, elle entend le craquement du ruban adhésif que l'on dévide et elle sent qu'on l'enroule autour de son cou pour fermer la taie d'oreiller. Pendant un instant, elle croit qu'elle va mourir étouffée, mais elle s'aperçoit avec soulagement qu'elle peut encore respirer.

25

House Cat n'a aucune expérience de kidnappeur, mais dans la nouvelle économie, il faut savoir s'adapter. Vous prenez le boulot où il y en a et vous pointez sans vous poser de questions. Quand il a reçu ce coup de fil, il a contacté Odin parce qu'il savait que c'était un tueur, formé par le gouvernement américain. House Cat avait fait de la taule pour cambriolage, mais il n'avait jamais enlevé d'être humain. Et il n'en avait pas envie. Non pas qu'il ait des scrupules, uniquement la trouille.

Le plan : enfermer la cible dans le coffre, la conduire chez Odin, planquer la cible, les yeux bandés, dans le camping-car abandonné au fond du jardin jusqu'au milieu de la semaine suivante. Lui donner à manger. À boire. Et la laisser filer.

Capturer et relâcher.

Toutes les lumières sont éteintes, la maison est plongée dans l'obscurité. Debout devant la fenêtre, House Cat observe la rue. Odin s'est assis sur le canapé, avec un paquet de chips. Nadine gît sur le sol, les mains et les pieds attachés, un oreiller sur la tête, bâillonnée par un épais ruban adhésif. Les aboiements étouffés de Diablo s'échappent par intermittence du tiroir dans lequel on l'a enfermé. House Cat se dit qu'il va lui laisser la vie sauve. Il ne veut pas l'abattre, et lui briser le cou semble trop risqué : ce petit roquet est limite sauvage. Dans la lueur des lampadaires, les maisons voisines semblent un décor de théâtre avec leurs pelouses désertes et leurs fenêtres noires. Les petites constructions d'un étage en stuc couleur ocre sont bien entretenues dans ce quartier habité par les classes moyennes. Seul détail notable: l'absence de véhicules dans les environs immédiats. Plusieurs de ces maisons ont été saisies, elles sont donc inoccupées. Les deux hommes attendent depuis presque une heure. Ils veulent s'assurer que tout le monde dort avant de déplacer Nadine.

House Cat se rend dans la chambre pour prendre un couvre-lit tout fin. De retour dans le salon, il l'étend par terre à côté de la prisonnière. Odin pose son paquet de chips et attrape Nadine par les chevilles. House Cat la soulève par les épaules et ils l'enroulent rapidement dans le couvre-lit. Après quoi, House Cat déchire deux grands morceaux de ruban adhésif, d'environ un mètre. Il en tend un à son complice qui s'en sert pour fixer le couvre-lit autour des chevilles de Nadine. House Cat fait de même au niveau de la tête. Le paquet étant prêt, House Cat jette un dernier coup d'œil par la fenêtre. Personne dans la rue. Il prend un bout du couvre-lit et fait signe à Odin de prendre l'autre. Nadine gesticule, mais Odin lui assène un coup de poing sur la tête. Un grognement traverse l'épaisseur du tissu et elle s'affaisse.

Quand ils sortent de la maison, ils sont assaillis par la fraîcheur de l'air. Ils déposent leur fardeau dans l'allée, près de la voiture. Odin ouvre la malle arrière et quand ils se baissent pour reprendre Nadine, elle se remet à gesticuler, mais ils la maîtrisent aussitôt et la déposent dans le coffre. House Cat le referme brutalement. Il jette des regards d'un bout à l'autre de la rue. Pas âme qui vive.

Odin s'installe au volant et ils prennent la direction de la Route 62, au nord. Il regarde droit devant lui. House Cat se demande s'il est nerveux. Personnellement, il se sent étrangement calme; tout s'est passé comme sur des roulettes après la lutte initiale. La voie express Sonny Bono est derrière eux et le désert s'étend de part et d'autre. À l'ouest se dresse une forêt d'éoliennes géantes dont les pales tournoient comme des folles au clair de lune. Ils montent dans les collines, muets l'un et l'autre. Quelques maisons sont éparpillées à flanc de coteau ; un petit centre commercial se dresse devant eux, avec un restaurant coréen, une église pentecôtiste, un salon de coiffure unisexe et une station-service. Ils passent devant deux lotissements entourés de hauts murs, seuls les toits des maisons dépassent. Un terrain de camping-cars défile derrière les vitres. House Cat pense à l'apport pour le bed and breakfast.

La route qui serpente dans les collines est un doux rêve tranquille. La lumière des phares surélevés d'un camion s'abat soudain sur eux et les faisceaux aveuglants se reflètent dans les rétroviseurs. L'enlèvement s'étant déroulé sans anicroches, House Cat envisage une petite improvisation. Il se tourne vers Odin qui regarde fixement la route, les mains crispées sur le volant. Ce type est l'homme idéal pour ce boulot, son entraînement militaire constitue une excellente préparation à ce genre de mission louche. Il pourrait être disposé à pimenter un peu la partie. Le camion les double dans un souffle, laissant entrevoir sa cargaison de blocs de pierre. Le déplacement d'air fait trembler légèrement l'Impala. En s'enfonçant dans les collines, la route s'incurve vers l'ouest.

– Je pensais à un truc, dit House Cat. Peut-être qu'on pourrait essayer de se rancarder sur cette fille qui est dans le coffre, pour essayer de savoir qui sont ses parents.

– Et après ?

– On leur demande une rançon.

Odin hoche la tête. Ce plan lui semble excellent. Il baisse sa vitre pour laisser entrer un peu d'air dans la voiture.

House Cat scrute l'horizon ; il aperçoit les lumières d'un commerce ouvert la nuit. Sans doute une supérette. Il n'y avait rien à boire chez Nadine et House Cat se dit qu'il prendrait bien un petit rafraîchissement. Autant s'arrêter là. Il risque d'y avoir des hommes du shérif sur la Route 62 et une fois qu'ils seront sur l'autoroute mieux vaut foncer directement à Antelope Valley.

– T'as pas envie d'une bière ?

La voiture fait une violente embardée, l'estomac de House Cat se soulève, en même temps qu'il tourne brusquement la tête pour voir Odin se débattre avec le volant ; il regarde par la vitre, découvre des pierres grosses comme des parpaings disséminées sur la route et ressent alors un choc sourd, écœurant, suivi d'un bruit qui ressemble à un gant de boxe frappant un punching-ball, alors que la voiture dérape et s'immobilise dans une ultime secousse. Crevaison. Merde.

– Les pierres ont dû tomber de ce putain de camion, dit Odin.

– Ouais, répond House Cat, comme si le fait de connaître la cause de leur malchance la rendait plus facile à accepter.

Il demande à Odin s'il a une roue de secours : elle est dans le coffre. Ils descendent tous les deux et se dirigent vers l'arrière de la voiture. De nuit, le calme du désert a quelque chose d'irréel. Sans ces lumières au loin, il serait facile de croire qu'il n'y a personne d'autre sur terre. House Cat inspire à fond, les yeux levés vers le ciel ; il savoure l'immensité, le silence, l'air pur qui emplit ses poumons ; il éprouve une sorte d'extase spirituelle en songeant à un avenir sans limites, aussi n'est-il pas du tout préparé à entendre ce cri guttural lorsque son complice ouvre le coffre. Des grognements de douleur. Et sur sa gauche, Odin qui titube, puis s'écroule. Après un moment de confusion, il a l'impression qu'il vient de se faire tirer dessus quand Nadine enfonce un morceau de métal dans son flanc et que 75000 volts liquéfient sa colonne vertébrale ; la douleur se propage comme un serpentin démoniaque, l'urine coule le long de ses jambes, ses intestins se vident. House Cat a entendu parler de la paralysie neuromusculaire mais vivre cette expérience, c'est très différent. Les poumons déchirés par une douleur atroce, il ne peut plus inspirer ni expirer. Il s'écroule et embrasse le sol ; le choc est un soulagement comparé à ce qu'il vient de subir. Il est couché sur le dos maintenant, la nuque raide, les yeux exorbités, les paumes plaquées sur la chaussée couverte de gravier. Lentement, ses muscles reprennent le contrôle. Il entend les pas chancelants de son complice sur le macadam, et ses jurons. Il roule sur le côté et se remet debout. Il voit Nadine qui s'enfuit, sa robe forme une tache blanche dans la nuit, en direction des lumières au loin ; ses jambes musclées par le tennis la propulsent vers le commerce et ses néons jaunâtres, promesse de sécurité. House Cat comprend très vite qu'ils ne l'ont pas assez bien ligotée, et que s'ils avaient pris la peine de la fouiller, ils auraient découvert le Taser. Il s'en veut d'avoir négligé les mesures de précaution les plus rudimentaires. Pendant ce temps, Nadine file ventre à terre ; sa jolie silhouette rapetisse dans le faisceau des phares. Soudain, Odin récupère son pistolet de l'armée et s'élance à sa poursuite malgré ses jambes tremblantes. House Cat le suit en trottinant car ses muscles ne se sont pas encore totalement remis du choc.

La supérette se dresse au loin telle une station spatiale sur Mars, une construction de plain-pied qui luit dans un vaste paysage nocturne. Nadine se précipite sous une pancarte en plastique fixée à un poteau métallique indiquant *Super 1 Store.* Le souffle coupé, elle ne regarde pas pardessus son épaule. Si elle le faisait, elle verrait Odin gagner du terrain dans la nuit, éclairé en ombre chinoise par les phares, serrant une arme dans sa main droite.

C'est un commerce tout en longueur, avec une armoire réfrigérée remplie de bières et de sodas sur la droite, un comptoir sur la gauche, et deux allées au centre. Les bouteilles d'alcool sont alignées sur le mur derrière le comptoir. Ça sent le désinfectant. L'employé, seul, est un Hispanique d'une quarantaine d'années, assis sur un tabouret haut, trop gros et visiblement fatigué, avec une tache de naissance de la taille d'une pièce de cinq cents sur la joue gauche. Il lève les yeux du magazine porno qu'il est en train de lire et regarde d'un air hébété Nadine, essoufflée, qui sort un portable de sa poche. Mais elle tremble tellement qu'elle le laisse échapper ; il tombe par terre et glisse dans une allée. Alors, d'une voix stridente, elle lui hurle d'appeler la police. Arraché à sa torpeur, l'homme descend du tabouret et s'écrie :

– Qu'est-ce qui se passe ?

– Appelez la police ! Quelqu'un veut me tuer !

Nadine se retourne et verrouille la porte. L'employé sort un portable et compose le numéro de la police au moment où la première balle fait voler la vitre en éclats et atteint la jeune femme sous la clavicule, l'expédiant vers les ténèbres. L'employé se cache derrière le comptoir, tandis qu'Odin glisse la main à travers la vitre brisée, ôte le verrou, pousse la porte et entre, à bout de souffle, enragé. Nadine gît sur le sol, une tache rouge s'étend sur sa robe de tennis, le sang forme une flaque autour d'elle et gargouille dans sa gorge. Odin se détend en découvrant le résultat de son premier tir. Nonchalamment, il s'approche de la jeune femme et lui tire deux balles dans la poitrine. Puis, par automatisme, il cherche les caméras de surveillance. Il en découvre une au-dessus du mur d'alcools, pointée sur la porte. Il sait qu'il devra détruire les images enregistrées, mais autant commencer par faire sauter la caméra. Alors qu'il la vise avec son pistolet, l'employé jaillit tel un diable de sa boîte avec un fusil de chasse à canon scié et *boum*, une détonation assourdissante traverse la boutique. Odin pousse des grognements de douleur quand les plombs lui arrachent des lambeaux de peau sur le bras gauche, dans le cou et sur le côté du visage. La vitrine réfrigérée vole en éclats ; de la bière, du soda et du thé glacé au ginkgo jaillissent des boîtes perforées et inondent le sol. Odin pivote vers la caisse, tout en pressant la détente de son arme, et il abat l'employé de deux balles, une dans la tête, une autre dans le cou ; le sang qui gicle par-derrière baptise en rouge les bouteilles de whisky. L'employé s'écroule comme un sac de linge sale. Odin contemple le corps de Nadine. Sa jambe gauche tressaille une dernière fois, puis elle cesse de bouger.

– C'était pas prévu dans le plan.

Planté sur le seuil, House Cat contemple les dégâts. Sa voix est enrouée par l'angoisse qui irradie dans tout son corps, même s'il s'efforce de garder son calme. Cette course l'a essoufflé. Ses yeux se détachent du corps de Nadine ; il laisse échapper un hoquet de stupeur en voyant Odin et le côté gauche de son visage qui ressemble à un hamburger.

Le sang qui goutte sur le sol carrelé brille dans la lumière des néons. House Cat regarde fixement Odin, sans bouger. Odin regarde fixement House Cat.

– Cette salope m'a foutu un coup de Taser, dit Odin d'une voix étranglée.

Le choc a fait monter son timbre d'une octave.

– Elle avait un flingue en plus ?

– Il y a un macchabée derrière le comptoir, avec un fusil.

House Cat se penche par-dessus le comptoir, en poussant un grognement, et il calcule le nombre d'années de prison qu'un deuxième cadavre pourrait ajouter à une condamnation. Son avenir: un multirécidiviste qui risque la perpétuité. Faux! C'était la peine de mort, cette fois, l'injection mortelle. Une bordée d'insultes jaillit de sa bouche. Odin les reçoit comme une accusation. Il masse son bras sanguinolent et demande:

– Qu'est-ce que tu voulais que je fasse? Cet enfoiré s'est mis à canarder comme s'il était sur la route de Kandahar!

– Nettoie tes blessures, dit House Cat, exaspéré par la situation.

Il prend une bouteille d'eau dans la vitrine réfrigérée, la débouche et la tend à Odin qui penche la tête en arrière et asperge sa peau lacérée.

– Ils ont des pansements ici? demande-t-il.

– Ça servira à rien.

– J'irai pas à l'hosto.

House Cat prend un gros paquet sur une étagère et le lance à Odin, qui le rattrape à deux mains.

– Des couches?

– Mets-en une sur ton visage.

– Tu veux que je me foute une putain de couche sur la gueule?

House Cat songe que si cette simple suggestion pose un problème à Odin, il ferait peut-être bien d'exploser la tête de ce connard et de laisser les flics se démerder. Nadine, l'employé et Odin avec son casier judiciaire, des blessures de chevrotines et une balle dans la tête. Bonne chance pour comprendre ce qui s'était passé. Mais Odin n'insiste pas, il ôte le sang de ses yeux avec sa paume. Et il glisse son arme dans sa ceinture.

– Tu as la moitié du visage arraché. Ça arrêtera le saignement.

Odin réfléchit encore lorsque des phares transpercent la nuit. Les deux hommes se taisent et scrutent la route jusqu'à ce que la voiture passe et disparaisse dans l'obscurité. Odin déchire le paquet de couches, en sort une et, après l'avoir examinée sous tous les angles, il la place sur sa tête. Comme ça il ressemble à un coton-tige ensanglanté, mais le pouvoir absorbant de la couche, douce contre son visage incontinent, arrête l'hémorragie.

Après une brève discussion pour savoir s'ils doivent déplacer ou non le corps de Nadine et le déposer à l'endroit initialement prévu, House Cat enjambe le cadavre de l'employé, en détournant la tête pour ne pas voir son visage sans vie, et ouvre le tiroir-caisse. Il fourre les billets dans sa poche. Ils doivent faire croire à un braquage, explique-t-il à Odin. Celui-ci exige la moitié du fric, tout de suite. Excédé, mais ne voulant pas créer de nouveaux problèmes, House Cat compte les billets, d'un dollar, de cinq, de dix, de vingt, et tend une liasse à son complice à la tête bandée. Odin glisse les billets dans sa poche, passe derrière le comptoir, repère le magnétoscope, appuie sur la touche «Eject» et récupère la cassette. Sur ce, il pointe son arme sur la caméra de surveillance et tire. Tandis que des morceaux de caméra pleuvent sur le sol, il s'empare d'une flasque de Southern Comfort et ils filent par la porte fracassée.

Alors qu'ils se dirigent vers la voiture, House Cat demande à Odin si ça va aller. Celui-ci, la couche imbibée de sang collée sur la tête, buvant le Southern Comfort au goulot, lui dit de fermer sa gueule et de ne pas s'inquiéter. House Cat voit dans cette agressivité un signe positif.

Comme ils sont aveuglés par les phares, il leur faut un moment pour s'apercevoir qu'il y a quelqu'un à côté de leur voiture.

C'est un homme décharné d'une soixantaine d'années. Il porte un jean crasseux et un coupe-vent vert avec les lettres USMC brodées en blanc sur la poitrine, du côté gauche. Une cigarette sans filtre qui semble avoir été mâchonnée dépasse d'une barbe grise de plusieurs jours.

– Crevaison ? demande-t-il.

– Ouais, dit House Cat. On a une roue de secours dans le coffre.

L'homme dévisage Odin.

– C'est une couche que vous avez sur la tête ?

– Un bandage.

Odin est à cran.

– On dirait que vous avez affronté un lynx à mains nues.

– Il s'est coupé en se rasant, répond House Cat.

L'homme hoche la tête, comme si c'était une chose possible, en effet. Odin et House Cat lancent des regards meurtriers à l'intrus pour l'obliger à décamper. Mais il ne comprend pas le message, il reste planté là ; on dirait qu'ils attendent l'ascenseur tous les trois. Odin pose la main sur la crosse de l'arme invisible glissée dans son pantalon. En percevant ce geste, House Cat secoue la tête, de manière presque imperceptible.

– Vous avez besoin d'un coup de main pour la roue ?

Non, non, marmonnent les deux hommes et House Cat plonge la main dans le coffre. Il tire sur quelque chose qui semble coincé. L'homme s'approche, en tournant le dos à Odin. Celui-ci sort son arme et la pointe sur l'arrière du crâne du type. Ce dernier s'est penché au-dessus du coffre pour essayer d'aider House Cat.

– Pas la peine, j'ai dit ! s'écrie House Cat en se retournant avec un cric à la main.

Le type continue à farfouiller dans le coffre. D'un geste violent, House Cat fait signe à Odin de ranger son flingue. Odin le remet dans sa ceinture au moment où le type se redresse avec une lampe électrique. Il l'allume, alors que House Cat tend le cric à Odin. L'homme les éclaire l'un après l'autre : dans la lumière crue, leurs visages ressemblent aux marionnettes d'un spectacle d'épouvante.

– Éteignez cette putain de lampe ! grogne Odin.

House Cat l'arrache des mains de l'homme, l'éteint et la balance dans le coffre.

L'homme demande :

– Je peux la garder ?

– Non, vous pouvez pas, répond Odin.

L'homme hausse les épaules et regarde Odin installer le cric sous la voiture, pendant que House Cat sort la roue de secours de sous une couverture sale. Elle est presque deux fois moins large qu'une roue normale.

– Vous pouvez pas rouler à plus de 60 avec ça.

Ils l'ignorent. L'homme ne s'en va toujours pas, il reste là, à fumer sa cigarette. Odin actionne le cric et la voiture se soulève de quelques centimètres. Il va chercher un démonte-pneu dans le coffre. House Cat espère qu'il ne va pas s'en servir pour fracasser le crâne du type ; il est soulagé de le voir s'agenouiller devant le cric. Odin dévisse les écrous un par un et ôte la roue crevée pour la remplacer par la roue de secours. Tout ça en silence.

– Je viens souvent ici, explique l'homme. Pour repérer des extra-terrestres.

Odin et House Cat se regardent. Le danger éventuel que représentait cette apparition vient de se dissiper.

– Vous me payez un café ?

– Une autre fois peut-être, dit House Cat.

– Si ça se trouve, je serai mort demain.

– Vous pourriez aussi mourir ce soir, réplique Odin en lançant la roue crevée dans le coffre.

Si l'homme se sent offusqué par cette menace à peine voilée, il n'en laisse rien paraître. Odin remarque le sigle sur son coupe-vent.

– Vous étiez dans les marines ?
– Khe Sanh, 1968. J'ai eu la Purple Heart.
– Sans dec' ? fait Odin, impressionné.
– Et vous ?
– Opération Enduring Freedom. Deux séjours chez les barbus.
Cet échange entraîne la discussion dans une direction salutaire. Maintenant, ils sont une bande de frères qui se sont retrouvés sur une route, en plein désert, dans la nuit californienne.
– Ils sont ouverts, on dirait, souligne l'homme en scrutant l'obscurité.
Odin et House Cat suivent son regard tourné vers le Super 1 Store qui brille dans l'immensité du ciel noir.
– C'est fermé, dit House Cat.
– C'est pas fermé, y a de la lumière.
– On en revient.
House Cat regarde Odin, *fais quelque chose.* Celui-ci glisse la main dans sa poche, en sort la liasse de billets, détache vingt dollars et les tend à l'homme.
– Tiens, pour te payer un café, grand-père. Mais pas ici.
L'homme tient le billet à deux mains, l'observe, puis le plie et le range dans la poche de son jean crasseux.
– T'étais vraiment dans les marines ? demande-t-il.
– Ouais, 2e bataillon du 14e régiment de marines, Delta Battery.
L'homme hoche la tête, le temps d'enregistrer le CV d'Odin. Il aspire une longue bouffée de cigarette et recrache la fumée.
– Je sais pas ce que vous avez fait tous les deux… mais je dirai rien.
– *Semper Fi,* dit Odin.
Dix minutes plus tard, Guillermo Robles, petit chauffeur routier de cinquante-quatre ans rentrant chez lui après

avoir livré une cargaison de pommes à Palm Springs, pénètre sur le parking du Super 1. Il remarque la vitre brisée de la porte d'entrée, regarde à l'intérieur et découvre les corps. À l'époque de Reagan, Guillermo Robles a servi dans les escadrons de la mort au Nicaragua, et s'il est surpris par cette scène macabre, il n'est pas choqué. Il appelle la police avec son portable pour signaler le carnage. Puis il attend calmement leur arrivée dans son camion.

26

Couchée dans son lit, vêtue d'une chemise de nuit légère en nylon doré, Princess essaye de se rendormir. La chambre jouxte le salon. Celle de Chance King, son fils, est à côté de la cuisine. Malgré cela, huit mètres seulement les séparent. Elle tend l'oreille et en conclut qu'il a fini par trouver le repos. Il souffre de terreurs nocturnes. Les nerfs en pelote, vidée par le manque de sommeil, elle se tourne et se retourne dans son lit, à la recherche d'une position confortable. Elle n'a pas pu prendre de douche aujourd'hui et ses cheveux sont sales, mais elle ne veut pas en prendre une maintenant parce qu'il n'y a pas assez de pression. Elle pousse un soupir de frustration, les yeux fixés au plafond. Il faut qu'elle demande à Odin de déménager dans une maison où se laver ne prend pas la moitié de la matinée. Si elle avait voulu vivre avec des problèmes de plomberie, elle serait restée aux Philippines. Quarante heures par semaine à trier des colis au dépôt FedEx, parfois plus à cause des heures supplémentaires obligatoires pour survivre ; il fallait que ça change. Odin ne travaillait qu'à mi-temps à la casse. Il lui a promis de chercher un autre boulot, en précisant que cela risquait d'être long car les employeurs ne se bousculent pas pour engager des anciens détenus, particulièrement dans un contexte de crise économique.

Dans le club de strip-tease de Redlands où ils s'étaient rencontrés, un tas de types venaient la voir ; certains avaient de belles voitures et des boulots bien payés. Elle empochait quelques centaines de dollars de pourboire chaque soir, et la plupart des hommes qui lui offraient des coupes de faux champagne à dix dollars lui faisaient du rentre-dedans, ils lui promettaient des cadeaux, de l'emmener en voyage, de l'épouser. Vêtue d'un petit blouson, le dos en compote à cause de ses talons de douze centimètres, elle les écoutait parler de leur travail, de leurs armes ou de leurs bagnoles. Ceux qui ne reluquaient pas ses seins en s'adressant à elle étaient aussi rares que la neige dans son pays, mais un soir, le miracle se produisit enfin. Un beau marine la baratina, lui offrit quelques verres et lui raconta que son oncle avait été envoyé dans la base navale américaine de Subic Bay, et qu'il avait toujours rêvé de visiter les Philippines. Il était poli, respectueux, alors elle accepta de le voir en dehors du club. Un mois plus tard elle était enceinte, puis Odin partit en Afghanistan et ne put assister à la naissance de Chance King.

Il avait quitté l'armée depuis un mois seulement quand il fut envoyé en prison suite à cet incident avec la police. Depuis quelque temps, Princess envisage de quitter son boulot et de reprendre ses activités de danseuse qui lui permettront de gagner beaucoup plus. Cela provoquera certainement un clash avec Odin, qui lui a déjà dit qu'il ne voulait pas voir sa femme se pavaner et agiter sa nudité devant des inconnus tous les soirs. Il fallait qu'elle réagisse, néanmoins. Chez FedEx, ils réduisaient le nombre d'heures des employés et elle ne pouvait pas compter sur Odin pour combler la baisse de salaire qui allait en découler. Pourquoi n'avait-elle pas fichu le camp l'autre jour comme elle en avait l'intention ? S'il revient avec l'argent dont il a parlé, peut-être qu'elle lui accordera une deuxième chance.

La porte d'entrée s'ouvre et elle entend un bruit de pas. Elle ne veut pas entamer une discussion au beau milieu de la nuit, alors elle se tourne sur le côté et fait semblant de dormir. Elle espère qu'il ne va pas essayer de la réveiller pour faire l'amour. Il lui semble entendre d'autres pas. Elle ignore qui est avec Odin, mais elle prie pour qu'ils n'aient pas bu.

– Réveille-toi, Princess.

Elle perçoit dans la voix d'Odin une tension qui l'inquiète, alors elle se redresse dans le lit et découvre sa silhouette dans l'encadrement de la porte. Il y a un problème. Éclairé par-derrière, dans la lumière faiblarde de l'ampoule de 40 watts qui pend au plafond, il semble déformé, comme si sa tête avait enflé. Elle lui demande ce qui se passe. Il lui dit de s'habiller et de le rejoindre dans la cuisine. Est-ce une bouteille d'alcool qu'il tient à la main ?

Tout en enfilant un peignoir léger, Princess entre dans la cuisine en plissant les yeux et comprend aussitôt que le côté Elephant Man d'Odin vient de la couche posée sur sa tête. Son regard glisse vers le visiteur, un homme costaud, qui doit avoir dix ans de plus qu'Odin, avec des cheveux coupés en brosse et plein de bagues aux doigts. Il lui adresse un grognement. Princess met un certain temps à remarquer qu'Odin est torse nu et que son beau visage saigne à travers le T-shirt qu'il appuie contre sa joue. Elle reste bouche bée.

– Accident de chasse, explique-t-il.

Et il boit une gorgée au goulot.

– Je croyais que tu devais déplacer un derrick.

– On s'est arrêtés en route pour chasser un peu.

– De nuit ?

– C'était une mauvaise idée.

Dans la pièce voisine, Chance King se met à pleurer. Odin verse deux doigts de Southern Comfort dans un verre et le tend à Princess.

– Mets ça dans son biberon avec du lait. Je pourrai pas supporter de l'entendre chialer.

Il lui réclame ensuite une pince à épiler.

Quand elle revient un instant plus tard – au lieu de faire boire l'alcool à l'enfant comme il le lui demandait, elle a caché le verre – Odin a ôté la couche qui lui couvrait la tête. Son visage fait peur. Princess est pétrifiée. Il s'est assis sur une chaise, la tête penchée en arrière, pendant que l'autre type l'examine.

– La pince à épiler ! dit-il.

Elle ne bouge pas.

Quand il crie « Hé ! », elle sort de son état de transe et lui tend la pince d'une main tremblante. Elle se demande où Odin a rencontré ce type car il ne ressemble pas aux anciens militaires avec lesquels il s'acoquine habituellement. Elle espère que ce n'est pas un copain de prison, mais personne ne fait les présentations. L'enfant continue à pleurer et Odin ordonne à Princess de l'obliger à boire cette dose d'alcool, après quoi l'inconnu reprend ses soins.

Les jurons qui jaillissent de la bouche d'Odin lorsque le type commence à retirer de sa joue ensanglantée ce qui ressemble à de minuscules plombs réussissent à choquer Princess, qui pourtant en a entendu d'autres. Elle assiste à la scène sans bouger, en priant pour que son fils se rendorme. L'homme est concentré sur le visage d'Odin, ses avant-bras épais se tendent sous l'effort. Odin attrape sur le comptoir la statuette de Bouddha, souvenir d'Afghanistan, et serre le visage souriant dans sa main pour ne pas penser à la douleur. Princess se demande ce qui est réellement arrivé, mais elle ne veut pas poser la question, pas maintenant du moins. Elle jette un regard en direction de l'évier et remarque la couche imbibée de sang qui gît au fond, tel un animal mort. Avec précaution, elle la prend entre deux doigts et la laisse tomber dans la poubelle en plastique juste en dessous.

Au bout d'une dizaine de minutes, l'homme dit :

– J'ai retiré tout ce que j'ai pu. Un toubib fera le reste.

Princess prend une éponge sur le plan de travail pour essuyer le sang par terre. Un jour, là-bas au pays, elle a vu quelqu'un se faire poignarder : il ne saignait pas autant qu'Odin.

– Je peux pas aller à l'hosto, mec. Si un type se pointe aux urgences avec une blessure par balle, ils sont obligés d'appeler les flics.

– Tu leur diras que tu nettoyais ton fusil quand le coup est parti.

– Genre, je suis complètement débile ?

L'homme se lave les mains dans l'évier. Il les essuie avec un torchon sale, qu'il lance ensuite sur le plan de travail. Princess prend sa place pour essorer l'éponge. Le sang d'Odin coule entre ses doigts et disparaît dans la bonde.

– Tu as une meilleure idée ? demande l'homme.

Odin se tourne vers Princess. Celle-ci croise ses bras à la peau mate sur ses petits seins. Pourquoi a-t-elle fait un enfant avec ce type ?

– Tu diras que tu m'as tiré dessus par accident.

27

Il jette un dernier regard à la Salton Sea, son magnifique isolement, sa beauté fragile, puis la Harley accélère, dans un crissement, en laissant une traînée de gomme âcre. Dale met les gaz et exécute un demi-tour pour foncer droit vers l'eau, puis il fait des bonds le long de la plage, dérape sur le sable, exécute un tête-à-queue, et la moto lui broie les jambes, mais ça n'a pas d'importance puisqu'elles sont déjà mortes et il avance à quatre pattes dans le sable, qu'il agrippe par poignées, il sent l'eau sur ses doigts, ses avant-bras, sa poitrine et ses épaules, il traîne ses jambes mortes derrière lui ; il nage sous le ciel cristallin, le sang palpite dans ses veines, ses muscles se crispent sous la peau tendue, il emplit ses poumons de l'air pur du désert, il se traîne dans l'eau fraîche et bienfaisante, jusqu'à la rive opposée et il marche, oui il marche, dans le désert, gravit les montagnes et s'élève dans le ciel constellé d'étoiles, il frissonne comme si le vide glacial venait de prendre une forme solide. Quelque chose de métallique appuie sur son cou.

– Debout, dit une voix.

Les yeux encore pleins de sable, il voit House Cat qui le toise en souriant, à moins d'un mètre de son visage. Il est assis sur le lit, tient un revolver et fume une cigarette. Si près que Dale sent son haleine fétide.

Pendant un instant, il pense que l'orientation du canon révèle la négligence avec laquelle son visiteur manie les armes à feu, mais un rapide examen de l'expression de House Cat apporte un démenti : le revolver est délibérément pointé sur lui. Cette constatation met Dale extrêmement mal à l'aise. Il cligne des yeux, il se dit qu'il devrait se saisir du couteau de vingt centimètres glissé sous son oreiller, celui avec la lame en dents de scie.

Il se racle la gorge et marmonne :

– Qu'est-ce que tu fous ici ?

– Je viens me faire payer, Dale. La seconde moitié.

– Je t'ai dit que tu serais payé une fois le boulot fait.

Dale est réveillé maintenant, et il n'est pas content. Dressé sur un coude, il ajoute :

– Putain, mec ! Tu t'es introduit chez moi ? Pose ce flingue !

House Cat garde l'arme pointée sur Dale.

– Le boulot est fait, déclare-t-il.

– Où est la fille ?

– Elle est avec Jésus.

– Comment ça, avec Jésus ?

– Ça a un peu dégénéré et Odin l'a butée.

– Elle est morte ?

Tout l'oxygène de la pièce semble se volatiliser, Dale a du mal à respirer tout à coup. Il renverse la tête en arrière et ferme les yeux. Pendant un instant il est saisi par la peur de succomber à une attaque, il sait qu'elles peuvent être provoquées par le stress. Il guette les signes annonciateurs : les muscles qui se raidissent, le champ de vision qui se rétrécit. House Cat le dévisage.

– Tu nous dois du fric.

– Vous n'étiez pas censés la *tuer* !

– Je sais bien, Dale, mais c'est trop tard pour se lamenter. Ce qui est fait est fait. Odin s'est fait amocher aussi.

– Je t'ai dit de pointer ce putain de flingue ailleurs !

House Cat se racle la gorge et, maintenant qu'il s'est bien fait comprendre, glisse l'arme dans son pantalon. Dale se penche pour allumer la lampe de chevet. Il voit le sang sur le jean de l'intrus.

– On a besoin de la seconde moitié du fric, répète House Cat, de manière plus insistante.

– Qu'est-ce qui s'est passé ?

– Odin a failli se faire exploser la tête, voilà ce qui s'est passé.

– Je parle de la fille !

– On s'en branle, de la fille ! Et si tu penses que mon pote a une assurance santé, tu te goures.

– Je n'ai pas le fric pour l'instant. (Le visage de House Cat grogne.) Mais je l'aurai dès que j'aurai dit au type que le boulot a été fait. Il me paiera et je vous paierai.

– Il nous faut une petite rallonge pour payer les frais médicaux d'Odin, tu t'en doutes.

– J'essaierai. Putain ! Vous n'étiez pas obligés de la buter.

– Qu'est-ce que tu dirais de dix mille ?

– En plus de ce qui vous revient ? Où veux-tu que je les trouve ?

– Qu'est-ce que j'en sais, moi ?

– Laisse-moi parler à mon type.

– Tu peux lui parler tant que tu veux, Dale. Mais si tu raques pas, mec, j'aimerais pas être à ta place.

À ce stade, Dale ne serait pas contre l'idée de faire une attaque. Même si c'est extrêmement douloureux, ce serait moins désagréable que cette conversation avec son sous-traitant.

– Laisse-moi au moins jusqu'après l'élection.

– Quelle élection ? C'est quoi, le rapport ?

– Aucun. Je fais un boulot pour mon frère, c'est tout.

– Ton frère a quelque chose à voir là-dedans ?

– Non.

– Dale, dis la vérité à papa.

House Cat appuie le canon du revolver dans le cou de Dale. Le métal froid lui fait l'effet d'une aiguille.

– L'élection a lieu mardi.

– Tu sais quoi ? Vu que je suis un patriote, je te donne jusqu'à l'élection.

Ayant cru qu'il allait se faire buter dans son lit, Dale juge ce compromis acceptable. House Cat se lève et pose les mains sur le fauteuil roulant motorisé. Dale ne le possède que depuis quelques jours, mais il a déjà tissé des liens avec lui, du genre de ceux que l'on peut avoir avec un objet inanimé comme une voiture ou un bijou. Bien qu'il ne comprenne pas ce phénomène, il le ressent profondément.

– J'aime bien ce fauteuil, Dale. Tu pourrais rouler sur la nationale avec.

– C'est un bon fauteuil, oui.

House Cat s'assoit dedans, il prend ses aises. Il demande comment on le met en marche ; Dale lui explique. Le moteur se met à ronronner et House Cat quitte la pièce. Dale, horrifié, le suit du regard. La voix de House Cat lui parvient du salon :

– Je le prends en gage !

– Mon cul !

– Juste pour être sûr qu'on sera payés. Tu le récupéreras après. Mais si t'allonges pas le fric dans deux jours, il finira sur e-Bay.

– Enfoiré !

– Ne le prends pas mal. (House Cat réapparaît dans l'encadrement de la porte.) Je défends les droits des handicapés et tout ça. Je dirai à Odin que tu as demandé de ses nouvelles.

Un clin d'œil et il s'en va.

Coincé dans son lit, sans fauteuil roulant, Dale est écrasé par un sentiment d'inutilité. Il entend la porte de son appartement s'ouvrir et se refermer.

Dale avait prévu de présenter l'enlèvement de Nadine comme un fait accompli. Il avait ordonné aux deux types de la garder enfermée jusqu'au lendemain des élections et de la relâcher. Une fois le problème réglé de manière si audacieuse, Maxon se serait fait une joie de verser le restant de la somme promise à House Cat. La nouvelle situation est beaucoup plus problématique.

Un court instant, il envisage d'appeler Randall. Mais que pourrait-il faire maintenant? Mieux vaut arranger les choses sans qu'il soit au courant. Il a déjà assez de soucis. Dale décroche son téléphone. Maxon répond à la troisième sonnerie.

– On a un gros problème, mon pote.

Réveillé en pleine nuit, Maxon met un moment à comprendre qui l'appelle. Et ensuite, il ne voit pas du tout à quoi Dale fait allusion. Les explications elliptiques fournies par celui-ci sont brutalement interrompues lorsque la réalité s'impose clairement. Durant le silence qui s'ensuit, Dale cherche désespérément une échappatoire magique, mais il craint que la seule solution soit une machine à remonter le temps. Quand Maxon s'exprime enfin, c'est pour l'informer qu'ils ne doivent plus communiquer par téléphone dorénavant. Et il raccroche.

Dale réfléchit à ce qu'il a provoqué. Tout ce qu'il voulait, c'était se faire bien voir de son frère. Il n'a jamais désiré autre chose, depuis toujours. Il avait bien vu cette expression de condescendance dans les yeux de Randall, les rares fois où ce dernier lui avait rendu visite en prison. Randall avait pitié de lui. Randall aurait aimé qu'il fasse de meilleurs choix. Dale sait qu'il va devoir se racheter, mais il ne sait absolument pas comment.

Allongé sur son lit en prison, il passait des nuits à imaginer de quelle manière il pourrait remonter sur une moto. Il rêvait qu'une découverte scientifique lui permettrait de retrouver l'usage de ses jambes. Il mourait d'envie de prouver qu'il n'était pas un bon à rien, mais cela semblait ne pas être dans le domaine du possible, alors il vivait dans des fantasmes frivoles. Qu'un jour il ait l'occasion de faire quelque chose pour Randall était un rêve inatteignable. Pourtant, c'était arrivé. Et cela avait débouché sur une catastrophe. Idée insupportable.

Son carnet est posé sur la table de chevet. Il prend un crayon et se met à écrire :

Randall, Randall, mon frère, je suis une bougie solitaire, la célébrité et l'indignité seront ma réalité…

http://www.machiavel-du-desert.com
2/11 - 23:51

Quand un désastre survient en politique ou dans la vie, il faut savoir rebondir. Les plans les mieux préparés peuvent très mal tourner, mais ce qui différencie les survivants des pauvres pleurnichards, c'est leur capacité à transformer un revers en avantage. Peu de gens savent que l'Hôtesse de l'air, avant de servir des rafraîchissements à bord du jet Gulfstream de son futur époux et bienfaiteur, avant de devenir une usine à bébés et de se présenter aux élections, a été apprentie journaliste sportive dans un des nombreux établissements d'enseignement supérieur qu'elle a fréquentés. Cette école, dont je tairai le nom, mais il s'agit d'une institution publique d'Arizona, possède un très bon cursus de football. Alors qu'elle gambadait au bord du terrain en minijupe, réalisait des reportages en profondeur et agitait son envoûtant postérieur pour la chaîne de télé des étudiants, la rumeur veut qu'elle ait attiré l'attention d'un wide-receiver nommé LaMarcus Abdul-Rahim. Ils sont « sortis ensemble » quelque temps et le Machiavel a entendu dire qu'elle s'est retrouvée en cloque. Étant opposée à l'avortement, elle a quitté la fac et accouché du môme, qui a ensuite été adopté. L'Hôtesse de l'air est tout sauf vilaine et une rapide recherche sur Internet vous montrera que LaMarcus Abdul-Rahim est un joli spécimen de Noir, il y a donc un beau ou une belle ado métis qui se promène quelque part. C'est du moins ce que prétend la rumeur. Si la nouvelle commence à se répandre, qui peut prévoir les conséquences sur ses chances électorales ? La question du métissage n'est plus un problème de nos jours et en tant qu'Américains, nous nous en réjouissons. Mais un enfant naturel, ça reste un obstacle pour quiconque prétend suivre un chemin pieux pour accéder à une fonction élective.

Samedi 3 novembre

28

Il y a une bonne et une mauvaise façon d'annoncer la nouvelle. Il connaît la mauvaise : aller droit au but. Est-ce que cela a déjà été bénéfique ? La vérité brutale provoque un choc, des pleurs, des lacérations de vêtements. Quant à la bonne façon, il ne sait pas trop à quoi elle ressemble. Mais il doit informer Kendra de ce qui est arrivé à Nadine.

Randall buvait un café debout dans sa cuisine, en pyjama, quand Maxon l'avait appelé sur les coups de sept heures pour lui dire de se connecter sur le site Internet du Desert News. Randall avait alors découvert l'information concernant le carnage dans la supérette, et après un abîme de silence et de peur, il avait réussi à croasser ces paroles :

– Ne me dites pas que c'était ça votre solution.

– J'ai parlé de notre problème à Dale.

– À mon frère ? Pourquoi, Maxon ?

– Parce que vous m'aviez remonté les bretelles et j'étais énervé.

– Dale se déplace en fauteuil roulant. Comment peut-il être impliqué dans cette sale histoire ?

– Il a des amis. Des types qui ne plaisantent pas.

Il y avait eu un nouveau silence pendant lequel Randall avait essayé de définir le meilleur moyen d'action, revivant mentalement la première fois où il avait dû désamorcer seul un engin explosif. Pas une seconde il n'avait pensé que cela pouvait mal tourner. Il savait comment réagir sous ce genre de pression.

– Vous lui avez parlé aujourd'hui ?
– Mon Dieu, non ! Vous voulez que je l'appelle ?
– Laissez tomber. Et accrochez-vous.

Quelques minutes ont passé. Randall est extraordinairement mécontent de Maxon, mais il ne peut pas lui passer le savon qu'il mérite tant que l'élection n'a pas eu lieu. Et il s'en veut de lui avoir confié ce problème, au départ.

Il n'a aucune intention d'informer Kendra avant de savoir précisément ce qu'il va lui dire, mais quand elle sort de la chambre en titubant, l'air hagard, son smartphone à la main, il comprend qu'elle sait déjà.

D'une voix étranglée, elle dit quelque chose qui ressemble à *C'est pas vrai*, mais il n'en est pas sûr car ça pourrait aussi être *Je vais crever*. Elle porte une chemise de nuit blanche en coton léger, ornée de fleurs de lys rouge et bleu, achetée au cours d'un voyage à Paris avec Randall, aux frais de la princesse, et lorsqu'il la prend dans ses bras tout son corps semble se dégonfler. Il l'étreint et caresse ses cheveux, encore aplatis et emmêlés par le sommeil. Elle est secouée de sanglots qui l'empêchent de respirer. Elle s'étrangle, halète et pousse de petits gémissements.

– Je peux avoir un iPad pour Noël ?

Brittany vient d'apparaître sur le seuil de la cuisine, vêtue d'un minuscule T-shirt et d'un short court écossais, le genre d'ensemble qui pourrait lui rapporter une coquette somme si elle le vendait à des hommes d'affaires japonais sur Internet, après l'avoir porté. Elle tient à la main un exemplaire du *New York Times*.

– J'en ai marre de me foutre de l'encre sur les doigts. Qu'est-ce qu'elle a, maman ?

– Elle vient d'apprendre une triste nouvelle.

Randall perçoit dans le regard de l'adolescente un soupçon de compassion, et il sent à quel point elle en est gênée. Elle pose la main sur le dos de sa mère, maladroitement, et le masse avec toute la tendresse d'un homo qui caresse une poitrine de femme. Ses lèvres se pincent pour tenter d'exprimer sa sollicitude.

– Tu as un cancer ou un truc comme ça?

Kendra parvient à articuler «Non», avant de replonger dans les sanglots convulsifs.

Brittany regarde son père, qui hausse les épaules, comme pour dire: «Un jour, tu comprendras.»

L'adolescente hoche la tête et se dirige vers le réfrigérateur pour se servir un verre de lait écrémé.

Par-dessus le dos de son épouse, agité de soubresauts, Randall s'adresse à sa fille:

– Ça va aller.

Il n'entend pas très bien ce que dit Kendra en quittant la pièce précipitamment, mais ça ressemble à «Non, jamais!». Brittany boit son verre de lait, puis annonce qu'elle va passer la journée chez son petit ami, Seth, et part se changer. Le malaise qu'a provoqué en elle cette confrontation avec le monde terrifiant des émotions adultes échappe à Randall qui a la tête ailleurs.

Maxon ne lui a pas fourni de détails au téléphone, mais il devine que le plan ne prévoyait pas un sinistre bain de sang dans une supérette. Il s'assoit à la table de la cuisine en finissant de boire son café. Le soleil matinal brille comme une joyeuse invitation. Toute une journée de campagne électorale l'attend, avec des étapes dans des centres commerciaux et une fête paroissiale; une séance de poignées de main et de sourires est prévue en milieu d'après-midi au cœur du quartier des affaires de Palm Springs. Kendra avait promis de l'accompagner. L'élection a lieu dans moins de soixante-douze heures et chaque instant doit être consacré à la campagne. Dans vingt minutes, il sera en retard pour son premier rendez-vous de la journée : un petit tour au clubhouse d'un golf de Palm Desert.

Comment en est-elle arrivée là ? Comment est-elle passée du rôle d'épouse de Représentant à celui de complice dans ce qui était devenu un double homicide ?

Kendra est recroquevillée en position fœtale sous les couvertures, serrant entre ses mains, sur ses yeux brûlants, un drap vert pâle en coton d'Égypte. Les pensées traversent son esprit à une telle allure qu'elle n'arrive pas à les analyser.

Au lycée, tout ce qu'elle voulait c'était diriger la fanfare sur le terrain de football à la mi-temps, en faisant tournoyer son bâton dans le ciel de l'Ouest. Puis elle se revoit à l'université de Californie du Sud, vêtue de paillettes, avec des bottes et un chapeau haut-de-forme, devant les foules de supporters, au cours de ses quatre années d'études. Ensuite, elle se retrouve face à un micro, et l'image furtive de sa carrière de chanteuse après l'obtention de son diplôme lui apporte une seconde de soulagement, avant que le mariage et la maternité ne portent l'estocade.

Tout s'est écroulé, comme le contenu d'une *piñata* empoisonnée. La dernière chose dont elle se souvient, avant que son esprit largue les amarres, c'est que Randall avait promis de s'en occuper. Cela signifiait, avait-elle supposé, que quelqu'un irait parler à… Elle ne veut même pas penser à ce prénom, mais il traverse le mur de déni encore perméable… NADINE ! Mon Dieu ! Morte !

Quelqu'un devrait aller lui parler. Lui parler pour s'occuper du problème. Ça n'avait pas marché ? Ça ne s'était pas fait ? Qui avait eu l'idée de cette chose, cette bourde épique, cette abomination, cette tragédie qui s'était produite à proximité de chez Kendra, pendant qu'elle dormait, et dont elle se jugeait responsable. Sera-t-elle à nouveau capable d'être autre chose qu'une usurpatrice qui se fait passer pour un être humain ordinaire ? Car désormais, foncièrement, qui est-elle sinon une meurtrière.

Une meurtrière ? Non, elle n'est pas une meurtrière ! Elle est une majorette. Une chanteuse. Dont la version karaoké de *Dancing Queen*, braillée lors d'une des premières collectes de fonds de Duke, restera à tout jamais dans le cœur de la communauté gay du désert.

La mort !

À travers le sombre brouillard de la confusion, des regrets, de la terreur et du chagrin naissant – le *chagrin*, oui, car même si le comportement de Nadine l'a rendue furieuse, elle a toujours trouvé des qualités humaines à cette femme –, Kendra sait qu'au palmarès des réactions excessives, ce massacre concourt pour la première place. La morve et les larmes tachent les draps. Son souffle est irrégulier. Une colossale migraine se profile à l'horizon, ses doigts d'acier s'étendent du sommet du crâne vers les tempes et se resserrent. La tristesse est si intense qu'on ne peut pas la quantifier. Soudain, une main se pose sur son épaule et elle bondit presque hors du lit.

La voix de Randall demande :

– Ça va ?

– Nooon.

Ce son rauque provient d'un endroit inconnu, dans les profondeurs de ses viscères. Kendra sent son mari s'asseoir à côté d'elle sur le lit. Cette proximité l'incite à se recroqueviller davantage.

– Écoute, Kendy…

Il fait chaud sous les draps et elle commence à transpirer sous les aisselles et les seins. Elle suffoque tout à coup. La climatisation n'est-elle pas réglée au maximum? Voilà que sa nuque la démange.

Randall lui masse le dos. Elle aimerait qu'il arrête. Elle aimerait qu'il sorte de la chambre, de la maison, de sa vie. Elle aimerait ne l'avoir jamais rencontré, épousé, n'avoir jamais fondé une famille avec lui. Elle est saisie par l'envie de s'enfuir en courant, de sauter dans sa voiture et de foncer au poste pour se livrer à la justice car tout le monde va comprendre immédiatement qui est responsable du carnage, alors à quoi bon lutter contre l'inévitable et prolonger la torture de sa culpabilité? Cette pensée semblable à une hémorragie cérébrale s'envole en une nanoseconde; elle envisage alors d'avaler un flacon de pilules, elle songe aux délices de l'oubli qu'elles lui apporteront, puis cette pensée disparaît à son tour et elle se retrouve face à la sinistre vacuité de leur situation.

Randall demande:

– Tu veux qu'on en parle?

Elle repousse les draps et, dans sa position fœtale, le foudroie du regard. À voir l'expression de son mari, elle ne peut qu'imaginer à quoi ressemble son visage. Elle va devoir éviter les miroirs jusqu'à la fin de sa vie.

Elle parvient à articuler:

– Qu'est-ce qu'il y a à en dire?

– De toute évidence, la situation a dégénéré.

– Cette idée vient de quelqu'un?

– On n'a rien à voir là-dedans.

– Ne me dis pas ce qui s'est passé. Je ne veux pas le savoir.

– Maxon est allé lui parler, c'est tout.

– Je t'ai dit que je ne voulais pas savoir!

– Tout va s'arranger.

S'arranger ? A-t-il perdu la tête, lui aussi ? Comment est-ce que ça peut s'arranger ? Rien ne va s'arranger. S'ils ne se dénoncent pas immédiatement, ils seront pourchassés, arrêtés, jugés et condamnés, et une fois tous leurs recours épuisés, ils seront le premier couple d'Américains à être exécuté depuis les Rosenberg, mais ils seront plus vilipendés que les Rosenberg car ces derniers n'avaient tué personne, en fait. Un futur membre du Congrès et son épouse ex-pom-pom girl. Au cours du processus judiciaire, elle écrirait un livre sur leur épreuve. Du Rose Bowl au couloir de la mort. Confessions d'une tambour-majorette.

– Tu ferais bien de te reposer aujourd'hui, dit son mari.

– Oui, merci, c'est ce que je vais faire.

Elle attrape une poignée de mouchoirs et se mouche violemment. La pression lui débouche les oreilles.

– Mais ne parle à personne, OK ? ajoute Randall.

– À qui tu veux que je parle, bon Dieu de merde ?

Elle lui jette cette obscénité au visage comme un jet d'acide. En temps normal, Randall la réprimanderait pour ce blasphème. Il s'efforce de ne jamais jurer et il préfère que sa femme ne prononce pas de grossièretés, elle non plus. Mais aujourd'hui, il passe l'éponge. Il lui suggère d'avaler quelques aspirines et de se reposer ; il l'appellera plus tard. Kendra ne supporte plus de voir son visage, avec ce mélange de terreur et de doute, amalgamés dans un simulacre d'équanimité grotesque. Dès qu'il a quitté la chambre, elle remonte les draps sur sa tête pour effacer le monde extérieur, comme dans la mort.

Durant le trajet qui le conduit à son premier rendez-vous de la journée, Randall envisage d'appeler Dale. Mais très vite, il rejette cette idée. À quoi bon ? À ce stade, moins il a de contact avec son frère, mieux c'est. Il demandera à Maxon de lui faire quitter la ville aussitôt après l'élection.

29

Une femme blonde d'une cinquantaine d'années, en surpoids, à la coupe au carré grossière et vêtue d'un survêtement rose, discute avec Maxon. Elle brandit un T-shirt rouge frappé du slogan *Réélisez Randall* devant et *Je suis une dukie* dans le dos, en lettres blanches.

– Vous savez que « dukie » veut dire étron ?

Maxon soupire, il cherche à masquer son exaspération et sa fatigue.

– C'est un jeu de mots sur le nom de Randall, dit-il.

Il aimerait arracher le T-shirt des mains potelées de cette bonne femme et l'enrouler autour de son cou flasque, mais il cache cette envie derrière une expression de patience amusée. Il sirote un café au lait écrémé en pétrissant une balle de tennis dans sa main libre.

– C'est mon fils qui me l'a dit, ajoute-t-elle en tendant son téléphone portable à Maxon. C'est de l'argot de jeunes. Il est au bout du fil, vous pouvez lui parler.

Maxon ignore le portable.

– Randall se nomme Duke, voilà ce que se diront les gens. Je vous en prie, ne vous inquiétez pas pour ça, d'accord ?

– Vous voulez demander à mon fils ? dit-elle en agitant le téléphone. Il s'appelle Kirk.

– Non, merci.

La femme hausse les épaules et s'en va. Maxon ne peut pas croire qu'il soit en train de gérer ce genre de problème, alors que son plan lui a pété au visage. Il est un peu plus de huit heures du matin au quartier général de Duke et l'ancienne boutique grouille de bénévoles qui boivent du café et grignotent des pâtisseries présentées dans des boîtes en carton. À l'arrière, il y a un pool téléphonique où dix militants appellent des électeurs potentiels.

Il jette un regard aux vingt-cinq personnes présentes. Un mélange de seniors et d'homos, de militants de la League of Women Voters et une poignée d'étudiants stagiaires aux visages juvéniles. Conformément aux directives, ils portent tous des chaussures confortables et les T-shirts de campagne. Tyson Griggs, l'aide de camp de Maxon, âgé de vingt-trois ans, est en train de vérifier des noms sur une liste, non loin de là. Un jeune type, grand et maigre, avec une épaisse tignasse, accroche le regard de Maxon, lève le bras et indique sa montre. Il est temps d'envoyer la première vague de Dukies dans les rues.

Le sommeil de Maxon a été brisé par le coup de téléphone de Dale et il est sur les nerfs depuis plusieurs heures. Sa journée a commencé par une orgie d'autoflagellation. Il s'est maudit d'avoir évoqué le problème devant l'ex-détenu poète. Mais ce qui est fait est fait et il n'a plus qu'à attendre. C'était gênant de devoir raconter à Randall ce qui s'était passé. A-t-il bien fait de lui en parler, d'ailleurs ? L'a-t-il privé de la possibilité d'affirmer qu'il ne savait rien ? Quelqu'un lui tape sur l'épaule.

– Tout va bien, Maxon ?

Il lève la tête et découvre Tyson.

– Oui, ça va.

Ces paroles sont de la limaille de fer dans sa bouche.

Il frappe dans ses mains pour réclamer l'attention. Le brouhaha des conversations s'arrête et tous les visages se tournent vers lui. Avec leurs T-shirts, les bénévoles forment une immense tache rouge, une masse d'espoir et d'énergie anonyme. Il est toujours surpris que des gens puissent se mobiliser pour une campagne électorale.

Qu'ils pensent avoir leur mot à dire dans ce processus et que rien n'est joué d'avance. Quel que soit le vainqueur, cela ne changera pas grand-chose dans l'ensemble aux yeux de Maxon pour qui les élections sont peut-être l'occasion d'un débat d'idées, mais la question est surtout de savoir qui contrôle la circulation des dollars vers les entités qui financent les élections. Que ce soit Mary Swain ou Randall Duke, le courrier sera distribué et les frontières seront défendues. En temps normal, il serait ému de voir tous ces gens réunis ici ce matin, avec leurs chaussures confortables et leurs T-shirts ridicules. Mais pas aujourd'hui. Il se fait violence pour réciter un petit discours sur les vertus de la démocratie.

– Merci d'être venus. Ce que vous faites est terriblement important car cette élection vous concerne, vous le peuple.

Ils applaudissent cette idée et il sourit.

À cet instant, Maxon voit la porte d'entrée s'ouvrir, toute seule on dirait. Il change d'angle et comprend pourquoi il a eu cette impression : l'homme qui se tient sur le seuil ne mesure qu'un mètre vingt. Il ferait presque un mètre quatre-vingts s'il était debout, mais il est assis dans un fauteuil roulant. Comme s'il avait été appelé par un esprit malfaisant, Dale est là.

Maxon le voit dire « Excusez-moi » à plusieurs bénévoles en manœuvrant son fauteuil à commandes manuelles vers les premiers rangs. Il découvre ses dents pourries quand il sourit à ceux qui s'écartent pour le laisser passer. À en juger par leurs réactions, Maxon devine qu'ils sont nombreux à connaître l'identité de ce retardataire. Arrivé sur le devant de l'assemblée, Dale arrête son fauteuil, avec un large sourire. Maxon le salue d'un hochement de tête et déglutit.

– Vous connaissez tous Dale, dit-il. Le frère du Représentant.

Dave salue comme si c'était lui qui se présentait à l'élection. Il y a quelques applaudissements, discrets, puis les bénévoles reportent leur attention sur Maxon.

Maxon distribue les dernières consignes et quand il a fini, il invite les bénévoles à s'adresser à Tyson s'ils ont besoin d'éclaircissements concernant leurs missions du jour.

– Qu'est-ce que vous foutez ici ?

Maxon et Dale sont dans l'arrière-salle. Des tracts sont empilés sur des étagères et diverses pancartes portant des slogans du style *Soyez un Dukie* ou *Randall encore !* sont alignées contre les murs.

– Pas question de rester dans cet appart. J'ai dû appeler les pompiers. Ils m'ont prêté un fauteuil, et je vais vous dire un truc : c'est de la merde.

Maxon prend le temps de se demander ce qu'il va faire de Dale. Il ne peut pas le renvoyer, de toute évidence.

– Vous voulez que je réponde au téléphone ?

– Mon Dieu, non !

– Alors, trouvez quelqu'un pour me conduire chez Randall. Je vais loger chez lui en attendant que tout soit arrangé.

– Vous ne pouvez pas loger au domicile de votre frère.

En prononçant ces mots, Maxon sent sa gorge se serrer. Que faire de ce marginal ? Il n'ose pas l'installer à l'hôtel.

– Pourquoi donc ?

– Vous ne devez pas être vu avec lui et vous ne pouvez pas l'appeler.

Maxon sent sa voix monter dans les aigus ; il se ressaisit. Il ne faut pas qu'on le surprenne en train de crier après Dale. Il baisse d'un ton :

– Vous ne l'avez pas appelé, hein ?

– Non.

– Ne le faites pas. Et ne me demandez pas de vous expliquer.

– Maxon, vous savez que vous devez prendre soin de moi, hein ?

Cette phrase reste suspendue entre eux pendant un instant. Les deux hommes n'ignorent pas que Dale serait en mesure de faire sauter les portes et les fenêtres de cet édifice d'un simple coup de fil qui pourrait tous les expédier derrière les barreaux jusqu'à la fin de leurs jours. Même si Maxon ne lui a jamais ordonné de mettre son plan à exécution, comment savoir ce que raconterait Dale devant un tribunal ? Où peut-il le planquer durant ces prochains jours ?

– Vous n'avez qu'à loger chez moi, dit Maxon. Je m'occuperai de vous.

Hard a conscience du poids de sa tête, ce qui n'est jamais bon signe. Une douleur sourde située à la base de son crâne irradie vers le sommet et tente vaillamment de joindre ses forces aux élancements qui lui vrillent les tempes. Pour couronner le tout, il y a quelque chose qui tambourine derrière ses paupières. À partir du cou, il ne sent plus le reste de son corps, à l'exception de son estomac rempli de bile. Et il n'a pas encore ouvert les yeux. Il est allongé sur son lit, en caleçon. Il ne se souvient pas de s'être endormi, pas même d'être rentré chez lui. Il se prépare à subir l'assaut de la lumière du jour et les ravages qui suivront quand sa cornée enverra un message angoissé à ses récepteurs cérébraux affaiblis – *Danger ! Lumière du soleil !* –, qui à leur tour alerteront le centre de la douleur pour qu'il déclenche le signal d'alarme. Il entrouvre l'œil droit. La sensation prévisible de couteaux chauffés à blanc plantés dans son crâne est atténuée par le fait que Vonda Jean n'est plus dans le lit. Déjà, les choses s'améliorent.

Hard roule sur le côté et attend que son estomac se stabilise. Il faut un certain temps pour que les différents tuyaux internes se recalibrent et décident s'ils doivent ou non déverser tout leur contenu. Le volcan inondé de bourbon gronde, menace, agite sa lave acide, mais par bonheur, il n'entre pas en éruption. Hard pose timidement un pied par terre. Son cerveau semble avant tout préoccupé par sa propre situation terrifiante et la pression du sol sur sa voûte plantaire ne provoque aucune réaction ingérable. Ce qui l'incite à poser le second pied au sol. Il rassemble tout son courage pour la tâche suivante : se lever. Il inspire à fond et s'efforce d'ignorer cette impression qu'un chimpanzé malveillant à la force surnaturelle manipule son cortex cérébral. Un, deux, trois : il pousse sur le lit avec ses paumes et… le voilà debout. Il tangue. Son estomac s'énerve. Hard attend que la mer se calme. Puis titube en direction de la salle de bains.

Il s'asperge le visage d'eau. Dans l'armoire à pharmacie, il découvre un flacon de collyre, verse quelques gouttes dans ses yeux et cligne des paupières. Il fait un bain de bouche et crache dans le lavabo, observe sa barbe naissante dans la glace et envisage un instant de se raser, mais il décide que c'est un plan beaucoup trop ambitieux. Il débouche un flacon de Tylenol extra-fort et en gobe quatre d'un coup.

– Il reste du café ?

Vonda Jean est en train de faire cuire des œufs. Elle porte une tenue de sport, ses cheveux sont tirés en arrière et attachés par une pince. Elle dit à son mari de se servir. Hard a enfilé un peignoir. Il tangue encore. Il prend une tasse dans le placard en aggloméré et la remplit de café.

– Tu vas courir ?

– C'est une belle journée, répond Vonda Jean. Où tu étais la nuit dernière ?

Sa voix ressemble à du verre brisé.

– Tu voulais que je me débarrasse de Fléau, c'est fait.

Il a l'impression que sa propre voix sort de la bouche de quelqu'un d'autre, très loin.

Hard emporte sa tasse dans le salon. Il n'a pas envie d'avoir une conversation avec Vonda Jean pour le moment. Il s'assoit dans le fauteuil inclinable et sirote son café. Aujourd'hui il est censé faire campagne pour Mary Swain, mais il ne veut pas quitter la maison dans cet état. Par la baie vitrée, il contemple Twentynine Palms à l'horizon. Cette ville a pris des allures de petite métropole depuis que les Marvin se sont installés ici, il y a plus de vingt ans, et la population avoisine les trente mille personnes maintenant. Ils sont en train de construire un grand hôtel tout neuf, et les retraités, les artistes et les étudiants de la nouvelle fac publique affluent à cause des prix intéressants. Sans compter les cinq mille marines, et même plus, du centre d'entraînement situé à la périphérie. Hard songe que cet endroit est bien parti pour devenir un Palm Springs pour les ploucs, et l'idée d'en être maire lui plaît. À Los Angeles, deux anciens chefs de la police s'étaient présentés au poste de maire et ils avaient été élus. L'un des deux était même noir, et c'était avant que des Noirs soient élus où que ce soit. C'est un bon point de départ pour une carrière politique et Hard a l'intention de se renseigner pour savoir à partir de quand il pourra remplir les documents en vue de la prochaine élection.

Des coups frappés à la porte le font pester. Vonda Jean a des copines dans le quartier qui lui rendent visite à l'improviste parfois avant d'aller travailler. Hard lui a demandé de leur dire de téléphoner avant de passer, mais elles s'en foutent, ou bien, c'est plus probable, Vonda Jean n'a pas pris la peine de transmettre le message.

Sa voix lui parvient de la cuisine :

– Tu peux aller ouvrir, Harding ? Je n'ai pas fini mon petit déjeuner.

Il n'apprécie pas du tout. Déjà, elles débarquent sans prévenir et voilà qu'il est obligé de se traîner jusqu'à la porte et de se montrer aimable avec les copines de sa femme, alors que la simple perspective d'une présence humaine le rend encore plus malade. Il boit une gorgée de café avant de poser sa tasse sur la table basse. Il se lève et resserre la ceinture de son peignoir. À petits pas, il se dirige vers la porte, en combattant la révolution mexicaine qui fait rage dans son estomac. Quand il ouvre et découvre les inspecteurs Arnaldo Escovedo et Cali Pasco, ses yeux rougis se plissent et sa tête penche légèrement sur le côté.

– Désolé de vous déranger, chef, dit Escovedo.

– Qu'est-ce que vous faites ici ?

Hard s'efforce de chasser toute note tragique de sa voix. À présent, il regrette d'avoir injurié Escovedo l'autre jour. Aurait-il déposé plainte ?

Celui-ci tend un document à l'aspect officiel. Pasco le regarde droit dans les yeux. Pendant un instant, il se dit que Vonda Jean va l'accuser d'avoir une liaison avec elle. Pourvu qu'elle reste dans la cuisine.

– Chef, dit Escovedo, nous avons un mandat pour fouiller votre domicile.

L'esprit de Hard se propulse en un éclair vers la nuit dernière : le désert, le chien, le feu. Le feu ! Était-il censé avoir une autorisation pour allumer un feu ? Qui avait bien pu le voir en pleine cambrousse ? Il est certain qu'il n'y avait personne aux alentours, sur des kilomètres. D'ailleurs, même si c'est illégal – et ça l'est sans doute –, c'est du ressort des services du shérif, pas de la police de Desert Hot Springs. Alors pourquoi ses propres subordonnés viennent-ils lui demander de fouiller sa maison ? Non, ils ne demandent pas, ils l'informent qu'ils vont fouiller sa maison. Par réflexe, Hard prend le document que lui tend l'inspecteur Escovedo et le regarde d'un air hébété. En caractères gras, en haut de la feuille, on peut lire : *Mandat de perquisition.* Et en bas figure la signature du juge Allan Diemer, dont Hard connaît la sévérité. Il espère maintenant, de tout son cœur, qu'il s'agit d'une horrible plaisanterie qui va lui être révélée dans un instant ; des gens vont surgir avec des caméras vidéo en criant « Joyeux anniversaire ! » ou « Poisson d'avril ! », mais il interroge rapidement son esprit léthargique et se souvient que ce n'est pas son anniversaire, et qu'on est en novembre. D'ailleurs, personne ne surgit en braillant. On entend uniquement les voitures sur la nationale en contrebas. Jusqu'à ce que la voix de Vonda Jean se fasse entendre dans la cuisine :

– C'est qui, Harding ?

– Des collègues.

Elle apparaît dans l'encadrement de la porte.

– Salut. Je dois refaire du café ?

– Ils viennent pour une perquisition.

Plus personne ne dit rien. Arnaldo et Cali regardent Hard. Vonda Jean aussi. Hard regarde le désert, par la porte ouverte. Un rayon de soleil qui entre par la baie vitrée illumine un fleuve de particules de poussière qui exécutent un ballet chaotique. Cali et Arnaldo échangent un coup d'œil gêné.

– Ici, dans cette maison ? demande Vonda Jean. (Sa voix monte légèrement à la fin du dernier mot.) Pourquoi ?

Cali lui explique qu'une personne que connaissait Hard a été assassinée la nuit dernière, et avant qu'elle puisse en dire plus, Vonda Jean demande :

– Mais pourquoi vous êtes là ?

Arnaldo intervient :

– Voulez-vous avoir l'obligeance de sortir de la maison, madame, s'il vous plaît ? Chef, je vais vous demander d'en faire autant.

À cet instant, deux adjoints du shérif apparaissent à la porte, de jeunes types d'une trentaine d'années, d'anciens marines. Hard les connaît l'un et l'autre, il les salue d'un signe de tête, tandis que Vonda Jean et lui passent devant eux pour sortir sur la pelouse pelée. Les deux adjoints répondent de manière neutre. Il n'y aura pas de fraternisation ce matin.

Plantés dans la rue, les Marvin regardent leur maison. Le soleil est encore bas dans le ciel, mais il n'est pas aussi chaud qu'hier. Hard voit une buse à queue rousse tournoyer au-dessus de leur tête, en quête d'une proie. Il sent le regard de sa femme sur lui.

– Tu veux bien m'expliquer c'est quoi ce bordel ?

Habituellement, les bureaux du procureur d'Indio sont vides le samedi, mais Jimmy est venu pour essayer de rattraper son retard. Installé à son poste au sous-sol, il parcourt les dossiers quand Oz Spengler fait son apparition. Il veut savoir si Jimmy a envie d'aller manger quelque chose. Il n'a pas faim, mais Oz est son nouveau patron et Jimmy s'est juré de redoubler d'efforts pour bien s'entendre avec ses supérieurs, alors il répond qu'il serait ravi de faire un break.

Pour nourrir la conversation durant le trajet jusqu'au restaurant dans la Toyota d'Oz, Jimmy lui demande s'il a une femme et des enfants. Quand Oz répond par l'affirmative, Jimmy lui demande s'ils ont un chien. « Boule de poil, dit Oz. Un chien trouvé. » Un sourire retrousse les lèvres de Jimmy et il parle à son patron du *Livre des chiens*. Oz répond que ses jeunes fils aimeraient beaucoup le voir. Jimmy trouve cela encourageant, et il s'autorise à penser, brièvement, qu'ils pourraient peut-être établir un contact humain.

Les deux hommes sont maintenant assis face à face au Cactus Jack's, une chaîne de restaurants tex-mex, juste à la sortie de la 111. Oz est en train de dire :

– Je crois aux secondes chances.

Jimmy aurait préféré que son supérieur n'évoque pas les circonstances de son arrivée au bureau du procureur, mais il est bien décidé à tenir jusqu'à la retraite sans provoquer de nouveaux incidents, alors il ne relève pas.

En milieu d'après-midi, le restaurant est à moitié rempli de familles et d'employés d'hôtel qui ont fini leur service. Les deux hommes ont choisi un box au fond. Jimmy est en train de mastiquer son hamburger aux piments verts quand Oz lui demande ce qui s'est passé au juste à Desert Hot Springs.

– Tout est dans le dossier, dit Jimmy.

Il aimerait qu'Oz laisse tomber.

– Je l'ai lu, je sais ce qu'il y a dedans. Avant cet incident, vous aviez déjà eu un différend avec le chef Marvin ?

Jimmy met un nouveau morceau de hamburger dans sa bouche, le mastique et l'avale. Oz ne fait pas partie de ces types qui se sentent obligés de remplir un silence par leur bavardage. Jimmy aime ça. Mais il sent les prémices de la colère. Il boit une gorgée de soda. Il se souvient qu'il doit respirer : une inspiration pour deux expirations.

– Je n'ai aucun différend avec qui que ce soit. Si les gens ont des problèmes avec moi, je n'y peux rien. C'est eux que ça regarde.

– Le chef Marvin a noté quelque chose dans votre dossier… concernant un chien.

Jimmy raconte l'histoire à son nouveau patron, et celui-ci dit :

– Je vous comprends, c'est une sale histoire.

Jimmy ne veut pas poursuivre cette conversation, il veut finir de déjeuner, retourner au bureau et se replonger dans ses dossiers.

Inspirer. Un, deux. Expirer. Un, deux, trois, quatre. Il a peur de ressembler à un ballon qui se dégonfle, et il se demande si Oz l'a remarqué.

– Vous l'avez libéré dans le désert d'Anza-Borrego ?

Il regarde son patron droit dans les yeux, sans ciller.

– Exact.

– Et ce stage de gestion de l'agressivité que vous avez laissé tomber. D'après le rapport, on vous avait ordonné dix séances, vous en avez fait trois.

– J'en ai retiré ce dont j'avais besoin.

– Vous en êtes sûr ?

– Vous trouvez que j'ai l'air agressif ?

– Pas plus qu'un autre flic.

Jimmy pensait avoir réussi à étouffer tout ça, mais cette discussion au sujet de Hard et du chien a rallumé la mèche. Le coup de la respiration ne marche pas, car s'il arrive à dissimuler son bouillonnement intérieur, dedans, une tempête de sable s'est déchaînée. Il finit son soda et broie les glaçons avec ses dents.

– Vous sentez-vous capable de parvenir à un équilibre dans votre travail ?

La colère monte de nouveau, mais Jimmy, grâce aux techniques qu'il a apprises, l'observe de l'extérieur, il la regarde s'écraser sur le rivage comme une vague dans l'océan, puis refluer.

– Vous pouvez me confier n'importe quel dossier.

– En fait, cette conversation concerne plutôt celui que je ne vais pas vous confier.

Jimmy le regarde d'un air perplexe. Durant toutes ces années passées dans la police, personne ne l'a jamais pris à part pour lui parler d'une affaire qui ne lui serait pas assignée.

Oz poursuit :

– Ils ont découvert un double homicide sur votre ancien territoire. Un employé d'une supérette et une jeune femme ont été tués la nuit dernière. Aux alentours de vingt-trois heures, d'après le légiste. Un détail bizarre est apparu, il faut que quelqu'un de chez nous enquête. Vous pourriez avoir envie de vous en charger, mais je suis obligé de vous dire que ça ne se fera pas. J'ai choisi Glenn Korver.

Korver a enquêté pour le compte du procureur sur certaines affaires de Jimmy dans le temps. Il a dix ans d'ancienneté. Un type consciencieux. Réglo. Jimmy ne l'aime pas. Korver s'attache trop à ce qui devrait être du ressort d'un tribunal.

– Parce que Hard Marvin pourrait avoir un problème avec moi ?

– Pas tout à fait.

– C'est-à-dire ?

– Disons qu'ils s'intéressent à lui.

Jimmy regarde Oz comme si celui-ci s'était mis à lui parler en farsi tout à coup.

– Harding Marvin ?

Le visage de marbre de son nouveau patron indique que, aussi ridicule que cela puisse paraître, il ne s'agit pas d'une blague. Son esprit survole les dix années pendant lesquelles il a fréquenté Hard. Ce type aime les armes, il aime tirer, mais un double meurtre dont une des victimes est un employé de supérette, ça ne colle pas. Et pas uniquement parce qu'il n'arrive pas à imaginer Hard dans ce décor. L'idée même que Hard puisse être impliqué lui semble complètement folle.

– Ils ont perquisitionné son domicile ce matin et il a été suspendu temporairement.

Jimmy veut savoir ce qui a été découvert et Oz l'informe que la femme assassinée aurait pu être la maîtresse de Hard. Cette information provoque dans les glandes surrénales de Jimmy un emballement qui se prolonge pendant une heure. Après le déjeuner, il essaye de se concentrer sur ses nouveaux dossiers, mais c'est impossible. Car plus il pense à ce double meurtre dans la supérette, plus il repense aux années passées auprès de Hard Marvin, et plus il est disposé à accepter la possibilité que ce soit lui le tueur. Pour commencer, ce type c'est de l'essence de térébenthine à forme humaine, abrasive et toxique. Et en tant que personne habituée à lutter contre la colère, Jimmy est bien placé pour savoir quels problèmes elle peut engendrer.

Princess a conduit Odin à l'hôpital Notre-Dame de Lourdes de San Bernardino. Ils sont arrivés en pleine nuit et l'équipe des urgences a mis trois heures à le soigner. Après l'avoir bourré d'antalgiques, ils ont nettoyé la plaie et extrait plusieurs plombs que House Cat n'avait pas réussi à ôter. Ils lui ont dit qu'il avait eu de la chance de ne pas perdre un œil. Princess a passé tout ce temps dans la salle d'attente, à remplir des formulaires et à s'occuper de Chance King. Elle a consciencieusement répété qu'elle avait tiré sur Odin accidentellement en nettoyant le fusil et signé le document que l'hôpital devait remettre à la police. Elle n'a pas pris la peine de demander à Odin ce qu'était devenue l'explication de « l'accident de chasse ».

– Tu as noté notre vraie adresse ? lui demande Odin, incrédule.

– Ils demandent mon permis de conduire.

Princess et Odin sont dans la cuisine. Chance King est dans la pièce voisine, devant la télé, il regarde des dessins animés. Odin ne porte qu'un maillot de bain. Un bandage recouvre sa moitié de visage déchiquetée. Il avale une de ses pilules contre l'agoraphobie et la fait passer avec un verre d'eau.

– C'était pas très malin.

– Je mens comme tu demandes.

– Ils risquent d'envoyer quelqu'un pour nous interroger.

– Je suis désolée, Odin. Je sais pas quoi faire, tu rentres à la maison tout blessé.

– J'étais parti bosser pour nous.

– Je sais.

– Approche.

Elle avance vers lui, lentement, et il lui balance son poing en pleine figure. Sa tête est projetée en arrière et elle se retrouve à terre. Couchée sur le sol, une main sur le visage, elle entend les voix aiguës du dessin animé que regarde son fils. Odin se dresse devant elle, le côté visible de son visage devient cramoisi.

– Je risque ma vie pour toi et tu conduis les flics jusqu'ici.

Il attend qu'elle réagisse, mais elle ne dit rien. La haine pure qu'elle éprouve pour lui, pour leur vie dans cette ville paumée et le monde entier à l'exception de son fils la submerge. Elle ne désire qu'une chose : sortir de cette maison vivante.

Quand il comprend qu'elle ne ripostera pas, Odin lui tourne le dos. Princess reste par terre. Son regard se pose sur le tiroir qui contient les couteaux de cuisine, et elle envisage pendant un moment d'aller en chercher un. On verrait bien si Odin arrive à l'en empêcher. Mais elle sait qu'elle a de meilleures solutions à sa disposition. L'instinct de survie qui l'a poussée à quitter les Philippines, à se déshabiller quand il le fallait, à se faire embaucher chez FedEx pour profiter des avantages sociaux, lui conseille de ne pas bouger.

Le moment viendra.

Elle regarde Odin avaler deux antalgiques et, sans un mot, se rendre dans la chambre d'un pas lourd. Est-ce qu'il n'a pas déjà pris des cachets contre la douleur il y a une demi-heure? Dix autres minutes s'écoulent avant qu'elle se relève. Elle sort un petit miroir de son sac à main. Son œil gauche enfle déjà. Chance King entre dans la cuisine, vêtu de son pyjama Bob l'éponge, et elle lui donne un bol de chips. Sans avoir conscience que quelque chose ne va pas, il retourne devant la télé.

Odin ronfle, allongé sur le dos, quand Princess entre dans la chambre. Les rideaux plastifiés crasseux plongent la pièce dans la pénombre. Les antalgiques devraient le faire dormir plusieurs heures. Elle commence par inspecter les tiroirs d'Odin. Elle fouille parmi les caleçons, les chaussettes et les T-shirts. Rien. Elle ouvre l'armoire et sort les cartons posés par terre. Ils sont là depuis qu'ils ont emménagé et elle ne s'est jamais demandé ce qu'ils contenaient. Maintenant, elle le sait: la collection de cartes de base-ball d'Odin, quelques papiers militaires qu'elle parcourt rapidement et juge sans intérêt, et des revues pornographiques. En entendant Odin marmonner, elle se retourne et pousse un soupir: il parle dans son sommeil. Reportant son attention sur l'armoire, elle examine l'intérieur de vieilles baskets en cuir, de rangers et de mocassins noirs éculés.

Chance King ne quitte pas des yeux l'écran de la télé pendant que sa mère met le salon sens dessus dessous; elle va jusqu'à chercher sous la housse du canapé marron tout taché et vérifier si la moquette bon marché n'a pas été décollée. Il n'y a que de la poussière.

Frustrée, elle traverse la cuisine et sort dans le jardin de derrière. Elle aperçoit les montagnes à l'horizon ; son vœu le plus cher serait de les survoler pour s'enfuir loin de cet endroit, mais elle sait que c'est pour bientôt, alors elle se concentre sur sa tâche. Odin a construit une petite cabane en contreplaqué pour leur fils et Princess glisse la tête à l'intérieur. Il n'y a qu'une petite chaise et un pistolet en plastique.

Deux poubelles sont alignées sur le côté de la maison. Elle soulève un couvercle, puis l'autre, mais elle ne voit que des ordures dans des sacs. Elle déplace les poubelles pour regarder dessous. Rien.

Il ne reste plus que la voiture d'Odin. En marchant vers l'Impala garée dans l'allée, Princess jette un coup d'œil vers la maison ; elle ne veut pas qu'Odin la surprenne. Elle referme la main sur la poignée et tire : la portière est verrouillée. C'est elle qui a conduit en dernier, mais quand ils sont rentrés de l'hôpital, Odin lui a réclamé les clés. Elles sont certainement dans sa poche de pantalon.

Pendant son absence, Odin s'est tourné sur le côté, mais il semble toujours endormi. Princess aperçoit son jean maculé de sang parmi des vêtements sales entassés par terre. Elle s'accroupit et glisse la main dans la poche de devant. Le plancher grince au moment où elle ressort sur la pointe des pieds. Elle se fige et tourne la tête vers Odin. Il a la bouche ouverte et un filet de bave coule sur l'oreiller.

De retour à la voiture, Princess se glisse derrière le volant et ouvre immédiatement la boîte à gants : une paire de lunettes de soleil, deux cartes routières, une lampe électrique, les papiers du véhicule et un certificat d'assurance. Elle regarde sous les sièges et découvre quelques bouteilles de bière vides, une figurine de Homer Simpson appartenant à Chance King et un crayon cassé. Sur la banquette arrière traînent d'autres bouteilles vides et quelques pièces détachées.

Le coffre est son ultime espoir. Une fois de plus, elle regarde en direction de la maison. Si Odin l'observe par la fenêtre, elle expliquera que son fils a perdu quelque chose. Le soleil éclaire un pneu crevé, des vieux journaux et un extincteur. Elle s'apprête à refermer le coffre quand elle se souvient qu'il existe un compartiment destiné à la roue de secours. Or la roue de secours ne s'y trouve plus puisqu'elle a été installée. Rapidement, elle soulève le tapis taché de graisse qui recouvre le fond du coffre et la trappe du compartiment.

Vide.

Princess se sent envahie par un sentiment de désespoir familier. Le soleil monte dans le ciel, encore une journée torride en perspective. Dans quelques heures, Odin va se réveiller et elle ne veut pas l'affronter. Elle repense au tiroir à couteaux dans la cuisine. Et soudain, elle se souvient du camping-car abandonné au milieu des mauvaises herbes du jardin. Il s'agit en fait d'une sorte de caravane sans roues que l'on pose à l'arrière d'un pick-up. Odin parle régulièrement de la retaper pour qu'ils puissent partir camper tous les trois, dans les montagnes, pêcher et nager, comme une vraie famille.

C'est ça. Dans ses rêves.

Elle ouvre la porte de la caravane et scrute l'intérieur. Il empeste la moisissure. L'ameublement se limite à deux couchettes et un petit placard à trois tiroirs; apparemment, personne n'y est entré depuis des années. Le découragement la saisit, mais elle sait qu'elle doit continuer à chercher.

Toujours rien.

Princess retourne dans la maison, où son fils l'attend.

– Faim, dit-il.

Ils se rendent tous les deux dans la cuisine. Elle sort du réfrigérateur un pot de beurre de cacahuète et le tend au petit garçon. En temps normal, elle lui ferait un sandwich, mais elle se sent trop abattue. Elle remarque le bouddha au sourire énigmatique sur le plan de travail. Suivant une impulsion, Princess soulève la statuette pour examiner le dessous. Elle promène ses doigts sur le socle en bois et dans le dos, en vain. Il n'y a pas de compartiment caché. Déçue, elle repose la statuette et se demande ce qu'elle va faire maintenant.

Chance King se débat avec le couvercle du pot de beurre de cacahuète. Il s'énerve. Finalement, il le tend à sa mère qui lui demande d'attendre un instant. Elle reprend le bouddha et essaye de lui dévisser la tête. Rien ne se passe. La paume appuyée sur le visage serein de l'idole, elle exerce le maximum de pression avec le poignet et le bras. Après plusieurs secondes, la tête de la statuette saute comme un bouchon. Le torse contient une épaisse liasse de billets roulée. Le cri de joie de Princess fait sursauter Chance King. Elle lui prépare une tartine de beurre de cacahuète et de confiture sur du pain de mie. Il la dévore pendant qu'elle compte précipitamment les billets.

Si Odin ne l'avait pas frappée, elle lui en aurait laissé quelques-uns. Cinq mille dollars. Chance King et elle peuvent retourner aux Philippines.

30

La voix mélancolique et nasillarde de Merle Haggard emplit la cabine de la camionnette tandis que Jimmy songe à Hard, au destin et au meurtre. Il espère sincèrement, en son for intérieur, que Hard n'est pas coupable. Car s'il considère son ancien chef comme un ennemi, il essaye de devenir quelqu'un pour qui ce concept est une abomination. Et même au niveau du développement spirituel naissant qui est le sien, les replis de son cœur ne sont pas assez sombres pour souhaiter que Hard connaisse le sort d'un meurtrier reconnu coupable: enfermé dans une cellule de San Quentin, tous ses appels rejetés, attendant la piqûre et l'oubli.

Le quartier général de la police de Desert Hot Springs n'a pas changé d'un iota depuis le départ de Jimmy, il y a presque deux mois. Et une fois qu'on l'a laissé franchir le portail électronique, c'est la fête, tout le monde lui lance des «Comment ça va?», «Alors, ce nouveau boulot?», «Salut, mec!». Dans la grande pièce principale, il voit Arnaldo discuter avec Glenn Korver, qui prend des notes dans un carnet. Jimmy et Arnaldo se serrent la main. Ce dernier secoue la tête. Tu te rends compte? Hard Marvin? Glenn Korver se lève et dit bonjour. La quarantaine, petit, dégarni sur les côtés, taillé comme un haltérophile. Il porte un pantalon de toile et un polo de golf vert, avec un aigle sur la poitrine. Jimmy et lui échangent une poignée de main ferme et un regard vide. Korver est un ancien militaire et Jimmy a toujours pensé qu'il ne l'aimait pas parce que lui n'avait jamais servi sous les drapeaux.

Arnaldo explique à Jimmy que tout le monde travaille sur le double homicide de la supérette. Jimmy hoche la tête et se dirige vers la cafetière installée dans un coin ; il prend un gobelet en polystyrène et se sert. Sur ce, il tire une chaise jusqu'au bureau d'Arnaldo, s'assoit à côté de Korver et dit :

– Alors ?

Korver lui tape sur l'épaule. Jimmy le regarde. Korver se lève et lui fait comprendre qu'il veut lui parler en privé. Tous les deux tournent le dos à Arnaldo qui mime l'indifférence.

Korver chuchote :

– C'est mon enquête.

– Je sais bien, Glenn. Je viens juste voir mes potes. Je ne suis pas ici pour marcher sur vos plates-bandes. (Glenn Korver s'interroge.) Mais cette histoire a éveillé ma curiosité.

Jimmy revient s'asseoir devant le bureau d'Arnaldo. Magnanime, il fait signe à Korver de les rejoindre. Celui-ci s'exécute, à contrecœur visiblement. Cali approche à son tour, prend une chaise, s'assoit à côté de Jimmy et dit :

– Ça va faire du foin.

Comme s'il ne s'était rien passé entre eux l'autre soir. Jimmy aime bien sa façon de se comporter. Cali et Glenn se saluent d'un hochement de tête. Jimmy se charge des présentations. Il se réjouit de voir que Glenn n'est pas aussi familier de cet endroit et de ceux qui y travaillent. Mais il se ressaisit. Cette satisfaction est une forme d'attachement. Il faut lâcher prise. La souffrance débouche sur la liberté.

Inspirer. Expirer.

La voix d'Arnaldo interrompt cette légère automutilation.

– Hier soir, vers minuit, j'ai reçu un appel. Je me suis rendu à la supérette Super 1 de Valley View. Deux cadavres. Un employé de type hispanique et une cliente de type caucasien. Multiples blessures par balles dans la poitrine, tous les deux. Un vrai film d'horreur. Du sang partout, du verre brisé, un bordel monstrueux. Il y avait un portable par terre. On l'a ouvert et on est tombés sur une photo de Hard.

Jimmy a beau savoir qu'il y avait une histoire entre Hard et la victime, il sursaute en entendant ça. Arnaldo déplace la souris de son ordinateur et clique. Le portrait du chef de la police apparaît sur son écran.

– Il lui a laissé un message la nuit dernière.

Il déplace le curseur sur une autre icône et clique de nouveau. Jimmy tend l'oreille ; il essaye de faire le tri dans la cacophonie qui règne à l'intérieur de sa tête, tandis qu'on entend la voix de Hard, dure, imbibée de bourbon : *Nadine espèce de salope. Je sais ce que tu as fait à Fléau et je veux que tu saches que tu vas passer le restant de ta vie à regarder par-dessus ta jolie épaule.*

Cali est la première à briser le silence :

– Il sait parler aux femmes.

Korver demeure impassible, mais cette boutade provoque quelques ricanements approbateurs chez Jimmy et Arnaldo.

– La femme se nomme Nadine Never, ajoute Cali. On s'est renseignés et on a appris qu'elle travaillait dans un salon de bronzage, le Hâle-Cool. Sa patronne nous a dit qu'elle occupait illégalement une maison de Cathedral City.

Jimmy veut savoir s'ils sont allés sur place.

– On est allés perquisitionner il y a deux ou trois heures. Elle avait un ordinateur portable, on est en train de tout charger. Et on a trouvé un chien dans un tiroir.

– Ah bon ? fait Jimmy d'un ton purement professionnel. Quelle race ?

– Un petit chihuahua gueulard qui a essayé de m'arracher un bout de la main, répond Arnaldo. La fourrière est venue le chercher.

Quand Jimmy les interroge sur le contenu de l'ordinateur de Nadine, Korver intervient :

– Je sais que vous vous intéressez à cette affaire Jimmy, et je peux le comprendre. Mais c'est mon enquête.

– Je vous le répète, Glenn… (Jimmy essaye d'ôter les épines de sa voix.) Je suis juste venu dire bonjour à mes potes de la police.

Korver hausse les épaules et lui demande de laisser tomber ; Jimmy le lui promet.

Il s'adresse ensuite à Cali et Arnaldo :

– Et l'employé de la supérette ? Ce ne serait pas une histoire de drogue ?

Cali lit ses notes.

– Carlos Salinas, quarante-cinq ans, marié, quatre enfants, casier vierge. Il s'est trouvé au mauvais endroit au mauvais moment.

Inutile de s'attarder. Jimmy dit au revoir à Cali et à Arnaldo et souhaite bonne chance à Glenn Korver. Bien qu'il ait encore du mal à croire que Hard soit le meurtrier, ses doutes se dissipent rapidement. En revenant à Indio, il appelle Cali. Quand elle décroche, Jimmy lui explique qu'il avait l'intention de l'appeler aujourd'hui. Oui, bien sûr, dit-elle. Il lui demande si elle est partante pour une autre sortie, un de ces jours, et elle répond qu'elle a besoin de réfléchir, mais il sait qu'elle plaisante car deux secondes plus tard, elle lui propose un rendez-vous le soir même. Juste avant de raccrocher, il lui demande si elle pense que Hard a pu perdre tout contrôle et faire un carnage à la supérette. Oh oui, je pense, dit-elle.

Une fois sa journée terminée, Jimmy rentre chez lui, donne à manger à Bruno, prend une douche, puis enfile un jean, un T-shirt noir et une veste légère. Il retrouve Cali dans un restaurant coréen de Desert Hot Springs. Elle porte un jean elle aussi et un chemisier rouge moulant. Trois bracelets en argent ornent ses poignets et ses boucles d'oreilles sont de petits anneaux en or décorés d'une perle. Jimmy ne se souvient pas de l'avoir vue porter des bijoux, mais peut-être qu'il n'avait pas fait attention. Elle appuie son menton dans sa main gauche en parlant et l'éclairage tamisé fait briller ses bracelets. Ses cheveux défaits tombent sur ses épaules. Jimmy se surprend à penser que ça pourrait être sérieux entre eux. Ils mangent du kimchi et des bols de tofu au bœuf, moyennement relevé pour Cali, épicé pour Jimmy. Cali lui apprend qu'elle s'est engagée dans l'armée pour payer ses études et lui parle de son bref mariage avec un type, au Texas. Jimmy lui parle alors de Darleen, en précisant qu'il est responsable à cinquante pour cent au moins de tout ce qui n'a pas marché dans leur relation. Une heure s'écoule avant qu'ils en viennent aux meurtres de la supérette, et pour la première fois, Cali évoque ses propres rapports avec le chef. Cela ne surprend pas Jimmy qui, dit-il, a entendu ce genre de rumeurs pendant des années.

– J'admire ton sang-froid. Tu n'as pas porté plainte. Tu as juste failli lui briser la mâchoire, rigole Jimmy.

– À quoi ça aurait servi de porter plainte ? Je serais devenue une emmerdeuse avec qui aucun flic ne veut travailler.

Après le dîner, ils vont au cinéma à Palm Springs, voir un film de science-fiction dans lequel un virus décime la planète, et Bruce Willis doit conduire tout le monde sur un autre système solaire. Ensuite, Cali demande à Jimmy s'il veut la raccompagner chez elle à Yucaipa, à l'ouest.

Elle habite dans une résidence qui domine la nationale, mais une fois les fenêtres fermées, c'est calme et les phares des voitures qui foncent vers l'est et vers l'ouest en contrebas ont un effet hypnotique. C'est un appartement de deux pièces, décoré simplement. Une table à plateau de verre, située juste à côté de la cuisine, peut accueillir quatre personnes. Un canapé modulable blanc fait face à un téléviseur, sur les étagères en bambou et en verre sont disposés des assiettes et des vases décoratifs, quelques grands livres de photographie, une mini-chaîne et une rangée de CD. Cali met un disque de Sade et se sert un cognac ; elle demande à Jimmy s'il en veut un. Aussitôt, elle est gênée d'avoir oublié qu'il ne buvait plus. Il lui dit de ne pas s'inquiéter pour ça et lui fait traverser le salon en valsant, au rythme de la musique, il l'attire contre lui, l'embrasse dans le cou, renifle son parfum qui sent le jasmin.

Ils font l'amour dans la chambre et après son deuxième orgasme, Cali lui dit qu'elle pourrait facilement prendre goût à tout ça, puis elle se blottit contre lui et s'endort.

Jimmy n'avait pas l'intention d'utiliser l'ordinateur de Cali, mais après être resté couché pendant vingt minutes sans trouver le sommeil, il se lève et retourne dans le salon. Il ne veut pas allumer la télé car le son risque de la réveiller, alors il a l'idée de surfer sur Internet jusqu'à ce que la fatigue le renvoie se coucher. Le portable de Cali est sur la table de verre. Jimmy l'allume et attend qu'il démarre.

Il passe un moment sur le site du Club Canin américain pour effectuer des recherches sur différentes races, puis se rend sur un forum consacré aux bergers allemands, où il lit quelques commentaires, sans rien poster. Sentant venir la fatigue, il se déconnecte. Quand le fond d'écran réapparaît – une vue panoramique de la Colorado River à Austin, Texas –, le regard de Jimmy glisse paresseusement sur les icônes du bureau. Il y a plusieurs logiciels, dont un pour remplir ses impôts et un autre pour jouer au poker, et un dossier intitulé « Affaires en cours ». Normalement, il serait confronté à un dilemme éthique et Jimmy n'aime pas jouer les fouineurs. Mais étant donné qu'il a été sommairement écarté de ce qui aurait pu être la plus grande affaire de sa carrière, la curiosité le ronge comme de l'acide de batterie en contact avec la membrane de son self-control. Et puis merde ! se dit-il. Cali en ferait autant. Après être allé vérifier qu'elle dort profondément, il ouvre le dossier.

Elle a chargé sur son portable le contenu du disque dur de Nadine Never. Il fait défiler les informations. Des factures de carte de crédit : restaurants, manucures, épilations, supermarchés, animaleries et pharmacies. Des relevés bancaires en PDF, le plus récent indiquant que Nadine possédait un peu plus de deux mille dollars sur un compte-épargne au moment de sa mort.

Il remarque qu'elle avait enregistré dans ses favoris plusieurs sites de tennis. Il trouve également des photos, des instantanés de Nadine en compagnie d'amis sur la plage, dans les collines au-dessus de San Diego, avec l'océan pacifique en toile de fond. D'autres photos la montrent jouant au tennis. Mais les plus nombreuses représentent un tout petit chien, un chihuahua. Un dossier contient un formulaire d'inscription à un programme de télé-réalité. D'autres concernent les voiliers et le nord-ouest des États-Unis. Nadine n'était pas une adepte des réseaux sociaux ; dommage pour Hard car ils auraient constitué une source abondante de suspects. Au bout d'une heure, la somnolence le gagne ; il est sur le point de retourner se coucher quand il avise un dossier intitulé « Voyages ». En cliquant dessus, Jimmy découvre des vidéos publicitaires pour des lieux de vacances largement au-dessus des moyens de Nadine, dans des endroits comme Bali, avec des bungalows suspendus au-dessus d'une mer azur éclatante qui coûtent plusieurs milliers de dollars pour une seule nuit. Il y a également une facture pour un week-end dans un hôtel économique à Las Vegas. Une carte d'embarquement pour un vol à destination de San Francisco. Et deux autres, pour Cabo San Lucas. L'une au nom de Nadine Never, l'autre au nom de Kendra Duke. Vol Delta Airlines 4753, sièges 14a et 14b, départ de Los Angeles. Jimmy suppose que Cali connaît le contenu du disque dur de Nadine et a choisi de le garder pour elle. Il ne peut pas lui en vouloir, mais ça ne lui plaît pas. Il est vrai qu'entre les mains de Jimmy, cette information constitue un léger conflit d'intérêts.

S'en aller après l'amour est mal vu, il le sait, mais il a besoin de décider ce qu'il doit faire de cette info, et ce n'est pas en restant éveillé toute la nuit dans le lit de Cali qu'il pourra réfléchir posément.

Jimmy regarde autour de lui. Il y a une imprimante portative sur une étagère. Il retourne voir Cali. Ayant constaté qu'elle dort à poings fermés, il imprime la carte d'embarquement au nom de sa belle-sœur. Au moment où il va éteindre l'ordinateur, il se dit qu'il y a peut-être d'autres perles à découvrir dans le marécage du disque dur de Nadine et il se rassoit. Une demi-heure passée à fouiller dans les différents dossiers ne donne rien d'intéressant, jusqu'à ce qu'il tombe sur un ensemble de photos prises au cours de ce séjour au Mexique. Il se sent revigoré. Il voit sa belle-sœur en bikini sur une plage. Tenant une raquette de tennis, au bord d'un court, avec des palmiers à l'arrière-plan. Dans un restaurant, le visage masqué par des lunettes noires, buvant une margarita. Devant un salon de tatouage. Dans une chambre d'hôtel, relevant sa jupe jaune pour montrer du doigt un petit Hello Kitty tatoué sur sa fesse nue. Et puis, la voilà à côté de Nadine. Les deux femmes tournent le dos à l'objectif. Elles portent juste un string. Il remarque qu'elles s'embrassent avant de constater que

Nadine arbore le même personnage de manga tatoué exactement au même endroit. Il se demande si Randall est au courant. Doit-il lui en parler ou pas ? Ce serait gênant. Et bien plus que ça. Jimmy sait que cette photo pourrait placer son frère dans la ligne de mire de Mary Swain et elle presserait sur la détente jusqu'à ce qu'il soit mort au moins deux fois. Sans oublier les ramifications judiciaires. Une femme avec qui l'épouse de Randall avait, semble-t-il, des relations sexuelles est retrouvée assassinée juste avant l'élection. Si cela devait s'ébruiter, les gens poseraient des questions dérangeantes, au minimum. Jimmy est sûr d'une chose : la roue karmique fonce droit sur Randall Duke.

– Cali… (Il s'agenouille près du lit et pose délicatement la main sur son épaule douce.) Je n'arrive pas à dormir. Je rentre chez moi.

– Hmmm, fait-elle, sans ouvrir les yeux. OK.

Quand il se penche pour l'embrasser sur la bouche, elle tourne la tête et il frôle sa joue avec ses lèvres. Il promet de l'appeler demain, mais elle s'est déjà rendormie.

http://www.machiavel-du-desert.com
3/11 - 23:58

Même dans mes moments les plus sombres, les plus cyniques, jamais je n'aurais cru que Hard Marvin serait capable d'assassiner sa petite amie. Le Chef m'a toujours fait l'impression d'être le genre de type capable de partir en vrille comme une fusée artisanale: rapide, bon marché et incontrôlable. Mais pas à ce point. Et pas avec un sens du timing aussi déplorable. Du fait de son rôle dans la campagne de Mary Swain, cela ne va pas aider l'Hôtesse de l'air à se faire élire.

Je ne suis pas un spécialiste des meurtres, mais je sais une chose: un enquêteur regarde toujours à qui profite le crime. Si une épouse meurt, la première personne vers qui vous vous tournez, c'est le mari. Osez dire le contraire. Voilà le monde dans lequel on vit. Eh bien, à qui profite le crime ici? Au Chef Marvin direz-vous, étant donné qu'il se débarrasse ainsi de sa petite amie qu'il devait trouver (à supposer que ce soit bien lui le meurtrier) terriblement agaçante.

Addendum: le Machiavel a reçu un tas de mails furieux émanant de l'équipe de Mary Swain afin de démentir les rumeurs sur l'existence d'un enfant naturel métis. J'ai également reçu un mail d'une journaliste politique qui écrit pour le quotidien local. Dans l'édition de demain, vous pourrez lire son article qui reprend en détail mon exposé non corroboré et le démenti de pure forme de l'Hôtesse de l'air. Je dirai ceci à propos de son adversaire: Randall appartient peut-être à une longue lignée de charlatans prétentieux, mais au moins, il a de la matière grise dans la tête et aucun enfant métis illégitime dans son passé. Que ce soit bien clair: le Machiavel n'a rien contre les enfants métis. Sauf quand ils voient le jour en dehors du mariage, dans la vie d'une sainte comme Mary Swain.

Rendez-vous à l'église.

Dimanche 4 novembre

31

La fréquence à laquelle Randall se rend à l'église augmente de manière exponentielle chaque fois qu'une élection se profile à l'horizon et il espère bien peaufiner ses références spirituelles. C'est la quatrième semaine d'affilée qu'il va à l'Église du Désert, un lieu de culte non confessionnel de Palm Springs qu'il a choisi dans l'espoir de froisser le moins d'administrés possible. En ce dimanche matin, il est assis au premier rang. Kendra se trouve à ses côtés, ses lunettes noires masquent son expression catatonique, et leur fille a pris place à leur droite. À la gauche de Randall est assis Dale. Randall souhaite tirer le maximum de bénéfices de la libération de son frère, et y a-t-il un meilleur endroit pour exhiber ce trophée brisé, cette illustration de sa générosité, de sa tolérance et de son sens du pardon que la messe dominicale ? Quant à la désastreuse tentative de Dale pour l'aider dans sa campagne, ils n'en ont pas encore parlé. Et Randall n'a nullement l'intention d'en parler.

En temps ordinaire, Kendra n'aime pas assister aux offices religieux, mais dans le sillage de la mort de Nadine, elle s'accroche au moindre espoir de rédemption. Quant à Brittany, elle passe presque tout son temps à lire en douce *Une chambre à soi.* Mais Randall sait que pour un politicien, il n'y a rien de mieux qu'une famille unie, si ce n'est une famille unie qui va à la messe, car en dépit du bourbier dans lequel a sombré le pays, les électeurs aiment croire que leurs représentants font au moins semblant de s'intéresser aux valeurs traditionnelles.

Randall aurait aimé que Jimmy soit présent aussi. Les trois frères n'ont pas été réunis depuis la libération de Dale et une photographie les montrant tous ensemble serait un message réconfortant envoyé à l'électorat. Pourtant, alors qu'il écoute le pasteur psalmodier que le Seigneur cherche à nouer une relation personnelle avec chacun de nous, et que les voix du chœur s'élèvent en un chant chatoyant, il oublie momentanément sa famille pour se laisser envahir par le sentiment que l'élection va bien se passer et que cette période délicate sera bientôt derrière eux.

Dale a bien précisé que personne ne devait pousser son fauteuil roulant non motorisé, et une fois l'office terminé, il exécute une rapide pirouette et roule vers la sortie grâce à sa seule force. Kendra et Brittany lui emboîtent le pas, Randall ferme la marche, en serrant les mains des paroissiens. Un jeune couple avec deux fils lui demande s'il accepterait de poser avec les garçons et Randall s'exécute avec plaisir: il les prend par les épaules pendant que leur mère les photographie avec son téléphone portable. À en juger par les sourires et les poignées de main qu'il reçoit en descendant l'allée, il est certain qu'ils ne seront pas nombreux dans cette assistance à voter pour Mary Swain mardi.

À l'entrée de l'église, Maxon, qui tient compagnie à Kendra et Brittany, le salue et dit:

– Je suis avec une photographe du *Desert Sun* qui souhaite faire une photo de famille.

Jimmy gare sa camionnette à un pâté de maisons de l'Église du Désert. Il n'a pas beaucoup dormi et il pète le feu après trois tasses de sumatra noir. Il veut parler à Randall pour voir ce qu'il sait au juste avant que quelqu'un de la police fourre son nez dans cette histoire. La mort de Nadine Never pourrait n'avoir aucun rapport avec son frère, mais il veut connaître les liens de cette fille avec sa famille, ne serait-ce que pour satisfaire sa curiosité. Arnaldo, Cali et les autres vont creuser la piste. Étant donné que Randall a réussi à sauver la carrière de Jimmy, le moins qu'il puisse faire, c'est de l'avertir.

Une petite femme d'un certain âge, vêtue d'une tunique et d'un legging noirs, avec deux appareils photo autour du cou, dispose Randall, Kendra, Brittany et Dale devant l'église, sous le regard d'une poignée de paroissiens, dont certains photographient eux-mêmes la famille Duke. Quand Jimmy approche, elle est en train de mitrailler furieusement. Randall est le premier à le voir et un large sourire se dessine sur son visage.

– Jimmy Ray, viens donc par ici !

Jimmy reste où il est, il attend que la séance photo reprenne. Dale est impassible, Kendra semble contempler les montagnes rouge brique au loin et sa nièce a adopté son habituelle expression de profond ennui.

– Allez, amène-toi ! Pour maman et papa ! s'exclame Randall, puis il s'adresse à la photographe : Arrêtez-vous tant que les trois frères Duke ne sont pas sur la photo.

Jimmy observe Dale, mais son jeune frère esquive son regard. Tout comme sa belle-sœur, qu'il voit d'un œil nouveau depuis qu'il a découvert la photo du tatouage sur ses fesses. Randall fait de grands gestes pour l'encourager à les rejoindre. Jimmy comprend que plus il se fera prier, plus ce sera long, alors il entre dans le cadre à contrecœur. Randall l'attrape par la taille et pose sa main sur l'épaule de Dale. Jimmy a pris sa décision : quelle que soit sa dette envers son frère, celle-ci sera soldée par la conjonction de son discours lors du Purity Ball et de sa présence sur cette photo. Il se tourne vers Randall, qui chatouille sa fille pour essayer de la faire sourire. Il se demande à quoi pense Kendra, comment elle réagirait si elle connaissait la raison de sa présence ici. Pourquoi a-t-elle gardé ses lunettes de soleil ? Une fois que la photographe en a terminé, Jimmy demande à Randall s'il peut lui parler.

Sur le trottoir, devant l'église, Jimmy informe son frère qu'il a tout lieu de suspecter que Kendra et une femme assassinée répondant au nom de Nadine Never se connaissaient bien et qu'elles sont parties au Mexique ensemble. En voyant Randall plisser le front, Jimmy se demande encore une fois ce que son frère sait déjà.

– Comment tu l'as appris ?

– Leurs deux noms figurent sur deux cartes d'embarquement, des sièges voisins. Si je n'en étais pas sûr, je ne t'embêterais pas avec ça. Mais c'était dans l'ordinateur de la victime. Kendra connaissait cette femme, donc ?

Jimmy est obligé de demander ça, les questions de pure forme font partie du métier.

– Oui, elle la connaissait.

– Elles étaient amies ?

– C'était la prof de tennis de Brittany.

– Je m'étonne que tu ne m'aies pas informé que Kendra la connaissait, Randall, vu qu'elle a été assassinée. C'est étrange. Elle a été tuée vendredi soir, on est dimanche. Tu lis toujours la presse locale, non ? La nouvelle faisait la une.

– Quel rapport avec moi ?

– Kendra et elle sont parties en vacances ensemble. Si ça se sait, ça va paraître bizarre. J'aimerais bien savoir ce qui se passe.

– Il ne se passe rien, Jimmy.

– Et j'aimerais savoir pourquoi tu ne m'as pas parlé de tout ça, jusqu'à ce que je trouve la copie d'une carte d'embarquement sur un ordinateur.

– Parce que je suis en pleine campagne électorale et même si j'éprouve le plus grand chagrin pour cette pauvre femme et sa famille, pour ce pauvre employé et sa famille, j'ai d'autres choses en tête.

– Je comprends, mais tu ne crois pas que ça risque de te retomber dessus ?

– Je suis censé tout arrêter pour t'appeler et te dire que ma femme connaît la victime d'un meurtre ?

Deux paroissiens, un couple d'un certain âge, passent devant eux. Lui porte un chapeau de cow-boy et un costume à la coupe western, elle une robe à fleurs.

– Bonne chance pour mardi ! lance l'homme.

Randall les remercie et attend qu'ils soient hors de portée de voix.

– Et maintenant ?

Tout cela est extrêmement embarrassant. Randall se trouve désormais menacé par une enquête criminelle et Jimmy a suffisamment le sens de la famille pour redouter de voir la vie de son frère détruite sans motif. Il s'interroge brièvement pour savoir s'il doit lui avouer que les deux femmes entretenaient certainement des relations sexuelles, et il conclut que rien de bon ne peut résulter de la divulgation de cette information.

– Les enquêteurs chargés de l'enquête voudront interroger Kendra.

– Tu crois qu'elle devrait prendre un avocat ? demande Randall.

– À toi de me le dire.

– Il y a des suspects ?

Quand Jimmy lui parle de Hard, il note un changement subtil d'attitude. De l'incrédulité à l'indignation, en passant par un soupçon d'allégresse à peine perceptible. Comment un représentant de l'ordre osait-il trahir ainsi la confiance du public ?

– Je ne peux pas entrer dans les détails, ajoute Jimmy, car l'enquête est en cours, mais dans l'immédiat, ça semble mal barré pour le chef Marvin.

– Est-ce que Kendra devra se rendre au poste pour répondre aux questions des inspecteurs ?

– Ils font des visites à domicile.

Autour du parvis de l'église, des fidèles regagnent leurs voitures. Sur le trottoir, à côté de deux palmiers gigantesques, Dale a la tête tournée vers Maxon qui lève les mains dans un geste d'apaisement. Les muscles dans le cou de Dale sont tendus comme des cordes de piano.

– Il faut que vous me les trouviez, d'une manière ou d'une autre.

– Je vous le répète, ce n'est pas si facile de trouver dix mille dollars en liquide. Les comptes de campagne sont contrôlés parfois.

Maxon ne veut pas donner cet argent à Dale, et il commence à se demander s'il ne devrait pas le laisser se débrouiller tout seul.

– Je croyais que ces types étaient vos amis.

– J'ai des amis un peu violents.

– Vous ne leur avez rien dit, hein ?

– Bon Dieu, non. Ils pourraient me tuer, vous pigez ? Ce sera de votre faute.

Maxon sort une balle de tennis de sa poche et se met à la pétrir dans sa main gauche. Si seulement il pouvait compter sur les complices de Dale pour mettre leurs menaces à exécution.

Quand Jimmy en a fini avec Randall, il part à la recherche de Dale. Il ne l'a pas revu depuis le jour de sa libération et il se sent un peu coupable. En balayant du regard les fidèles qui se dispersent, il l'aperçoit en discussion animée avec Maxon, sur le trottoir. Dale s'agite dans son fauteuil en faisant de grands gestes. Maxon et lui se taisent quand Jimmy approche.

– Je regrette que vous ayez loupé le sermon, dit Maxon.

– J'en suis sûr, dit Jimmy. (Il s'adresse à Dale.) Où est ton fauteuil de compétition ?

– En réparation, répond Dale, un peu trop vite.

– Déjà ?

– Camelote coréenne, dit Dale avec un grand sourire.

Jimmy aimerait que son frère arrête un peu de sourire. Ses dents pourries le font ressembler au criminel professionnel qu'il est, et Jimmy en a marre de le voir sous ce jour-là.

– Tu veux que je te ramène à Mecca ? Ça nous donnera l'occasion de parler.

– Je retourne pas là-bas.

– Il participe à la campagne, ajoute Maxon.

– Ah bon ? Qu'est-ce qu'ils te font faire ?

– Oh, des petits trucs. Tu vois.

– Si on dînait ensemble demain soir ?

– C'est la veille de l'élection, dit Maxon.

– J'ai l'impression que tu es un élément essentiel du processus de réélection, Dale.

Il s'ensuit un silence gêné pendant lequel Dale détourne le regard. Jimmy remarque que Maxon l'observe d'un air un peu crispé. Il malaxe une balle de tennis dans sa main gauche.

– Pourquoi pas mercredi ? propose Dale.

– Ouais, OK. Parfait. Je te ramènerai à Mecca après. (Il se tourne vers Maxon.) C'est pour quoi faire, cette balle de tennis ? Vous avez un match ?

– C'est un excellent moyen d'évacuer la tension.

– Vous devriez essayer la méditation.

– Je suis chrétien, répond Maxon.

Jimmy s'éloigne en se demandant à quoi il vient d'assister. Les deux hommes semblaient se disputer quand il était arrivé et ils s'étaient tus immédiatement en sentant sa présence. Quelle pouvait bien être la cause de cette dispute ? Jimmy a l'intention de poser la question à Dale la prochaine fois qu'il le verra.

32

Seuls les pasteurs et les prêtres aiment travailler le dimanche matin, mais la situation est exceptionnelle. Pendant que Cali examine le contenu de l'ordinateur de Nadine Never, au quartier général de la police, Arnaldo sirote un café dans un gobelet en polystyrène et lui dresse la liste effrayante des éléments à charge contre le chef Harding Marvin. Outre sa photo sur le téléphone portable de la victime, il y a un sms et un message vocal menaçants adressés à la victime; et une théorie prend forme, basée sur les souvenirs d'Arnaldo qui avait entendu le chef Marvin dire « Cette cinglée a assassiné Fléau », avant qu'il le flanque à la porte du bureau: la victime aurait tué le chien de Hard, offrant ainsi un mobile pour le meurtre.

Tout cela occupe l'esprit de Cali une heure plus tard lorsqu'elle se retrouve assise devant Hard et son avocat dans une salle d'interrogatoire. Elle enquête sur le double meurtre désormais, comme tous ses collègues. Il a été décidé ce matin, au cours d'une réunion avec le capitaine Delgado, ancien adjoint de Hard et désormais chef par intérim, que Cali se chargerait de l'interrogatoire initial du suspect, dans le but de l'agacer, avant qu'Arnaldo et d'autres inspecteurs expérimentés prennent le relai.

Cali sait que si elle avait parlé à Delgado de son problème avec Hard, on l'aurait envoyée planquer devant un autre laboratoire clandestin de crack. Que Hard ait profité de sa position hiérarchique pour obtenir ses faveurs et que leur rencontre se soit terminée violemment, on pouvait laisser ça de côté, estimait-elle. Et elle savait que ce n'était pas Hard qui aborderait le sujet.

Jolene Ryder est une petite femme pleine d'entrain qui souffre d'un léger surpoids. Une barrette dégage son front large en maintenant ses cheveux d'un blond terne, coupés sommairement au carré. Elle a des yeux gris plissés et une peau légèrement marbrée. Elle porte une robe à fleurs, des Birkenstock et son seul bijou est une montre avec un fin bracelet métallique. Une mallette est posée à ses pieds. Son père était policier et elle a défendu un grand nombre d'officiers de police accusés de crime commis dans l'exercice de leurs fonctions. Hard, lui, a enfilé un pantalon kaki et une chemise blanche. Quand le président du conseil municipal de Desert Hot Springs l'a suspendu temporairement, il a perdu le droit de porter son uniforme jusqu'à nouvel ordre : une terrible humiliation pour un homme qui l'a endossé durant toute sa vie d'adulte.

En pantalon noir, chemise en lin noir et chaussures plates, Cali s'est habillée pour la circonstance. Ils sont enfermés dans cette pièce depuis une heure et Hard n'a cessé de lui expliquer qu'il n'avait rien à voir avec le terrible sort qui s'était abattu sur Nadine.

– Vous pouvez me répéter indéfiniment que vous étiez dans le désert en train de faire brûler votre chien, chef, et nous pouvons demander à un type du labo de déterminer à quel moment ça s'est passé, ce n'est pas suffisant pour servir d'alibi.

Il serait faux d'affirmer que Cali ne ressent pas un petit plaisir sadique en voyant Hard dans cette position. Elle sait qu'il a envie de se débarrasser d'elle depuis des années, mais qu'il a résisté à la tentation par crainte des retombées judiciaires. Leur dernier conflit était lié au désir de Cali d'enquêter sur un homicide ; il y avait là une ironie qui n'échappe ni à l'un ni à l'autre. Et elle n'est pas surprise de constater qu'elle apprécie de se retrouver dans ce rôle inhabituel, en position de force face à Hard. Ce qui l'étonne, en revanche, c'est qu'elle n'éprouve aucune haine envers ce coureur de jupons, ce prédateur sexuel, meurtrier présumé désormais. Ce qu'elle éprouve ressemble plus à de la compassion.

Jolene consulte sa montre.

– Nous avons terminé? Le chef Marvin est ici de son plein gré et j'estime qu'une heure de son temps précieux, un dimanche matin, c'est suffisant.

Cali pense que Hard est dans un sérieux pétrin, bien plus que son avocate veut bien l'admettre; elle ne prend pas la peine de répondre.

– Et maintenant que nous avons établi que le chef Marvin n'avait rien à voir là-dedans, reprend Jolene, il n'y a rien à ajouter.

Cali et elle se connaissent. L'avocate avait défendu un suspect dans une affaire d'escroquerie sur laquelle Cali avait enquêté et elle l'avait fait acquitter. Or Cali avait la certitude que le type était coupable. Elle n'aime pas cette femme, mais elle sait que c'est une adversaire redoutable.

– Chef, je suis touchée par l'histoire de votre chien, dit Cali, incapable de s'empêcher de tourmenter Hard. Mais vous allez devoir trouver autre chose.

Hard se mord la langue pour ne pas cracher une réponse cinglante.

– Le chef Marvin n'a pas besoin d'alibi, dit son avocate. Tant qu'il n'est pas inculpé. Et il n'existe pas le moindre indice permettant d'affirmer qu'il se trouvait sur les lieux du crime. Il s'agit d'une coïncidence extrêmement malheureuse. Le chef n'a aucun antécédent et la victime n'attirera pas la sympathie du jury.

– Chef Marvin, dit Cali, nous avons un enregistrement dans lequel vous menacez Nadine Never. Et elle a été retrouvée morte. Vous devriez peut-être envisager de conclure un accord. Vous risquez la peine capitale.

Hard ne réagit pas, il se contente de regarder Jolene.

– Si vous demandez une mise en accusation, nous réclamerons un non-lieu immédiatement, dit l'avocate. (Elle se tourne vers son client.) On s'en va.

Hard repousse sa chaise, se lève et sort sans un regard pour Cali.

La rapidité avec laquelle le destin peut s'inverser la laisse un instant rêveuse. Hard qui essaye de la baiser dans sa voiture, elle qui travaille dans l'ombre de leur secret sordide, trop effrayée pour en parler, et voilà que la roue du karma s'apprête à réduire Hard en bouillie. Que lui avait dit Jimmy, déjà ? Si tu restes assis assez longtemps au bord de la rivière, tôt ou tard tu vois passer le corps de ton ennemi.

Hard a franchi les portes du quartier général de la police de Desert Hot Springs des milliers de fois, mais c'est la première fois qu'il le fait en tant que suspect dans une affaire de meurtre. Il jette un coup d'œil par-dessus son épaule, en direction du véhicule de la fourrière garé à proximité. Il se demande si tout cela est lié, d'une manière ou d'une autre, à l'histoire de ce chien policier, celui que Jimmy prétendait avoir libéré dans le désert. Il aurait dû faire preuve de plus d'empathie, il aurait dû tenir compte des sentiments de Jimmy pour ce chien. Pour Hard, c'est une erreur particulièrement difficile à assumer après le décès de Fléau. S'il avait vécu ça avant, il aurait sûrement réagi différemment. Mais c'est trop tard.

Alors qu'il marche vers son pick-up, l'impression qu'il n'est pas très apprécié de ses collègues grandit. Il ne s'attendait pas à découvrir une banderole ON EST AVEC VOUS, CHEF ! déployée sur la façade, mais la réaction de ses anciens subordonnés le met en rogne. Certains travaillaient avec lui depuis dix ans ! Cela l'amène à s'interroger sur l'humanité.

Qu'importe néanmoins si ses troupes ne font pas corps avec lui. Lui-même se montrerait méfiant si un de ses hommes se trouvait entraîné dans une histoire pareille. La vérité éclatera et très vite, tout rentrera dans l'ordre. Et il pense, non, il est sûr, qu'il pourra se remettre de ce qu'il considère comme une simple campagne de diffamation.

En s'asseyant au volant, il comprend qu'une seule personne peut prendre sa défense, faire en sorte que l'opinion publique le voie tel qu'il est réellement, une figure héroïque, un parangon des représentants de l'ordre sur le point d'être condamné à tort par le système qu'il a servi vaillamment. Cette personne, c'est Mary Swain. Hard sait qu'il doit lui parler le plus vite possible. Étant donné qu'il est au bord du précipice, il s'étonne de ne pas avoir eu de ses nouvelles. Quiconque connaît le monde de la politique ne serait par surpris par le silence de Mary Swain. Pourquoi une candidate en pleine ascension, qui attire déjà l'attention au niveau national avant même d'avoir remporté une élection locale, tendrait-elle la main à quelqu'un, surtout un fonctionnaire, qui se retrouve dans un imbroglio aussi nauséabond que celui-ci ? Mais Hard, lui, ne comprend pas ça. Il a plaidé sa cause énergiquement quelques jours plus tôt, il a béni le meeting de Mary Swain avec le pouvoir de son uniforme. Est-ce une femme d'honneur, se demande-t-il, ou une vulgaire politicienne, plus séduisante que les autres : Il aurait déjà dû recevoir un coup de téléphone de soutien.

Mary Swain a griffonné son numéro de portable sur un bout de papier et le lui a donné quelques semaines plus tôt. Il l'a glissé dans son portefeuille, comme un talisman. Il le sort et compose le numéro. Il tombe sur un message informatisé. Il est déçu, la voix de Mary Swain, même une version enregistrée, l'aurait réconforté.

Il existe plusieurs lotissements fermés et surveillés dans la Coachella Valley, mais Casa Sereno est celui dont rêvent les habitants de tous les autres. Non pas parce que les rues sont plus immaculées, les maisons d'une conception plus raffinée ou les résidents plus beaux. Mais à l'instar des gens qui sont célèbres parce qu'ils sont célèbres, Casa Sereno est le lotissement le plus recherché simplement parce que c'est ainsi que cet ensemble de maisons, de rues et de jardins paysagers est perçu. C'était là qu'elle voulait vivre, avait dit Mary Swain à son mari. Leur maison, une des quatre qu'ils possèdent, est une construction de style espagnol, moderne, avec cinq chambres, une entrée cathédrale, un salon et une salle à manger gigantesques, un jardin derrière et un garage abritant une Mercedes, une Land Rover, une Bentley décapotable et une Mini. Tout le monde sait qu'ils pourraient s'offrir quelque chose de beaucoup plus impressionnant, étant donné que parmi leurs autres habitations figurent un appartement dans la 5e Avenue à New York et un pied-à-terre près de Hyde Park à Londres. Mais Mary Swain a ce qu'à Palm Springs l'on nomme des « goûts simples » et cette villa a été achetée il y a quelques années seulement, dans une perspective politique.

Hard sait grâce à un memo interne que Mary a un moment de libre cet après-midi, alors il prend la direction de son domicile en pensant aux deux ou trois heures que

Vonda Jean et lui ont passées là-bas un soir, l'été dernier. Il s'agissait d'une collecte de fonds et en entrant, Hard avait été immédiatement frappé par deux choses : il était le seul dans l'assistance à toucher un salaire et il n'avait jamais été en présence d'une telle concentration de gens riches.

Ayant appris que Mary Swain se présentait aux élections, Hard lui avait envoyé un message peu de temps avant pour lui proposer ses services et à sa grande surprise, elle lui avait répondu personnellement. Oui, écrivait-elle, elle serait ravie que le chef de la police de Desert Hot Springs participe à sa campagne. D'ailleurs, elle organisait prochainement une collecte de fonds à son domicile, aimerait-il y assister ? Hard avait agité cette lettre sous le nez de Vonda Jean comme s'il s'agissait du discours de Gettysburg rédigé par Lincoln lui-même.

Il savoure le souvenir de cette visite, il se la remémore comme un film préféré, projeté d'innombrables fois dans sa tête. C'était par une douce soirée de septembre. À l'entrée de la maison, un jeune Mexicain en veste blanche les avait accueillis sans un mot en regardant d'un air narquois l'uniforme bleu marine de Hard. Quand celui-ci sortit fièrement son invitation, le jeune type lui indiqua d'un geste obséquieux la direction du jardin, là où se tenait la réception, autour de la piscine. Il faisait frais à l'intérieur de la maison, et en la traversant avec Vonda Jean, il remarqua les œuvres d'art sur les murs – des tableaux représentant des paysages désertiques et des ciels locaux – et le mobilier design : des agencements de métal, de cuir et de bois précieux, sombre, qui semblaient vous mettre au défi de les utiliser.

Un groupe d'hommes entouraient une belle femme et buvaient ses paroles comme si elles leur révélaient des secrets jusqu'alors inaccessibles, qui permettaient à ceux qui les détenaient de pénétrer dans des royaumes célestes, et Hard comprit qu'il voyait Mary Swain en chair et en os. Quelques secondes plus tard, elle glissa vers lui, telle une apparition, dans une robe blanche sans manches qui mettait en valeur son corps ferme, ses cheveux couleur miel ramenés sur le dessus de sa tête. Elle se présenta, d'une voix pleine de promesses cachées et si elle le lui avait demandé, Hard se serait enfui avec elle sur-le-champ. Elle les remercia d'être venus, leur offrit à boire et leur suggéra de se mêler aux autres invités, puis elle disparut pour aller voleter ici et là telle une fée dispensant sa magie partout où elle daignait se poser. Ce soir-là, Hard avait trouvé que Mary Swain bruissait de promesses. Il avait envie de rester près d'elle toute sa vie, mais comme ce n'était pas possible, il se jetterait à corps perdu dans sa campagne.

Il se souvient d'être resté au bord de la piscine miroitante dont la surface limpide reflétait les lampions blancs installés pour la fête. Il se souvient d'avoir reconnu les propriétaires de plusieurs entreprises locales, de deux casinos et d'un golf. Et il savait que la femme de l'autre côté de la piscine, dont la beauté lui semblait irréelle, était une star de cinéma. Il l'avait vue dans une comédie romantique que Vonda Jean avait voulu regarder quelques semaines plus tôt, sur le câble.

Vonda Jean portait une robe verte en coton toute simple, avec une ceinture. Hard avait senti, sans même lui poser la question, qu'elle se trouvait mal habillée et pas à sa place. Elle buvait du vin comme si elle devait étancher sa soif et après quelques verres, elle dit à Hard ce qu'elle pensait de ce rassemblement de rupins. La famille de Vonda Jean n'avait pas d'argent, et sur le chemin du retour, Hard l'accusa de détester ceux qui en avaient. Quant à lui, il ne nourrissait aucun ressentiment de classe;

il était plutôt du genre à se dire: où dois-je signer? Le monde des affaires ne l'intéressait pas, il n'avait aucun goût pour le lucre. En revanche, il aimait l'idée du pouvoir et se réjouissait de travailler pour Mary Swain si cela lui permettait de se rapprocher du trône.

Le lendemain, il appela le secrétariat de la candidate et fut immédiatement convié à plusieurs réunions. Voudrait-il avoir l'obligeance de porter son uniforme?

Hard n'est pas du genre bavard; il préfère se colleter aux réalités du terrain et laisser le bavardage aux intellos, voilà pourquoi ses échanges avec Mary Swain étaient limités, et quand ils se trouvaient ensemble dans une manifestation, il se contentait de jouir de son aura. Toujours aimable, Mary Swain exprimait tout le bien qu'elle pensait de Hard, chaque fois qu'il était près d'elle, et Hard était séduit par ce don qu'elle avait de regarder quelqu'un au fond des yeux et de lui faire oublier tous les gens qui se trouvaient dans un rayon de plusieurs kilomètres. Hard ne conviait jamais Vonda Jean à ses manifestations, et d'ailleurs, elle ne semblait pas particulièrement intéressée. Tant mieux. Sa relation avec Mary Swain connut son apogée quand elle lui demanda de la présenter lors du meeting organisé sur le parking du SaveMart une semaine avant l'élection.

Toutes ces pensées occupent son esprit au moment où il s'arrête devant le poste de garde à l'entrée de la résidence Casa Sereno. Il reconnaît le type en uniforme: mince, des cheveux fins, d'un blond grisonnant, coiffés en arrière, et des lunettes d'aviateur démodées depuis longtemps. Hard baisse sa vitre et se présente, comme le ferait une vedette devant un fan: on sait tous les deux qui je suis, mais je veux me montrer poli. L'homme salue Hard en regardant par-dessus sa tête; on dirait qu'il ne veut pas croiser son regard.

– Madame Swain n'est pas là, chef.

– D'après son programme de campagne, elle reste chez elle avec ses gamins aujourd'hui.

Le garde hoche la tête. Laconique. Il a tout le temps.

– Vous l'avez vue partir ? demande Hard.

– Je sais pas où elle est.

– Peut-être que vous pourriez l'appeler pour vous renseigner.

Hard serre le volant un peu plus fort. Dans son rétroviseur, il voit une BMW 750i s'arrêter derrière lui. Une femme d'une soixantaine d'années est au volant. Ses cheveux laqués forment une choucroute de plusieurs centimètres.

– Vous avez rendez-vous, chef ?

– Non, je n'ai pas rendez-vous.

Le gardien fait signe à la conductrice de la BMW de patienter. Hard le fixe du regard.

– Décrochez votre téléphone et appelez-la.

Le type hésite, puis s'exécute. À la personne qui est au bout du fil, il annonce que le chef Marvin est à l'entrée. Après un silence, il raccroche et déclare que Mary Swain ne peut pas le recevoir pour le moment.

– Vous lui avez parlé ?

Cette fois, c'est le garde qui le foudroie du regard.

– J'ai parlé à monsieur Swain, répond-il, invoquant les prérogatives territoriales masculines dont il est le défenseur, et son ton suggère que Hard devrait avoir assez de jugeote pour en déduire que leur conversation est maintenant officiellement terminée.

Mais Hard n'est pas devenu un meneur d'hommes en reculant, et il ne va pas laisser cet esclave salarié, qui ne pourrait même pas devenir un vrai flic, décider de quelle tournure va prendre le pétrin dans lequel il se trouve. Alors, il accélère et franchit les grilles de la Casa Sereno.

Le garde a dû appeler des renforts immédiatement, car moins de trente secondes plus tard, Hard aperçoit un véhicule de la sécurité dans son rétroviseur. Épuisé par le manque de sommeil et psychologiquement ébranlé par ce rôle inhabituel de suspect, il tente désespérément de retrouver le chemin de la maison de Mary Swain, mais les rues bordées de palmiers se ressemblent toutes. Quand une voix amplifiée et déformée braille : « Vous, dans la camionnette, arrêtez-vous ! », il s'ensuit un bref débat intérieur durant lequel il compare les avantages et les inconvénients d'entamer une discussion avec le vigile qui le poursuit ou de faire simplement demi-tour pour essayer de foutre le camp en conservant un semblant de dignité. N'étant pas d'humeur à bavarder, il exécute une manœuvre en trois temps et repart dans la direction qui, espère-t-il, lui permettra de quitter le lotissement. Le vigile est toujours à ses trousses et dans son rétroviseur, Hard le voit parler dans son micro, sans doute pour signaler la position de l'intrus à son collègue de l'entrée, qui va alerter la police de Palm Springs, si ce n'est pas déjà fait. Si seulement il pouvait effacer toute cette journée, pense Hard. Non, la semaine, le mois, l'année. Si seulement, il pouvait revenir au moment où il a croisé Nadine et passer devant elle sans s'arrêter. Il ne serait pas là en train de chercher la sortie de ce foutu lotissement. « Arrêtez-vous ! » ordonne la voiture de patrouille derrière lui, mais Hard sait que s'il obtempère, la police arrivera immédiatement, alors il tourne au coin d'une rue et s'aperçoit qu'il est revenu à la grille. Il accélère, en espérant que le vigile ne le poursuivra pas sur la voie publique.

En revenant de l'église, Kendra quitte sa robe et enfile une chemise de nuit en coton. Puis elle ferme les rideaux de sa chambre pour chasser la lumière implacable du désert et se couche. Cette matinée a été une épreuve. Rester assise entre Randall et Brittany durant tout l'office et faire comme si de rien n'était a sérieusement entamé ses capacités de résistance. Pendant une heure, elle a regardé la croix fixée au mur derrière l'autel pour ne pas voir les autres êtres humains. Qu'elle ait réussi à garder son sang-froid lui apparaît comme un miracle digne de la multiplication des pains et des poissons.

Sa fille est chez une amie et Randall fait campagne. Kendra n'a même pas pris la peine de lui demander où il allait. Elle espère que le sédatif qu'elle a avalé lui permettra de trouver le sommeil. Elle est seule dans la maison. C'est pourquoi elle s'étonne d'entendre un bruit de pas devant sa chambre. Puis une voix qui l'appelle. Elle se lève et va ouvrir.

– Je n'osais pas entrer, dit Jimmy.

Il se tient dans le couloir, à trois mètres de la porte.

– Qui t'a ouvert, Jimmy Ray?

Malgré le sédatif, elle remarque qu'une de ses jambes tremble.

– J'ai sonné, mais personne n'a répondu, alors je suis passé par-derrière. Tu devrais tout fermer à clé avant de te coucher.

Kendra s'appuie contre le montant de la porte, la tête rejetée en arrière. Elle essaye de maîtriser le tremblement de sa jambe et songe que le lit est défait, que les premiers boutons de sa chemise de nuit sont ouverts. Dessous, elle n'a ni culotte ni soutien-gorge. À cause de la nervosité ou de la climatisation, les pointes de ses seins se dressent à travers le coton fin. Elle se souvient d'être rentrée prématurément d'un week-end après avoir surpris son mari avec une femme de chambre. Le trajet en voiture jusque chez Jimmy, la bouteille de vin blanc. Depuis quand ne s'est-elle pas retrouvée seule avec son beau-frère ?

– Randall est absent. Je lui dirai que tu es passé.

Sa voix est glaciale.

– Je ne veux pas parler à Randall.

– Je ne me sens pas bien. J'essayais de faire une sieste.

– Tu la feras plus tard. C'est à toi que je veux parler.

– De quoi ?

– Ça t'embête si on s'installe dans le salon ?

– Je t'ai dit que je ne me sentais pas bien.

– Ce ne sera pas long.

Son ton indique qu'il s'agit d'une affaire sérieuse, Jimmy n'est pas là pour évoquer des souvenirs intimes oubliés.

Ils prennent place dans deux fauteuils voisins orientés vers le jardin et les montagnes. Kendra a enfilé un peignoir. Et se réjouit d'avoir avalé un sédatif avant l'arrivée de son beau-frère. Elle feint l'étonnement quand il évoque le double meurtre de la supérette. Quel rapport avec elle ? demande-t-elle. Jimmy lui parle alors des preuves retrouvées dans l'ordinateur de Nadine Never : les tatouages identiques, le baiser. Malgré le sédatif, l'esprit de Kendra rentre en ébullition. Que sait-il exactement ? A-t-il déjà compris ce qui s'était passé ? Est-il venu pour jouer avec elle ? A-t-il un plan destiné à dévoiler sa complicité dans ce sordide gâchis ?

– La police voudra t'interroger.

– Je la connaissais et elle a été assassinée. Qu'y a-t-il à ajouter ?

– Pas grand-chose, sans doute.

Jimmy se renverse dans le fauteuil, il semble détendu. S'il savait quelque chose, est-ce qu'il ne ferait pas pression sur elle ? À moins qu'il donne le change, en attendant qu'elle commette un faux pas.

– Vous étiez toujours amies ?

– Bien sûr.

– Tu n'as pas l'air très convaincue.

– On ne se voyait pas souvent.

– Mais vous êtes parties en vacances ensemble ?

– En qualité de quoi es-tu ici, Jimmy Ray ?

– En qualité de beau-frère, répond-il, abandonnant temporairement le côté professionnel avant tout. Si ce genre de chose venait à se savoir, les gens pourraient se faire de fausses idées. Crois-moi, c'est un service que je te rends.

– La police sait que tu es venu me voir ?

– S'ils le savaient, ça ne leur plairait sûrement pas. Alors, je te déconseille de leur en parler. Je veux que tu sois prête quand ils commenceront à te cuisiner.

– Pourquoi me dis-tu tout ça ?

– Ils ont déjà un suspect sérieux. Mais ils sont obligés d'explorer toutes les pistes. Je n'ai pas envie que tu te fasses prendre par surprise, c'est tout.

– C'est tout ?

– Oui.

Non, ce n'est pas tout. Depuis l'enfance, Jimmy a toujours su que Randall guettait la grande occasion ; c'est un homme qui refuse de laisser des détails insignifiants, et les gens en font partie, contrecarrer sa quête du Graal. La manière dont Randall a envoyé Dale à l'abattoir ; la façon dont il s'est justifié en disant que Dale était mineur, ajoutant : « J'ai beaucoup plus à perdre. » Jimmy avait vu Randall mener sa première campagne pour l'élection à la Chambre des représentants, et son équipe diffamer sans vergogne son adversaire. Quand Randall en a eu fini avec cette femme, on aurait pu croire qu'elle était l'amie personnelle de Saddam Hussein. Jimmy ne pouvait pas affirmer avec certitude que Randall savait quelque chose sur ce double meurtre, mais une des deux victimes représentait une menace potentielle pour sa carrière politique et, connaissant son frère, cette coïncidence méritait d'être explorée. Peu importe qu'on lui ait ordonné de rester en dehors de cette affaire, à cause de ses antécédents avec Hard. Il a besoin de savoir, pour être tranquille. Peut-être se réjouirait-il si Hard était coupable. Cela lui faciliterait la vie. Mais il voit se profiler la main de Randall. Et il n'aime pas qu'on lui mente.

La boule de tension dans le dos de Kendra est devenue dure comme un noyau de pêche. Elle passe sa main droite dans sa nuque et pétrit ses muscles entre ses doigts. Elle sent le regard de Jimmy, il attend. Elle sait qu'un bon enquêteur se contente d'écouter en pariant sur le fait que la personne à qui il essaye de soutirer des informations, gênée par ce silence, se sentira obligée de le combler avec des mots. Jimmy continue à attendre.

Est-il un allié à qui elle peut faire confiance ou un ennemi qu'elle doit fuir? Le toast qu'il a porté à son mariage est un souvenir glorieux et jamais elle n'a douté de sa sincérité en ce jour si lointain. Elle croit également que leurs liens ont perduré le soir où elle s'est rendue chez lui, la première fois où elle a envisagé de quitter Randall. Elle se dit qu'il l'aurait mise dans son lit s'il l'avait moins aimée.

– Je t'offrirais bien un verre ou autre chose, mais comme je te l'ai expliqué, je ne suis pas dans mon assiette. Je dirai à Randall que nous avons discuté. Il sera content.

– Qui a tué ces deux personnes à la supérette?

Ce changement de ton est si brutal qu'il traverse le brouillard à l'intérieur du cortex frontal de Kendra. Il se penche en avant pour la regarder droit dans les yeux.

– Tu le sais?

C'est le moment que choisit Kendra pour relever sa chemise de nuit sur ses genoux, pencher la tête entre ses cuisses et vomir sur le plancher. Un geste involontaire qui n'aurait pas pu mieux tomber. Elle gémit, tandis qu'un filet de bave pend de sa bouche. Jimmy se rend dans la cuisine et réapparaît avec deux torchons qu'il utilise pour nettoyer.

Kendra est renversée dans son fauteuil, la tête en arrière, quand il revient de la buanderie où il a déposé les serviettes sales.

– Connais-tu quelqu'un qui avait une dent contre Nadine ?

– Ce n'est pas fini ?

– Presque.

– Non, personne.

Elle le regarde en face. L'éruption de son estomac a eu un effet relaxant, toute la tension a quitté son corps. Ce qui lui permet de donner une impression d'épuisement et d'innocence scandalisée. En même temps, elle n'est pas certaine que Jimmy ne sache pas tout déjà. Après un silence d'une minute, elle propose de le raccompagner à la porte.

Une fois seule, elle retourne se coucher et laisse un message à Randall pour lui dire que Jimmy vient de s'introduire chez eux pour se livrer à un interrogatoire, de manière officieuse. Puis elle plonge dans un profond sommeil.

33

Hard s'engage sur la voie rapide de Twentynine Palms et la tension s'évacue. Il s'en veut d'agir de manière si impulsive. La circulation est fluide en ce dimanche matin, alors qu'il rentre chez lui. Vonda Jean est au dojo quand il arrive ; il se prépare un sandwich au jambon et va faire une sieste. Lorsqu'il se réveille, ces deux heures de sommeil agité l'ont à peine revigoré et la douche qu'il prend ensuite n'est guère plus efficace. En se séchant, il décide de consulter ses mails, puis se souvient que la police lui a confisqué son ordinateur.

Hard n'a pas fait de barbecue depuis les premières chaleurs, au mois de mai, mais il a envie de s'attacher les bonnes grâces de Vonda Jean – maintenant que la femme de ses rêves lui a fait comprendre qu'il n'est pas le bienvenu dans son monde – et il va chercher deux steaks épais dans le congélateur du garage. Après cela, il monte dans sa camionnette et se rend au supermarché où il achète des pommes de terre, quelques légumes verts pour préparer une salade et un pack de bière. Face au gril, il assaisonne la viande et repense à sa journée : le face à face avec Cali Pasco, l'expédition chez Mary Swain. Qu'est-ce qui l'a poussé à foncer chez elle, sinon une faiblesse inavouée à laquelle il ferait bien de réfléchir ? Comment a-t-il pu croire que Mary Swain, une femme qu'il connaît à peine, une politicienne en plein essor qui, apparemment, est capable de dire n'importe quoi pour être élue, prendrait sa défense ? Heureusement, les vigiles ne l'ont pas pourchassé en dehors du lotissement, sur la voie publique. Il devrait être reconnaissant à l'esprit de corps. Et vu la tournure que prennent les événements, il risque de se retrouver en train de leur réclamer du boulot.

La femme avec laquelle il a partagé sa vie pendant plus de vingt ans était un bien meilleur choix que Mary Swain. C'était auprès de Vonda Jean, il le comprend maintenant, qu'il aurait dû chercher de l'aide. Certes, ils ont eu des hauts et des bas, mais elle est la mère de ses fils et il s'est appuyé sur elle pendant presque la moitié de sa vie. Il relègue Mary Swain aux oubliettes pour penser à son épouse, à leur avenir commun. Il se félicite d'avoir décongelé les steaks et de lui avoir préparé à dîner. Un mari doit exprimer régulièrement sa gratitude à sa femme et Hard se promet de le faire plus souvent. Il jette un coup d'œil nerveux en direction de la pendule, comme s'il attendait l'arrivée d'un rancard. Un bref instant, il songe qu'il aurait dû prévenir Vonda Jean, mais il se rassure en se disant qu'elle appréciera la surprise, d'autant qu'il s'est montré avare d'attentions ces dernières années.

Il dépose les steaks grillés dans une assiette, sous un saladier retourné afin de les garder au chaud, puis s'installe dans le fauteuil inclinable pour attendre que sa femme rentre à la maison, ce qu'elle fait sur les coups de dix-huit heures trente. Dès que Vonda Jean arrive, Hard lui annonce qu'il voulait organiser quelque chose de spécial ce soir pour la remercier d'être si compréhensive en ces temps difficiles. Elle porte un survêtement turquoise avec des bandes rouge foncé et ses cheveux sont attachés par un élastique. L'aisance avec laquelle elle se déplace séduit particulièrement Hard à cet instant ; sa démarche athlétique lui apporte un réconfort familier. Il songe à l'embrasser, mais compte tenu de la nature orageuse de leurs relations actuelles, il décide de ne pas prendre de risque ; il ne veut pas viser des lèvres et se retrouver face à une joue. Vonda Jean lui explique qu'elle donne un cours ce soir, dans une heure, et qu'elle pensait rentrer se reposer un peu avant de repartir au dojo; toutefois, elle semble ravie quand Hard l'informe qu'il a préparé le dîner.

Alors qu'ils sont assis à la table de la cuisine, il lui parle de Mary Swain, comment il a essayé de la contacter, et comment elle l'a laissé tomber. Vonda Jean l'écoute d'une oreille compatissante; elle lui répond qu'elle n'a jamais aimé cette femme, et que cette réaction ne la surprend pas. Elle veut savoir comment s'est passé l'interrogatoire et Hard lui dit de ne pas s'inquiéter, il a la situation bien en main. Affamé, il dévore son steak, avec deux bières. Il lève les yeux vers son épouse qui picore des morceaux de viande sans conviction. Quand il lui demande si elle trouve ça bon, elle dit oui et le remercie d'avoir préparé à manger, mais Hard devine au ton de sa voix que quelque chose ne va pas. Il n'a pas envie d'insister, il veut juste dîner avec sa femme et peut-être regarder un peu la télé avec elle avant qu'elle reparte. Il ne protestera même pas si elle choisit un programme qui lui déplaît. Il a acheté de la glace et de la sauce au chocolat, et il lui prépare un sundae qu'elle semble apprécier, même si la conversation qui s'est tarie durant le repas ne repart pas au dessert. Hard débarrasse la table et quand il demande à Vonda Jean si elle veut un café, elle lui annonce qu'elle a l'intention de déménager.

– Tu sortais avec cette fille qui a débarqué chez nous, pas vrai?

Elle est toujours assise à table. Hard a fait la vaisselle et nettoyé le plan de travail. Il est adossé à l'évier.

– Si tu nies et si je découvre que c'est vrai… ajoute-t-elle.

Hard a réfléchi à la question: doit-il continuer à mentir? Il a pesé le pour et le contre et il a décidé que s'il voulait que Vonda Jean reste auprès de son homme, son homme avait intérêt à jouer cartes sur table.

– J'ai commis une erreur.

– Oui, comme tu dis.

– Mais tu sais que je ne l'ai pas tuée, hein ? Que je n'ai rien à voir avec toute cette histoire.

– Je veux le croire.

– J'ai envie que tu restes.

– J'ai besoin de réfléchir à ce que je vais faire du temps qu'il me reste à vivre, Harding. Et je ne veux pas que tu sois près de moi pendant que je réfléchis.

Le rayon d'espoir qu'elle représente, l'idée qu'il pourrait se voir accorder une deuxième chance, le poussent à proposer généreusement de partir à sa place, mais Vonda Jean répond que c'est elle qui s'en va. Pendant qu'elle rassemble quelques affaires, il reste assis dans le salon, à faire semblant de lire un magazine de chasse. Avant cet instant, il n'a jamais songé que ce qu'il éprouve pour sa femme, malgré l'usure des années qui les a rendus moins tolérants envers les faiblesses de l'autre, moins patients et compréhensifs, ça ressemble à de l'amour. Après un moment qui lui semble très court, il lève la tête et découvre Vonda Jean avec une valise.

– Je vais prendre une chambre au Best Western, annonce-t-elle. Tu peux m'appeler en cas d'urgence.

– En cas d'urgence ? (Il s'efforce de repousser un sentiment de panique.) Si la situation empire, tu veux dire ?

Il se lève de son fauteuil et s'avance vers elle. Vonda Jean baisse les yeux comme si elle examinait une tache sur le tapis et quand il se penche pour l'embrasser, elle lui tend sa joue. Elle esquisse un sourire, qui semble lui avoir été arraché, et s'en va ; seul un nuage de parfum dans l'air indique qu'elle se trouvait là une seconde plus tôt. Était-elle parfumée en arrivant ? Ou s'était-elle parfumée pour aller donner ce cours de karaté en nocturne ? Il essaye de se souvenir si elle mettait du parfum pour aller au dojo avant, mais très vite il s'aperçoit que ce n'est pas un sujet de réflexion très productif.

Il se laisse tomber dans le fauteuil inclinable et regarde droit devant lui. Intérieurement il se réprimande pour n'avoir pas anticipé le départ de Vonda Jean. Il se réconforte, néanmoins, en se disant qu'elle a laissé la porte ouverte, entrouverte plutôt, à une réconciliation. Il se renverse dans le fauteuil, prend la télécommande et met les infos. Le premier reportage concerne un groupe de marines de Twentynine Palms qui se préparent à partir en Irak. Ce n'est pas sans une certaine dose de jalousie qu'il regarde ces jeunes soldats gonflés à bloc et prêts à en découdre. Il sirote sa bière en imaginant qu'il les accompagne. Marre de toutes ces conneries d'activités civiles pour poules mouillées. Vient ensuite un sujet sur l'élection au Congrès. Randall Duke et Mary Swain, larges sourires et brushings impeccables, évaluent leurs chances respectives.

Le visage de Lacey Pall, une jeune reporter que Hard aime bien, apparaît sur l'écran.

– Du nouveau dans l'affaire des meurtres de la supérette de Desert Hot Springs, déclare-t-elle.

Hard se penche en avant, il serre sa bière dans sa main.

– … Selon certaines sources au sein de la police, le chef Harding Marvin, récemment suspendu, intéresse beaucoup les enquêteurs.

Il ne pensait pas être obligé de faire face si rapidement à l'étalage de sa situation personnelle. Il croyait que l'enquête durerait encore plusieurs jours avant que des décisions soient prises ; c'était du moins ce que lui avait assuré Jolene Ryder. Cette nouvelle le saisit à la gorge et l'entraîne sans ménagement là où il espérait ne pas aller.

Personne n'a envie d'intéresser les enquêteurs. Il n'entend pas la fin du commentaire de Lacey Pall. À la télé, il est maintenant question d'un collectif d'artistes locaux qui a réalisé un mur peint consacré à la vie de George W. Bush, lorsque son portable sonne pour la première fois. En seulement trois minutes, il reçoit cinq autres appels. Hard ne regarde même pas les noms qui s'affichent sur l'écran. Après le cinquième appel, il coupe la sonnerie.

Il va chercher une troisième bière qu'il boit devant le réfrigérateur. Il rote bruyamment et remarque un bout de croquette pour chien par terre. Intérieurement, il reproche à Vonda Jean de ne pas savoir tenir une maison propre, puis il se souvient que Fléau est mort, et que quelques minutes plus tôt, il aurait tout donné pour que sa femme reste près de lui. Une vague de tristesse impuissante le submerge alors et il fait le serment de mieux traiter Vonda Jean si elle décide de lui pardonner et de revenir. La sonnette interrompt ses pensées.

Un type corpulent, en uniforme, se tient sur le seuil: Don Crenshaw. Un gars de la police de la route que connaît Hard. Par respect, il tient sa casquette sous le bras. En temps normal, Hard est toujours content de voir un uniforme, mais il sait qu'il n'y a plus rien de normal. Il pense immédiatement qu'il est arrivé quelque chose à Vonda Jean et il sent sa poitrine se serrer. En voyant Crenshaw brandir un papier, il change d'hypothèse.

– Vous ne venez pas pour une perquisition, si?

– Il s'agit d'une injonction, chef. Réclamée par Mary Swain.

Il arrache le document des mains de Crenshaw et le parcourt rapidement. Mary Swain a demandé que Harding Marvin n'approche plus de son domicile, cesse de lui téléphoner ou de lui envoyer des mails; il ne doit plus tenter de la contacter d'une manière ou d'une autre, de l'effrayer, de l'intimider, de l'importuner ou de la harceler, ni de la menacer, il ne doit plus avoir le moindre contact physique avec elle, ne pas la surveiller ni la suivre et, pour finir, il ne doit ne pas entraver ses déplacements dans les lieux publics.

C'est l'honorable juge Alma Meserve qui a signé.

Si quelqu'un avait demandé à Don Crenshaw si Hard semblait embêté en recevant cette injonction, l'agent aurait répondu qu'il ne s'était pas laissé démonter ; il l'avait remercié et lui avait souhaité une bonne soirée. Parce que Hard avait réussi à masquer la honte brûlante qui se déchaînait dans tout son corps.

http://www.machiavel-du-desert.com
4/11 - 18:12

En examinant quelques sondages, le Machiavel avait l'impression que l'Hôtesse de l'air finissait très fort. Je misais sur elle, mais maintenant, on nous dit que c'est encore trop serré pour faire un pronostic. Aujourd'hui, en fin d'après-midi, face aux journalistes elle a attaqué les élites, les médias et tous ceux qui cherchent à affaiblir l'Amérique. Si elle perd, le Machiavel est prêt à parier qu'elle va cultiver ce sentiment d'injustice et de rancœur, et tenter à nouveau de s'emparer du siège de Randall. D'ailleurs, ce siège ne lui appartiendra peut-être plus. J'entends dire qu'il voudrait se présenter au Sénat. Ces élections ayant lieu dans deux ans, il devra se déclarer relativement tôt pour commencer à faire pleuvoir de l'argent du ciel. Mais ce n'est pas la nouvelle la plus importante du jour, chers lecteurs. Où en sont les paris concernant l'arrestation de Hard Marvin? Au moment de voter, n'oubliez pas qu'il faisait campagne pour l'Hôtesse de l'air il y a quelques jours encore, et qu'il est maintenant suspecté d'un double meurtre. Le Machiavel ne dit pas qu'elle a commis une erreur de jugement. Mais si c'est le genre de personnes avec qui elle s'associe pendant sa campagne, essayez d'imaginer qui elle choisira à Washington. Randall Duke, ancien démineur dans l'armée, est-il capable de désamorcer la pièce d'artillerie nommée Mary Swain?

34

La salle de bains principale est le domaine de Kendra. Elle la contemple depuis l'immense baignoire blanche encastrée, tapissée d'azulejos. Six puissants jets massent son corps immergé, tandis qu'elle contemple le double lavabo en porcelaine et ses robinets en acier brossé, la cabine de douche qui peut faire hammam et le bidet qu'elle a exigé. C'est ici qu'elle a passé d'innombrables heures de détente. Mais à cet instant, malgré les effets thérapeutiques avérés de l'eau tiède qui bouillonne et la musique de George Winston qui s'échappe de la station d'accueil pour iPod posée sur le couvercle du siège des toilettes, elle a beaucoup de mal à se détendre. Si elle n'avait pas avalé un Ativan il y a une demi-heure, elle serait en train de trembler comme une fusée avant le décollage.

Bien qu'officieuse, la visite de Jimmy n'a fait qu'accentuer son trouble. Et même si Kendra est parvenue à la conclusion qu'il ne savait rien, cela n'a pas soulagé son angoisse pour autant car une femme policier l'a appelée quelques heures plus tard afin de fixer un interrogatoire pour le lendemain.

Le secteur des remords est un quartier mal famé où Kendra refuse délibérément de s'aventurer, alors elle essaye de ne plus ruminer le triste sort de Nadine. Effort non couronné de succès. Nadine avait sombré dans cette quatrième dimension occupée par les ex-amants qui avaient pu jouer un rôle crucial dans sa vie à un moment donné, mais étaient désormais relégués dans un coin obscur de sa banque de données. Le fait qu'elle ait ressurgi avec la discrétion d'un char de mardi gras représente une source de consternation permanente. Alors, elle reste allongée dans son bain et essaye de faire rentrer Nadine dans l'emplacement qu'elle occupait avant leurs retrouvailles au Melvyn's. Mais elle refuse d'y retourner. Même si Nadine n'est plus que néant, cela n'atténue pas la force de son souvenir.

Tandis qu'elle se savonne les bras pour la troisième fois, Kendra se répète que la Chambre des représentants des États-Unis a besoin de Randall. Si Nadine a eu la mauvaise idée de le menacer, pourquoi Kendra devrait-elle s'en soucier? La culpabilité a aussi peu de sens que Pâques au Yémen. Elle va tirer un trait. Tôt ou tard. Elle ne sait pas trop comment. Mais elle y arrivera. Voilà ce que se dit Kendra en sortant de la baignoire et en se séchant avec une serviette épaisse.

La balance de la salle de bains. Aussi menaçante que le château de Dracula. D'une précision infaillible, elle l'appelle, elle la met au défi d'affronter les conséquences de sa masse corporelle. Chassant Nadine de ses pensées, elle observe son cul. Les relations entre Kendra et son poids sont tendues, et elles se sont encore compliquées depuis qu'elle soupçonne sa fille de souffrir de trouble du comportement alimentaire. Elle ne veut pas montrer le mauvais exemple en étant obsédée par les kilos, mais il y a pire que de montrer le mauvais exemple: être gros. Elle monte sur la balance à affichage digital et regarde les chiffres s'affoler, puis se stabiliser. C'est avec un sentiment de satisfaction teinté d'un profond malaise qu'elle découvre qu'elle a perdu un kilo et demi depuis la veille. Elle met cette perte de poids précipitée sur le compte du stress généré par la succession d'événements qu'elle a elle-même déclenchés. Elle songe que peut-être le remords a infecté son organisme, ce qui pourrait devenir beaucoup plus incommodant par la suite.

Les fenêtres de la chambre sont ouvertes et une brise sèche soulève les rideaux blancs diaphanes. Randall, vêtu d'un ample pyjama en coton, est adossé à une pile d'oreillers; ses lunettes demi-lunes sont posées sur le bout de son nez et il est concentré sur son iPad. La douce lueur d'une lampe de chevet l'enveloppe d'un halo. Il ne lève pas la tête quand Kendra entre, le visage luisant de crème, les cheveux encore mouillés. Elle a enfilé un caraco en satin rose et un caleçon assorti. Elle arrange ses oreillers, s'allonge et contemple le plafond en attendant que Randall dise quelque chose. Au bout de plusieurs secondes, elle se tourne vers lui et voit qu'il est en train de faire défiler un texte sur l'écran.

Enfin, il dit :

– Je donnerais cher pour savoir qui est ce Machiavel du Désert.

– Maxon n'a pas réussi à le découvrir ?

– Il n'a pas la moindre idée. Aujourd'hui, ce salopard dit que j'appartiens à une longue lignée de charlatans prétentieux.

Kendra ne sait pas trop quelle attitude adopter, alors elle lui demande comment s'est passée la campagne.

– Maxon m'a montré les derniers chiffres, dit Randall. C'est beaucoup trop serré.

– Tu vas l'emporter.

Randall ne répond pas, il continue à lire. D'une petite voix, un murmure rauque sortant de sa gorge, elle ajoute :

– Dis-moi que personne ne va se retrouver en prison.

– C'est peu probable.

– Tu as parlé à Jimmy depuis qu'il est venu ici ?

– Si je l'engueule parce qu'il t'a rendu visite, il va se demander ce qu'on manigance.

Là encore, elle attend qu'il dise quelque chose pour la rassurer, pour faire cesser ce boucan dans sa tête qui n'arrête pas d'enfler.

Là encore, il ne lui est d'aucune aide.

– Ça te laisse totalement indifférent ?

– Je cloisonne.

– Tu ne peux pas arrêter de lire une seconde, au moins ?

Randall pose avec ostentation son iPad et reporte son attention sur le visage maculé de crème de son épouse.

– Peut-être que ça ne s'est pas passé exactement comme on le souhaitait, mais il n'arrivera rien. Je te le promets.

– Je n'arriverai pas à dormir.

– On n'a plus d'Ativan ?

– J'en ai déjà avalé quatre aujourd'hui. Et j'ai presque fini la bouteille de vin au dîner. Ce n'est pas dangereux ?

– Je crois que tu pourrais prendre un tranquillisant pour cheval, ce soir.

– La police va…

– Tu es partie en vacances au Mexique avec une personne qui a été victime d'un acte de violence gratuit. Rien ne peut te rattacher à ce qui est arrivé à cette pauvre fille. Absolument rien. Sois toi-même. Les flics vont t'adorer. Et n'oublie pas de dire aux inspecteurs de voter pour moi.

Fatigué d'être couché sur le côté à regarder le mur, Jimmy se lève un peu avant minuit et allume son ordinateur. Ces derniers jours, il a photographié un cocker, un labrador et plusieurs bâtards ; il charge les clichés de son téléphone sur son ordinateur, les imprime et les colle dans le *Livre des chiens*, sous le regard de Bruno, allongé dans un coin. Cette activité l'apaise, mais ne lui donne pas envie de dormir pour autant. Il se remplit un verre d'eau au robinet, s'assoit sur le canapé, envisage d'allumer la télé, puis se ravise. Le visage dans ses mains, il se masse les tempes. Il sent sa barbe naissante frotter contre ses paumes lisses. Peut-être qu'il va la laisser pousser. C'est interdit par le règlement de la police de Desert Hot Springs, mais il ne pense pas qu'il en aille de même au bureau du procureur. Il faudra qu'il pose la question à Oz

Spengler. Il se demande pourquoi il pense à ça, il n'a jamais été un homme à barbe. S'agit-il d'une envie de camouflage, d'un besoin de changer d'identité ? Ou est-il simplement trop paresseux pour se raser ? Non, ce n'est pas ça. Il a beaucoup de défauts, mais la paresse n'en fait pas partie.

Il a besoin de changer d'air. Il pourrait démissionner, quitter le désert, la Californie, et tout recommencer ailleurs. Apparemment, Hard Marvin n'aura pas cette chance. Jimmy sait que Hard est l'équivalent humain d'un cactus, mais il ne le croit pas capable de commettre un meurtre. Pourquoi cet homme, policier depuis plus de vingt ans, aurait-il laissé une piste de petits cailloux conduisant à sa porte ? Hard n'est sans doute pas un prix Nobel de physique, il n'est sans doute pas capable de remplir une grille de Sudoku, mais quand même. Certes, la vengeance constitue un mobile plausible : Hard partant sur le sentier de la guerre à cause de son chien mort. Mais de là à tuer cette femme ? Et l'employé ?

La piste qui part de Hard conduit à Randall, seule autre personne pouvant tirer un bénéfice du double meurtre de la supérette. Jimmy n'a jamais considéré son frère comme un modèle de vertu, mais il ne le croit pas pour autant capable de manigancer ce qui s'est passé ce soir-là. Néanmoins, il est étrange que l'amie de Kendra ait été retrouvée morte juste avant une élection. Sa discussion avec sa belle-sœur n'a fait qu'aiguiser sa curiosité. Elle semblait défaite, épuisée et nerveuse. Une réaction normale à la mort d'une ex-amie ?

Jimmy n'a aucune tendresse pour Hard, mais il a le sens de l'équité et il tient à ce que justice soit rendue. Si la méditation est censée rendre plus lucide, alors elle a rempli sa mission. Jimmy voit clairement une chose : il méprise ce type. Et il prend un certain plaisir à l'imaginer enfermé dans un quartier de haute sécurité. Ce gros dur finirait certainement sa vie en isolement, de crainte d'être simultanément éventré et sodomisé par un colosse armé d'un couteau artisanal, lui aussi condamné à la perpétuité pour avoir massacré ses parents à la hache. À moins que son avocat parvienne à prouver son innocence, une tâche ardue vu qu'il avait quasiment annoncé à Nadine qu'il allait la tuer, la veille du jour où on l'avait retrouvée morte. Ce serait facile de rester les bras croisés et de laisser le train de la justice emporter Hard, si facile…

Bien qu'on soit au milieu de la nuit, Jimmy éprouve le besoin impérieux de communiquer avec Bodhi Colletti. Il se connecte sur sa messagerie. Derrière ses yeux fatigués, dans le cortex frontal de son cerveau, un feu d'artifice de gratitude explose en silence quand il s'aperçoit qu'elle est en ligne.

AIM IM avec DharmaGirl@gmail.com 4 novembre 23:58

Jimmy Duke

Bonsoir Bodhi. On peut bavarder? Comment allez-vous?

DharmaGirl@gmail.com

Merci de poser la question. Je vais bien et je suis heureuse de bavarder avec vous.

Jimmy Duke

Un double meurtre a été commis dans les environs ce week-end. Je ne suis pas chargé de l'enquête, mais je ne peux pas m'empêcher d'y penser. Quand j'essaye de méditer, je ne pense qu'à ça. Comment faire pour arrêter?

DharmaGirl@gmail.com

Nous en avons déjà parlé: la méditation ne sert pas à se débarrasser des choses. Essayer de se débarrasser d'une pensée, d'une émotion, d'une sensation physique, ce n'est pas le but. Le but, c'est de faire entrer dans votre esprit et votre corps une vision apaisée de ce qui se passe, et si vous y parvenez, si vous réussissez à bâtir cette capacité à tolérer l'inconfort pendant un instant, et à vous reposer paisiblement dans l'expérience de ce qui est, certaines choses très intéressantes et importantes commenceront à se produire.

Jimmy Duke

Est-ce bien ou mal de se soucier de cette histoire ? Comment ne plus m'en soucier ?

DharmaGirl@gmail.com

J'aimerais pouvoir vous donner une réponse simple. Avez-vous lu *Un bouddhiste en colère* ?

Jimmy Duke

C'est quoi ?

DharmaGirl@gmail.com

C'est un livre écrit par un homme qui vous ressemble beaucoup. L'auteur est un habitant de l'Ouest, divorcé, il avait des problèmes avec sa famille, plus rien n'avait aucun sens pour lui, ce qui provoquait frustration et colère. Il a cherché partout, il a essayé toutes les religions et les pratiques spirituelles, sans jamais parvenir à régler son problème, ce qui le rendait de plus en plus furieux. Pourtant, il n'a jamais renoncé. Il passait d'un professeur à un autre, et à chacun il posait toujours la même question, sans obtenir de réponse satisfaisante. Cela lui a pris des années, mais il a fini par rencontrer un professeur bouddhiste, et quand il lui a posé sa question, celui-ci a répondu : *gogolplex*. Ce que le professeur essayait de lui faire comprendre, c'est qu'il existe une infinité de réponses à sa question, et la réponse que cherchait l'homme en colère, il devait la trouver en lui, et non pas chez un professeur quelconque car la réponse est différente pour chacun.

Jimmy Duke

Autrement dit, la réponse est une non-réponse ?

DharmaGirl@gmail.com

La réponse est un processus, pas un absolu.

Jimmy Duke

Quel est le chemin du dharma quand vous croyez qu'une personne proche de vous est impliquée dans un crime grave ?

DharmaGirl@gmail.com

Vous seul le savez. La réponse est déjà là, à l'intérieur de vous, il vous suffit de clarifier un peu votre perspective pour la trouver.

Jimmy Duke

Ça ressemble à une réplique de film ringarde.

DharmaGirl@gmail.com

La profondeur peut se cacher dans les endroits les plus étranges. Tout le monde se moque des *fortune cookies*. Je ne comprends pas pourquoi.

Jimmy Duke

Dernière question : que ferait Bouddha ?

DharmaGirl@gmail.com

Bouddha aurait recours à l'esprit du débutant. Vous vous souvenez que je vous en ai parlé ? Bouddha enlèverait ses chaussures et ses chaussettes, il enfilerait un pantalon de survêtement et il s'assiérait dans un endroit calme, loin des distractions, en pensant toujours à inspirer, et à expirer, et ce processus le conduirait – l'a conduit – là où il devait aller et le mettrait en présence de tous ses démons, de toutes ses forces et des réponses à toutes ses questions.

Jimmy Duke

À vous entendre, c'est facile. Je vais méditer là-dessus.

DharmaGirl@gmail.com

Essayez de vous reposer dans un instant de vide, avec uniquement la curiosité et la compassion pour vous guider.

Comme si ça, c'était facile.

Jimmy se déconnecte et réfléchit pendant quelques minutes à sa conversation avec Bodhi. Après quoi, il passe sa meilleure nuit depuis des mois. À son réveil, il n'est pas certain que cela représente la fin de la souffrance dont parle la Deuxième Vérité noble.

Mais c'est un commencement.

Lundi 5 novembre

35

Les bureaux de vote ouvrent le lendemain et Maxon ne tient plus en place. Pour lui, un jour d'élection, c'est comme un méga shoot d'héroïne pour un junkie. Il se réveille à l'aube et, en pyjama et peignoir de soie verte, il se fait du café. En attendant qu'il passe, assis à la table de la cuisine, il se connecte à Internet. La première chose qu'il lit, c'est le blog du Machiavel; les spéculations autour de l'arrestation de Hard Marvin lui donnent espoir. Après quoi, il parcourt les informations politiques sur les sites des grands quotidiens et consulte rapidement l'état de son portefeuille d'actions.

Le soleil vient juste d'apparaître à l'horizon et la lumière qui entre par les fenêtres à claire-voie dessine d'agréables motifs géométriques sur le mur de la cuisine. Maxon aime cet appartement. Peut-être essaiera-t-il de l'acheter bientôt. Il va chercher des œufs dans le réfrigérateur. Il en préparera deux, brouillés, et fera griller des toasts quand il aura bu sa première tasse de café.

Les derniers sondages donnent une légère avance à Randall, mais inférieure à la marge d'erreur. Maxon envisage brièvement une défaite de son poulain. Il y a parfois des surprises. Mary Swain est une adversaire hors du commun. Elle possède quelque chose d'ineffable, quelque chose qu'il admire profondément: sa capacité à établir un contact avec les gens ordinaires. Randall possède ce don lui aussi, mais ces derniers temps il est trop préoccupé. Maxon ne peut pas lui en vouloir. Des événements se sont produits que nul ne pouvait prévoir. Savoir gérer l'inattendu, voilà le secret d'une longue carrière. Untel survit après que son nom est apparu dans le carnet de rendez-vous d'une pute, un autre est réélu après un accident de voiture qui a tué une femme avec qui il revenait d'un cinq à sept. En revanche, le détournement de fonds publics peut briser la carrière d'un élu moins habile. Il faut savoir rebondir.

Maxon s'apprête à casser un œuf lorsqu'on sonne à la porte. C'est Jimmy Duke qui lui demande s'il peut lui accorder un instant. Maxon remarque sa tenue : pantalon et veste sombres, cravate. C'est une visite professionnelle.

Il s'excuse de venir de si bonne heure. Maxon lui répond que ce n'est pas un problème et lui propose une tasse de café. Jimmy accepte et les deux hommes s'assoient à la table de la cuisine. Maxon met son ordinateur en veille, incline l'écran à quarante-cinq degrés et sourit à Jimmy qui ne dit rien. Il ne touche pas non plus à sa tasse de café. Trente secondes s'écoulent. Maxon se sent observé, mais il sait qu'il ne peut pas détourner la tête car son visiteur penserait qu'il n'ose pas affronter son regard. Il pourrait faire semblant d'être préoccupé – après tout, on est à la veille de l'élection et il y a d'innombrables détails à régler –, mais quelle que soit la raison de la présence de Jimmy, mieux vaut affronter la question immédiatement.

Finalement, Maxon dit :

– J'aimerais beaucoup rester assis ici toute la journée…

Son soulagement est palpable quand le visiteur ouvre enfin la bouche.

– Je ne veux pas faire pression sur Randall pour le moment, néanmoins il faut que je vous dise une chose. (Jimmy s'interrompt pour être certain d'avoir toute l'attention de son interlocuteur.) Je sais qu'il ne se moucherait pas sans vous demander d'abord votre avis.

– Vous me flattez. Mais votre frère fait ce qu'il veut.

– Bref, je ne dis pas qu'il est impliqué dans l'affaire de Nadine Never, mais son décès est une aubaine pour lui, je me trompe ?

Il n'est pas possible que Jimmy sache quelque chose, si ? A-t-il soutiré des informations à Dale ? Maxon songe alors qu'il aurait dû chasser de la ville le benjamin des frères Duke dès que le plan avait déraillé. Il se promet de régler ça dès aujourd'hui, à condition que Jimmy ne soit pas venu pour l'arrêter. Il ne doit pas afficher la moindre inquiétude, sauf celle de voir Jimmy détruire sa propre carrière.

– J'ai bien entendu ?

– Je dis que Randall a de la chance, il en a toujours eu et il pense certainement que ça va continuer.

– Jimmy, je suis ravi de cette visite, mais je ne comprends pas très bien ce que vous venez faire ici.

– Si vous savez quoi que ce soit au sujet de ce qui est arrivé à Nadine Never, vous devriez m'en parler maintenant.

Maxon l'observe comme s'il avait perdu la raison. Jimmy insiste malgré tout.

– S'il existe une sorte de... je ne veux pas employer le mot complot, c'est un peu fort, mais si vous savez quelque chose et si on découvre que...

Il ne prend pas la peine d'achever sa phrase.

Maxon soutient son regard, sans ciller. Il sent son rythme cardiaque s'accélérer. Le café a un arrière-goût amer dans sa bouche. Sans hausser le ton, il répond :

– Votre frère vous a déjà sauvé la mise une fois. Il est membre du Congrès des États-Unis. Ce chef de la police a tué ces gens, Jimmy. Quel est votre problème ?

– On sait déjà que Nadine Never a été en contact avec Kendra la semaine dernière.

Maxon détourne la tête. Ses yeux balaient la cuisine, le plan de travail impeccable, les appareils électroménagers étincelants. Tout est bien rangé.

– Vous pensez qu'il y a eu un complot destiné à assassiner cette femme ? C'est tellement grotesque, Jimmy, que je ne sais pas quoi dire.

Maxon remarque que la lumière qui filtre à travers les fenêtres à claire-voie forme maintenant des barreaux sur la table. Jimmy n'a toujours pas touché à son café. Maxon sent qu'il attend de voir s'il va développer son argument. Il choisit de ne pas le faire. À quoi bon protester avec trop d'énergie ?

– Vous n'êtes pas obligé de parler, dit Jimmy. Vous pouvez courir le risque. Comme je vous le disais, la police penche plutôt pour Marvin. Il a menacé la victime et on la retrouve morte : c'est une preuve indirecte enroulée autour de son cou comme un nœud coulant.

– Pourtant, vous ne pensez pas que c'est lui le coupable.

– Personne n'est aussi bête.

– Vous croyez que ce sera sa ligne de défense ?

– J'ignore quelle stratégie va choisir son avocat. Je dis cela à titre indicatif.

Maxon hoche la tête. Il attend que Jimmy mette fin à cette conversation. Il aimerait le flanquer dehors, mais ce geste serait certainement mal interprété.

– Laissez-moi vous poser une question, dit Jimmy.

– Allez-y.

– Croyez-vous que quelqu'un puisse être aussi stupide ?

– Tout est possible.

– Les inspecteurs vont prendre la température de Kendra. On verra bien comment elle se comporte.

– C'est ridicule, Jimmy.

Une fois de plus, Jimmy se contente de le regarder fixement ; il attend.

– J'ai énormément de questions à régler aujourd'hui, dit Maxon. Alors, à moins que vous ne souhaitiez aborder un autre sujet…

– Quand vous parlerez à Randall, n'oubliez pas une chose : il n'hésitera pas à vous jeter comme une vieille chaussette. Je ne dis pas qu'il est impliqué, et je ne dis pas qu'il y a eu un complot. Je vous fais juste profiter de mes conseils de professionnel.

Maxon raccompagne Jimmy à la porte. Sur le seuil, il lui adresse un sourire factice.

– La soirée pour célébrer la victoire aura lieu au casino de Cahuilla. Venez fêter ça.

Jimmy lâche un petit rire forcé et la porte se referme derrière lui. De retour dans la cuisine, Maxon ouvre une bouteille d'eau et avale rapidement quatre gorgées. Puis il se douche et s'habille. Il saute le petit déjeuner, il n'a plus faim.

Au moment de partir, il entend une voix qui l'appelle. C'est Dale. Il vient de sortir de la chambre d'amis. Assis dans son fauteuil roulant, en caleçon, il regarde son hôte d'un œil soupçonneux.

– Vous filez sans dire au revoir ?

– Je m'apprêtais à aller frapper à votre porte. Je me disais que vous vouliez avoir la paix. Vous avez loupé Jimmy.

– Vous pensiez peut-être que j'allais venir lui dire bonjour ? J'ai pas besoin de lui parler pour l'instant.

Dale ne semble pas plus amer qu'à l'accoutumée. Maxon se prépare à entendre ce qu'il va lui demander.

– Comment je suis censé aller bosser ?

– Vous devriez prendre un ou deux jours de congé et rester ici pour regarder la télé. Vous n'avez qu'à appeler pour dire que vous êtes malade. Il y a de quoi manger dans le frigo.

– Et le fric ?

– Il faudra attendre que l'élection soit passée, d'accord ?

Maxon a beaucoup de mal à concevoir qu'après ce qu'il a provoqué, Dale puisse avoir le culot de lui réclamer de l'argent pour sortir d'un merdier qu'il a lui-même créé. Sans doute sera-t-il obligé d'en parler à Randall tôt ou tard, mais pas avant plusieurs jours. En attendant, il a besoin que Dale se fasse oublier. Heureusement, la tactique dilatoire fonctionne et Dale accepte d'appeler son patron, le concessionnaire de camping-cars, pour lui dire que l'équipe de campagne a besoin de lui aujourd'hui. Quand Maxon sort de chez lui, Dale est assis devant la télé dans le salon, un bol de céréales sur les genoux.

En ce début d'après-midi, Kendra entre dans le petit cabinet de toilette près de la porte d'entrée de sa maison pour vérifier son maquillage. D'une main habile, elle a appliqué du fond de teint, un rouge à lèvres foncé et une touche de fard à paupières bleu-gris. Elle sort du mascara de sa trousse et s'attaque à un œil, puis à l'autre. Si elle parvient à pleurer, le maquillage coulera. Elle compte là-dessus.

Elle a choisi une robe jaune légère afin d'exprimer sa volonté d'une coopération respectueuse sans trop de solennité. Le vernis bordeaux de ses ongles de pied contraste avec ses sandales dorées, pas trop voyantes, espère-t-elle. Ses cheveux sont relevés en chignon. Elle s'est pesée à nouveau ce matin ; elle a encore perdu cinq cents grammes. C'est avec un vif sentiment de satisfaction qu'elle s'imagine paraissant plus mince sur les photos de la victoire de Randall.

Kendra est en train d'essuyer une petite traînée sur sa joue quand on sonne à la porte. Randall lui a expliqué que cela paraîtrait moins suspect aux inspecteurs de police si aucun avocat n'était présent, elle est donc seule dans la maison lorsqu'elle ouvre à Cali Pasco et Arnaldo Escovedo. Cali l'a appelée la veille pour lui demander si son collègue et elle pouvaient passer après le déjeuner. Kendra s'était enquise de l'objet de leur visite; Cali lui avait répondu qu'ils enquêtaient sur un meurtre et espéraient qu'elle pourrait leur fournir des renseignements sur la victime.

Après avoir exprimé un niveau d'inquiétude qu'elle espère approprié, elle annonce à ses visiteurs qu'elle fera tout son possible pour les aider. Elle les conduit dans le salon. Tandis que les deux inspecteurs admirent la vue sur les montagnes de San Jacinto, Kendra leur propose du thé glacé, qu'ils refusent. Elle les prie de l'excuser et se rend dans la cuisine pour s'en servir un verre. Quand elle revient, elle leur fait signe de s'asseoir dans le canapé design en acier et vinyle et les inspecteurs prennent place côte à côte. Kendra choisit un fauteuil Eames, placé à angle droit. Elle croise les jambes et pose son coude sur le dossier derrière elle. L'image nonchalante qu'elle affiche doit plus aux deux grands verres de zinfandel qu'elle a avalés pour se donner du courage qu'à une véritable décontraction.

Ils échangent quelques banalités pendant une minute, qui semble durer une demi-heure pour Kendra: depuis quand habitez-vous ici, quelle école fréquente votre fille, le désert est magnifique à cette époque, non? Trois personnes qui papotent. Elle se contente de hocher la tête quand l'inspecteur Escovedo s'excuse de la mêler à ce qu'il appelle «cette sale affaire».

Jimmy avait raison. Il lui a rendu service en venant la voir. C'était une répétition.

– L'inspecteur Pasco vous a déjà parlé de ce qui s'est passé à la supérette, ajoute Escovedo.

Kendra opine du chef et affiche une expression de compassion qu'elle espère adaptée à la situation. Ni trop ni trop peu.

– Connaissiez-vous bien Nadine Never?

Kendra inspire par le nez. Elle a longuement réfléchi à la façon d'aborder cette question. Elle pourrait jouer la franchise. Ce serait plus facile. Elle aurait moins de mal à se souvenir de son texte.

– Nadine a été le professeur de tennis de ma fille pendant quelques mois.

– C'était un bon professeur ? demande Escovedo.

Kendra répond que oui.

– Je ne l'ai pas très bien connue.

Kendra croise les doigts et pose ses mains jointes sur ses genoux. Elle souhaite exprimer la réserve qui convient à l'épouse d'un membre du Congrès, le degré parfait d'humiliation et de dépit, lié au fait de se voir impliquée dans une histoire aussi sordide qu'une enquête sur un meurtre, et le désir sincère d'accomplir son devoir de citoyenne, même si cela est douloureux dans ces circonstances difficiles.

– Quand vous êtes vous rencontrées ? demande Pasco.

– Il y a presque deux ans.

– Vous vous êtes brouillées ensuite ?

– Non, absolument pas.

– Au moment de sa mort, étiez-vous toujours amies ?

– On ne peut pas dire ça.

– Puis-je me permettre de vous demander pourquoi ?

– Nous n'avions pas grand-chose en commun.

– Pourtant, vous êtes allées au Mexique ensemble ? insiste Pasco.

Kendra se demande s'ils attendent qu'elle réagisse à cette révélation. Elle n'en fait rien. Au lieu de cela, elle dit :

– Vous n'avez jamais eu un ou une amie avec qui vous avez cessé d'être ami au bout d'un moment ?

– Ça arrive, concède Escovedo.

– Je suis obligée de vous poser une question personnelle, reprend Pasco. J'espère ne pas vous offenser.

– Je suis une grande fille.
– Étiez-vous amantes ?
Kendra ne répond pas immédiatement. Afin de traduire la pudeur, les réticences et surtout la gêne.
– Oui.
Elle ne sait pas s'ils s'attendaient à un mensonge. Elle en a discuté avec Randall, qui lui a conseillé de ne pas cacher la vérité, étant donné qu'ils risquaient de la découvrir, et s'ils la surprenaient en flagrant délit de mensonge cela risquait de la desservir.
– Brièvement, ajoute-t-elle. J'ai mis fin à cette relation. Mais je n'ai jamais souhaité qu'il lui arrive malheur.
– Votre mari est au courant ?
C'est Escovedo qui a posé la question.
Kendra se permet un nouveau blanc dans la conversation, pendant lequel elle s'efforce d'exprimer en silence les dégâts provoqués dans son mariage et les valeureux efforts qu'elle accomplit pour faire front. À voir le regard compatissant de l'inspecteur, elle en déduit qu'elle est bonne comédienne.
– Ce n'était pas une conversation très amusante, avoue-t-elle.
Les deux policiers interrompent leurs questions pendant un moment. Kendra sent qu'ils sont gênés pour elle. Elle espère que cela les rendra plus sensibles à son triste sort.
– Comment s'est terminée cette relation ? demande l'inspecteur Pasco.
– Ce n'était pas du sérieux. On a batifolé deux ou trois fois, on est parties au Mexique… c'était une erreur.
– Pourquoi ?
– Mon mari et moi essayions de sauver notre mariage. Je regrette profondément ma conduite.
– Et vous vous retrouvez dans l'ordinateur d'une personne assassinée, lâche Escovedo.

– Disons que j'ai de la chance.

Pince-sans-rire. Sa voix ne tremble pas. Elle a débité cette phrase avec désinvolture, comme si elle l'avait répétée. Ce qui est le cas. Elle savait que les détectives allaient tracer les grandes lignes de la discussion dès le début et plusieurs réponses ont été préparées. Elle ne veut surtout pas donner une impression d'indifférence – deux personnes ont été assassinées quand même – mais l'insouciance lui paraît être la tactique la plus efficace. Les deux inspecteurs parviennent à échanger un regard sans tourner la tête.

– En tout, ça n'a duré qu'un mois.

– Et vous ne l'avez jamais revue ? demande Pasco.

Là encore, Kendra a envisagé de nier leur rendez-vous, mais elle sait qu'il y a des témoins et des relevés téléphoniques. Elle se ressaisit, elle veut leur montrer que c'est difficile, mais qu'elle tient bon dans l'intérêt de la justice.

– Nadine m'a appelée le 30 octobre. Je le sais car j'ai vérifié sur mon portable pour être sûre.

Elle résiste à l'envie d'ajouter : Et je suis certaine que vous aussi.

– Nous nous sommes retrouvées au Melvyn's pour prendre un verre. Elle m'a expliqué qu'elle détenait des mails compromettants du chef de la police de Desert Hot Springs. Elle voulait savoir si je souhaitais les montrer à mon mari pour qu'il les utilise dans sa campagne.

– Pourquoi pensait-elle que ces mails pouvaient l'aider ? demande Escovedo.

– Marvin travaillait pour Mary Swain et Nadine estimait sans doute que ce genre de choses pouvait nuire à sa campagne.

– Que lui avez-vous répondu ? interroge Pasco.

– Que cela n'intéresserait pas Randall.

– Vous a-t-elle parlé d'autre chose ?

Kendra espère leur faire croire qu'elle s'interroge pour décider si elle doit tout déballer, mais elle a déjà pris sa décision. Tout ça, c'est de la comédie.

– Elle m'a dit… et je n'en croyais pas mes oreilles… qu'elle envisageait de faire honte publiquement au chef Marvin.

– Vous a-t-elle menacée, d'une manière ou d'une autre ?

C'est toujours Escovedo.

– Absolument pas. Elle n'a eu aucune parole désobligeante envers Randall ou moi. En revanche, elle était en colère contre le chef de la police. Elle m'a avoué qu'ils avaient une liaison.

– Qu'avez-vous fait, alors ? demande Pasco.

– J'ai quitté le restaurant et je suis rentrée chez moi.

– Vous a-t-elle recontactée ? reprend Escovedo.

– Elle m'a envoyé une vidéo la montrant en train de danser nue. C'était très gênant. Ma fille aurait pu tomber dessus.

– Vous pensez qu'il y avait un sous-entendu ? demande Pasco.

– Franchement, j'ignore ce que ça voulait dire. Nadine était une femme très malheureuse. Elle avait l'air un peu déséquilibrée.

L'inspecteur Escovedo reprend la parole :

– Vous en avez parlé à votre mari ?

– Immédiatement.

– Et qu'a-t-il dit ?

– Comme il ne s'agissait pas d'une menace…

– C'était une menace, la coupe Pasco.

– Il a pensé qu'elle voulait peut-être juste me revoir.

Cette fois, les deux inspecteurs se regardent ouvertement. Kendra boit une gorgée de thé glacé. En faisant tinter les glaçons dans son verre.

– C'est ce que vous avez pensé, vous aussi ? demande Escovedo.

– J'avoue que j'étais très mal à l'aise.

– Pourquoi ne pas l'avoir signalé ?

– Sincèrement ?

– Si possible.

Le grand saut.

– On approche des élections et cela risquait de faire du tort à mon mari. Je ne sais pas si vous êtes au courant, mais la course est très serrée.

Les inspecteurs demeurent silencieux. Kendra espère qu'ils sont sous le choc de sa franchise. La vérité peut être une arme d'une puissance incroyable, se dit-elle. Si on l'utilise avec parcimonie.

– Pourtant, reprend Pasco, quand quelqu'un profère des menaces voilées, il est toujours bon d'alerter la police.

– Vous avez raison. Sans doute aurions-nous dû le faire. Mais il est impossible de contrôler les fuites. Je ne veux pas dire que vous… (L'inspecteur Escovedo secoue la tête : bien sûr que non !) Mais certaines personnes seraient ravies de plonger mon mari dans l'embarras. Vous le comprenez.

Les larmes arrivent exactement au moment prévu, et non pas à la suite d'une révélation quelconque ; elles sont le résultat des outrages accumulés et du stress en général, elles annoncent que cette femme, cette ancienne majorette, chanteuse de chansons pop et épouse enjouée d'un homme politique, a enduré tout ce qu'elle pouvait de la part de ces messagers venus d'un monde beaucoup plus noir que le sien. Les inspecteurs marquent une pause. Ils sont habitués aux grandes eaux. Cali Pasco sort de sa poche de pantalon le paquet de mouchoirs en papier qu'elle garde pour ces occasions et le tend à Kendra qui en prend un pour se tamponner les yeux, en veillant à laisser couler un peu de mascara. Entre deux reniflements, elle avoue :

– Quand j'ai appris que c'était Nadine, j'ai flippé.

Ils attendent de voir si Kendra va poursuivre sur sa lancée, mais ils n'ont droit qu'à des reniflements. L'inspecteur Escovedo insiste :

– Avez-vous eu des contacts avec elle après l'envoi de cette vidéo ?

Kendra secoue la tête.

– Nadine était quelqu'un de bien, parvient-elle à articuler. Mais déboussolée.

– Elle ne méritait pas ce qui lui est arrivé, dit Pasco. Et ce pauvre homme non plus.

Kendra se ressaisit et se mouche.

– Savez-vous qui a pu faire ça ?

Peu importe qu'elle ait entendu cette réplique une centaine de fois à la télé. Elle compte sur le fait que les inspecteurs l'ont entendue eux aussi.

La femme l'informe qu'ils ont quelques pistes. Kendra réitère son désir de les aider ; qu'ils n'hésitent pas à l'appeler surtout. Alors qu'ils se lèvent pour prendre congé, Escovedo demande :

– Et vous, avez-vous une idée de qui aurait pu tuer ces deux personnes ?

Kendra répond du tac au tac.

– Non, évidemment.

Elle se demande si elle n'aurait pas dû la jouer autrement, en gardant un moment de silence, comme si cette question la stupéfiait. Mais sa voix reste ferme et son regard aussi.

– Pourquoi aurais-je une idée ?

– On ne sait jamais, dit Pasco.

Kendra sourit, avec l'air de dire : je sais que vous ne faites que votre travail et on veut tous arrêter le monstre qui a commis ce meurtre. Après avoir raccompagné ses visiteurs et refermé tout doucement la porte, Kendra se verse un troisième verre de zinfandel et s'assoit à la table de la cuisine. Elle analyse sa prestation et conclut que ça s'est bien passé. À aucun moment elle ne s'est sentie en porte-à-faux, d'une manière ou d'une autre. La maison est calme. Son rythme cardiaque semble normal. Constatant qu'elle n'a pas vraiment besoin de ce verre de vin, elle remet le contenu dans la bouteille qu'elle range dans le réfrigérateur.

En allant chercher Brittany à l'école, elle se regarde dans le rétroviseur et après avoir effacé les traces de rimmel avec un mouchoir en papier, elle se dit qu'elle résiste relativement bien. Mais soudain, la fine membrane qui retenait difficilement ses émotions bouillonnantes éclate et Kendra est secouée de sanglots si violents qu'elle doit se garer sur le bas-côté. Elle pense à Nadine : avait-elle de la famille (elles n'en avaient jamais parlé), un avis de décès la présentant autrement que comme la victime d'un meurtre serait-il publié dans le journal ? Qui réclamerait son corps ? Y aurait-il un enterrement ? S'il existe un moyen de le savoir, elle le saura. Et elle enverra de l'argent pour couvrir les frais. C'est le moins qu'elle puisse faire.

Il lui faut dix bonnes minutes pour se calmer et reprendre le volant. Quand elle arrive à l'école, sa fille lui demande pourquoi elle est en retard ; Kendra lui répond qu'une amie a eu un problème et qu'elle l'a aidée à le régler. Brittany passe tout le trajet à pianoter sur son ordinateur sans lever le nez. Pour une fois, Kendra se réjouit que sa fille n'ait pas envie de parler.

36

Assis derrière la vitre du Palm Springs Koffe de North Palm Canyon Drive, Jimmy attend Cali et Arnaldo. À titre de faveur, ils ont accepté de lui faire un topo sur l'enquête. Il a encore plusieurs dossiers à éplucher, simples gouttes dans le flot ininterrompu des plaintes conjugales. Il se dit qu'il y aurait beaucoup moins de mariages ratés si tous les couples qui envisageaient de convoler étaient contraints d'effectuer au préalable une visite dans les bureaux du procureur. En voyant la quantité d'ex-époux qui se faisaient la guerre, peut-être changeraient-ils d'avis. Mais les gens feront toujours ce qu'ils ont envie de faire.

Pour tromper l'attente, il consulte ses messages sur son portable. Son propriétaire lui demande s'il veut prolonger le bail du mobil-home. Un système d'appels informatisés lui signifie d'aller voter. Le troisième message émane de Coral, l'employée de la fourrière d'Indio. Il n'a aucune idée de ce qu'elle veut; il la contactera plus tard. Il boit son deuxième café glacé quand ses anciens collègues arrivent. Cali vient s'asseoir pendant qu'Arnaldo va commander au comptoir.

– Tu savais que ta belle-sœur connaissait une des deux victimes ? demande-t-elle.

– Elle me l'a dit, répond-il, sans évoquer sa visite chez Kendra.

– On lui a parlé, dit Cali. Un sacré numéro.

Arnaldo les rejoint, il dépose une tasse de café devant Cali.

– On lui donnerait le bon Dieu sans confession, dit-il en s'asseyant. C'est en train de devenir l'affaire du siècle. L'épouse d'un membre du Congrès et le chef de la police qui se tapent la même femme assassinée ? Il faut que quelqu'un ponde un bouquin.

– Je veux qu'Anne Hathaway joue mon rôle dans l'adaptation cinématographique, dit Cali.

Les deux inspecteurs rient. Jimmy ne trouve pas ça drôle. Ce serait peut-être différent s'il avait le droit d'enquêter.

– Je mise sur Hard, déclare Arnaldo.

Jimmy hoche la tête et se tourne vers Cali. Mettant de côté son ressentiment pendant un instant, il repense à l'autre soir, à sa manière d'écarter ses mèches de cheveux quand elle regardait le *Livre des chiens.*

– C'est aussi ton avis ? lui demande-t-il.

– Je pense comme Arnaldo.

– Glenn Korver aussi, ajoute Arnaldo.

Jimmy regarde Cali. Elle hoche la tête. C'est alors que ça se manifeste, la crispation des muscles dans la nuque et le haut du dos, la respiration difficile, la pression dans sa tête. Pourquoi est-ce qu'il se préoccupe de tout ça ? Pourquoi cet attachement permanent ? Où est la liberté par rapport à l'envie impérieuse d'avoir une place qui compte sur terre ?

Inspirer. Un, deux. Expirer. Un, deux…

– Dommage que tu ne puisses pas bosser sur cette affaire avec nous, dit Arnaldo.

Cali reste muette. Elle se contente de hausser les sourcils, comme pour dire : qu'est-ce que j'y peux ?

Jimmy se lève, les salue d'un signe de tête et s'en va. Arnaldo le rappelle d'un ton badin, mais Jimmy ne se retourne pas. Il n'est même pas tenté. En regagnant sa camionnette, il passe devant un cocker blond, un teckel miniature et deux caniches noirs. Il ne demande pas la permission de les photographier. Il le regrettera dès qu'il aura repris le contrôle de ses émotions.

Le moteur tourne, la climatisation fonctionne, mais la camionnette est toujours garée sur un parking à proximité de North Palm Canyon Drive. En partant ce matin, Jimmy avait lancé son coussin de méditation à l'arrière, au cas où il aurait le temps de s'asseoir dans le désert. Au lieu de cela, une fois de retour dans son véhicule, il a passé les cinq premières minutes à frapper le volant comme un punching-ball. Ayant enfin réussi à canaliser son immense frustration, il s'est renversé contre son siège et a respiré profondément, les yeux fermés. Il était à la recherche de l'état d'esprit du débutant dont lui avait parlé Bodhi, mais il avait découvert que c'était un territoire dans lequel il ne pouvait pas s'aventurer. La méditation, c'est bien, mais quand il s'agit d'évacuer la tension, il n'y a rien de mieux que de taper sur quelque chose. Depuis cinq minutes, il imagine Arnaldo et Cali s'envolant à l'intérieur d'une bulle rose et cette vision répand un baume sur ses sentiments dangereux.

À quelle autre conclusion étaient-ils censés parvenir en toute logique? Aurait-il dû se lancer dans un plaidoyer en faveur de la culpabilité de son frère? Ils l'auraient pris pour un fou déchargeant quelque vieille pathologie fraternelle. Et sur quoi reposaient ses propres conclusions? Sur ce qu'il sait de son frère et de sa façon d'agir; une version peut-être extrême, certes, mais dans le prolongement naturel de la philosophie de Randall Duke: pas de quartier. Une réalité que Jimmy n'aurait pas pu exprimer de manière crédible. D'ailleurs, il n'est toujours pas certain d'y croire lui-même. Mais il sait que c'est une possibilité, et tant que cette possibilité existera à ses yeux, il refusera de rallier les accusateurs de son ancien chef.

Jimmy n'est pas d'humeur à retourner au bureau. Il n'arrive toujours pas à imaginer Hard Marvin en meurtrier, mais en l'absence de preuves permettant de relier quelqu'un d'autre à ce crime, il ne peut pas faire grand-chose à part chercher des chiens à photographier. C'est avec cette idée en tête qu'il décide de passer à la fourrière pour voir ce que veut Coral.

Il est accueilli par des aboiements étouffés quand il pénètre dans la fraîcheur du bâtiment bas en parpaings. Une jeune et petite Hispanique, avec un anneau dans la narine gauche, se tient derrière le comptoir à l'accueil. Elle a des cheveux frisés coupés court et sa blouse grise moule sa silhouette trapue. Son badge indique « Esmeralda ». Jimmy lui demande si Coral est là et Esmeralda crie son nom vers l'arrière du bâtiment. Quelques secondes plus tard, Coral entre par une porte métallique en s'essuyant les mains sur une serviette blanche tachée. Elle aussi est petite et râblée, comme Esmeralda ; elles pourraient même être sœurs.

– Jimmy Duke, dit-elle. Exactement l'homme que je cherchais. Quoi de neuf ?

Jimmy la salue d'un hochement de tête.

– Vous faites toujours ce bouquin avec les chiens dont vous m'avez parlé la dernière fois ?

Jimmy répond que oui.

– Vous avez un appareil photo ?

– Oui.

– Dans ce cas, j'en ai un bon pour vous.

Coral dit qu'elle revient dans une minute. Jimmy se retourne et s'adosse au comptoir, face à la porte d'entrée. À l'instar d'un salon de toilettage, même si l'issue est nettement moins heureuse pour ceux qui le fréquentent, cet endroit empeste l'animal, et Jimmy ne trouve pas ça désagréable.

– Vous écrivez un livre sur les chiens ? demande Esmeralda.

Jimmy se retourne vers elle.

– Je prends des photos, c'est tout.

– Pourquoi vous faites ça ?

Par où commencer ? Les menaces adressées à Hard Marvin qui lui ont valu d'être renvoyé de la police ? L'humiliation éprouvée après le départ de son ex-femme ? L'agacement insidieux qui se répandait dans toute son existence rongeait sa capacité à vivre et avait débouché sur l'obligation de suivre des cours de gestion de l'agressivité.

Il dit simplement :

– Ça m'aide à me détendre.

– Si je prenais des photos de tous les chiens qui viennent ici, je pourrais pas les regarder. J'arrêterais pas de pleurer.

Que répondre à ça ? se demande Jimmy. Cette femme travaille dans un endroit où ils liquident chaque année un nombre de chiens équivalant à la population d'une petite ville et elle est sentimentale ? La porte qui mène à l'arrière du refuge s'ouvre et Coral réapparaît en tenant une sorte de gros rongeur qui s'agite, de la taille d'un lapin. Un chihuahua.

– Vous en avez déjà un dans votre livre ?

Jimmy secoue la tête, tandis que le chien continue à se contorsionner dans les bras de Coral.

– Ça m'ennuie de l'éliminer celui-là, mais c'est la vie, pas vrai mon gars ?

Elle s'adresse au chien en lui pinçant la peau du cou comme s'ils étaient amis, alors qu'elle projette de le tuer si on ne vient pas le récupérer. Jimmy observe l'animal et il sent que le petit chien sait parfaitement ce qui se passe. Il avance la main pour lui caresser la tête et le chihuahua lui mord le doigt. Les jurons qui lui échappent font rire les deux femmes.

– Il a du caractère, croyez-moi, dit Coral.

Jimmy sort son portable, tandis qu'elle pose le chien sur le comptoir. Les griffes de l'animal qui tente de sauter exécutent un numéro de claquettes frénétique sur le Formica orange foncé. Coral l'immobilise en passant un doigt sous son collier pendant que Jimmy le cadre avec son appareil.

– Vous savez, cette fille qui a été assassinée à la supérette, l'autre nuit ? dit Coral. Ce petit machin de rien du tout était à elle.

En entendant cela, Jimmy se fige. Il prend la photo et se tourne vers Coral.

– Où l'ont-ils trouvé ?

– Enfermé dans un tiroir, à ce qu'il paraît.

Jimmy prend une autre photo.

– C'est les flics qui l'ont amené. D'après sa plaque, il s'appelle Diablo.

Jimmy observe le chien, qui essaye encore de sauter du comptoir. Diablo n'a pas l'intention de partir en douceur.

– Vous croyez que quelqu'un voudra de lui ? demande-t-il.

– Les chiens adultes sont les plus durs à caser. Celui-ci a déjà six ou sept ans, je dirais. C'est mal parti.

– Pas de bol.

– Sans blague, dit Esmeralda.

– Et vous, Jimmy ? demande Coral.

– Quoi, moi ?

– Vous ne connaissez pas quelqu'un qui voudrait de ce petit salopard hargneux ?

– Pour s'entraîner au tir, peut-être, répond-il en regardant son doigt où est apparue une goutte de sang.

Mardi 6 novembre - Jour de l'élection

37

Jimmy vient de revenir au bureau du procureur après être allé sur un terrain de camping-cars de Whispering Sands pour interroger une plaignante à qui son mari doit presque dix mille dollars de pension alimentaire et qui n'a plus de nouvelles de lui depuis six mois. La transpiration mouille sa chemisette à carreaux et cinq centimètres de paperasses s'entassent dans sa corbeille. Il s'y attaque, mais son esprit ne cesse de vagabonder, vers Hard, Randall et Kendra, vers Oz Spengler et Glenn Korver. Et vers Cali aussi, il se demande si entre eux c'est sérieux. Il n'est pas certain de vouloir une petite amie dans sa vie pour le moment. Et de toute façon, vu le cours que prend l'enquête, il n'est pas certain qu'ils puissent recréer ce qu'ils ont partagé l'autre soir.

Il boit plusieurs tasses de café. Il pense à son père et à sa mère, à la foi simple qu'ils partageaient. Il aimerait pouvoir s'accrocher à une chose semblable. Et puis, assis à son poste de travail, au bureau du procureur d'Indio, il a cet échange avec Bodhi Colletti :

Jimmy Duke

Le dharma est-il un truc auquel on doit croire, comme une religion ?

DharmaGirl@gmail.com

C'est une chose que l'on vit et une fois que vous avez eu un aperçu de la liberté inhérente à cette expérience, vous êtes motivé pour vous exercer davantage, afin de développer votre capacité, et de prolonger l'expérience durant des périodes plus longues, y compris pendant les moments difficiles de votre existence.

Tout d'abord, il est déçu par la réponse de Bodhi Colletti. Il aurait voulu que le dharma soit une chose en laquelle on pouvait croire, pour la simple raison qu'il est facile de croire. S'il pouvait croire en quelque chose, cela réglerait un grand nombre de ses problèmes. Si le dharma convient à quelqu'un qui ne croit en rien, ce pourrait être exactement ce qu'il cherche. Non pas qu'il ne croie en rien. Il possède une foi inébranlable en Jimmy Ray Duke. Mais il ne voit pas trop comment cela peut s'accorder au concept bouddhiste du non-être qu'il a récemment découvert. Tôt ou tard, il faudra qu'il demande à Bodhi Colletti son point de vue sur cette question.

Dans le hall, une jolie femme discute avec l'hôtesse d'accueil. Elle porte un minishort blanc, des chaussures à talons aiguilles rouges et un haut noir moulant, sans manches, avec un décolleté qui laisse voir plusieurs centimètres de poitrine bronzée. Ses longs cheveux bruns sont séparés par une raie au milieu et ses yeux cachés par d'énormes lunettes de soleil à monture noire, imitation de grande marque. Jimmy la catalogue immédiatement comme strip-teaseuse.

L'hôtesse d'accueil, une Hispanique d'un certain âge aux cheveux noirs et courts, avec de gros anneaux dorés dans les oreilles, se tourne vers Jimmy alors que celui-ci se dirige vers les toilettes.

– Cette dame affirme détenir des informations sur les meurtres de la supérette. C'est bien Glenn Korver qui s'en occupe, non ?

– Exact, répond Jimmy.

– Monsieur Korver est absent pour le moment, dit l'hôtesse.

Jimmy se présente en tendant la main.

– Monsieur Korver est un collègue.

La poignée de main de la femme est douce, aérienne, comme un nuage. Il remarque la french manucure.

– Je m'appelle Princess.

Il lui demande ce qu'elle avait à dire à son collègue et elle lui répond qu'elle possède des informations en rapport avec « l'enquête ». Comme il n'a plus le courage d'affronter la paperasse, parce qu'il aimerait beaucoup coucher avec Princess même si cela serait contraire à l'éthique, mais surtout parce qu'il veut s'occuper de cette affaire, il lui propose d'aller boire un café au coin de la rue. C'est lui qui régale.

Alors qu'ils marchent vers le coffee shop, Jimmy remarque les contours du string rouge à travers le tissu du short tendu par ses fesses parfaites. Impossible de localiser son accent à peine perceptible, mais il a envie d'aller là-bas et de s'allonger sur la plage, à l'ombre d'un palmier, pendant que Princess, vêtue exactement comme maintenant, déverse amoureusement sur lui des torrents de sexe. Il se demande si le Bouddha a eu affaire à quelqu'un comme elle.

Princess a choisi une table au fond du coffee shop et elle adresse un sourire professionnel à Jimmy quand il lui apporte un café crème avec deux sucres. Elle a de grandes dents blanches. En ce milieu de matinée, l'endroit est désert. Une fille un peu trop grosse, avec un centimètre de racines noires dans ses cheveux filasse, essuie le comptoir avec un torchon.

Princess balaye la salle du regard. Quand Jimmy découvre son profil, il remarque aussitôt l'hématome autour de son œil droit.

Elle demande :

– Est-ce qu'il peut y avoir une récompense quand quelqu'un est accusé, mais que maintenant il y a des informations qui disent que c'est quelqu'un d'autre qui a fait le crime ?

– Pourquoi cette question ?

Il se demande de quoi elle parle au juste et il espère que ce n'est pas une histoire conjugale sans intérêt.

– Vous avez dans votre jardin un arbre qui donne de l'argent ?

Jimmy fait signe que non. Il aimerait bien.

– Moi non plus. Alors, comment on sait s'il y a une récompense ?

– Vous pouvez vous renseigner sur Internet.

Il aimerait qu'elle en vienne aux faits. Il se sent très attiré, mais il a ses limites.

– Vous savez cette affaire où ils disent qu'un chef de la police a peut-être fait deux meurtres ?

Jimmy dresse les oreilles comme un doberman. Il ne pense plus à s'envoyer en l'air avec Princess tout à coup.

– Eh bien ?

– Ce chef de la police, il a pas tué ces gens.

– Vraiment ?

Elle boit une gorgée de café. Jimmy détourne le regard, il ne veut pas la bousculer. Un couple de retraités est venu s'asseoir à une table voisine, sans bruit. Princess baisse la tête et la voix.

– L'autre jour, les deux personnes dans la boutique ? C'était lui et un autre type.

– Qui ça ?

– Mon mari.

Jimmy connaît si bien ce scénario de la femme lésée qui cherche à se venger en accusant son homme d'un méfait quelconque qu'il regarde Princess droit dans les yeux et demande :

– Il vous a battue ?

– Vous êtes les services sociaux ?

– J'essaye juste de comprendre ce qui se passe.

– Il s'appelle Odin Brick et vous devez l'arrêter.
– Quelqu'un est déjà accusé de ce crime.
Princess soutient son regard sans ciller.
– Je vous le dis, c'est pas lui.
– Pourquoi ne pas vous être manifestée avant ?
– Hier, vous voulez dire ? Ça s'est passé il y a deux jours seulement.
Elle se lève en tirant son short sur les quelques centimètres de cuisses qu'il recouvre.
– Je peux aller à la police…
– Non, non… attendez. (Il la retient par le poignet.) Ne faites pas ça.
Elle se mordille la lèvre, hésite, puis se rassoit. Jimmy lui demande pourquoi elle n'est pas allée à la police directement.
– Vous travaillez pour le procureur, non ? (Jimmy acquiesce.) J'aime regarder les séries policières à la télé. Les policiers doivent pas en parler au procureur avant que quelque chose se passe ?
Jimmy confirme. Il l'interroge sur Odin pour savoir ce qui lui fait croire qu'il est impliqué dans ces meurtres. L'histoire qu'elle lui raconte l'amène à penser qu'elle n'est peut-être pas seulement une épouse aigrie. Mais quand elle ajoute :
– L'autre nuit, il rentre et on lui a tiré sur le visage. D'abord, il me raconte que c'est un accident de chasse, comme si j'étais débile. J'ai dû aller à l'hôpital de San Bernardino et dire que je lui avais tiré dessus sans vouloir.
Là, Jimmy est convaincu.
– Ce n'est pas vous qui lui avez tiré dessus ? demande-t-il pour la tester.
Princess le foudroie du regard.
– J'aurais dû aller chez les flics.
– Du calme, ma jolie.

Il sort un calepin et un stylo ; il veut que Princess lui fournisse le plus de renseignements possible sur Odin : son nom complet, son adresse, son lieu de travail, les noms de ses amis, ses horaires, est-ce qu'il est armé… Quand il lui demande s'ils vivent toujours sous le même toit, elle lui répond qu'elle loge dans un motel. Elle a confié son fils à une amie et elle aimerait aller le récupérer. Cette dernière phrase reste suspendue entre eux pendant un instant. Jimmy songe à l'héberger dans son mobil-home. Mais il s'aperçoit que ça pourrait être mal vu. Il sort son portefeuille et compte six billets de vingt dollars. Le voilà à sec maintenant.

– Tenez, ça devrait vous aider.

– Je n'ai pas besoin d'argent.

Impressionné, il replie les billets et les glisse dans sa poche. Il avait supposé qu'elle essaierait de l'arnaquer.

– Une dernière chose : dans quel hôpital vous l'avez emmené, dites-vous ?

– Notre-Dame de Lourdes à San Bernardino.

Il note le numéro de portable de Princess. Puis il lui tend sa carte et promet de la contacter. Il lui dit au revoir devant le coffee shop. Dès qu'elle a tourné au coin de la rue, il appelle Notre-Dame de Lourdes pour vérifier si son histoire tient debout. Quand on lui dit qu'un homme est venu avec le visage criblé de plombs, accompagné d'une femme qui affirmait avoir tiré sur lui sans le vouloir, il ne prend pas la peine de retourner à son bureau. Il effectue une recherche avec son smartphone. La réponse est instantanée : Odin Brick, ancien d'Afghanistan, arrêté pour l'agression d'un officier de police, condamné à trois ans de prison à Calipatria, libéré pour bonne conduite. Il ne lui a pas échappé que les dates d'incarcération d'Odin coïncident avec celles de son frère.

Adolescent, Jimmy était allé quelquefois au Fontana Speedway pour assister aux courses et à l'époque déjà il avait trouvé qu'il y avait quelque chose de ridicule chez ces types débordant de testostérone qui tournent en rond sur un circuit comme s'ils souffraient d'un trouble obsessionnel compulsif. Il n'est pas retourné à Fontana depuis des années. La ville est une étendue disgracieuse de mini centres commerciaux et de maisons construites au rabais. La casse automobile Papi se trouve dans une zone industrielle à quelques kilomètres du Speedway. Quand il gare sa camionnette, deux jeunes Hispaniques en combinaisons vertes, coiffés de casquettes de base-ball, sont en train de sortir le moteur d'une Chevrolet quatre portes totalement démolie. Ils l'ignorent quand il descend de son véhicule et se dirige vers le bureau.

La première chose qu'il remarque, c'est un vieux pitbull qui dort sur un coussin crasseux. Le mur est un collage de photos de filles nues découpées dans des magazines, une forêt multiethnique de seins, de pubis rasés et de fesses aux rondeurs parfaites, si abondants qu'ils en deviennent presque abstraits. Un Hispanique sec et musclé, avec une queue-de-cheval terne qui pend sur sa chemise, un jean gras et des bottes noires, lève les yeux d'un livre de comptes.

– Vous désirez ?

Son ton est amical.

Jimmy se retient de lui montrer son insigne.

– Est-ce qu'un certain Odin travaille ici ?

– Il vous doit du fric ou un truc comme ça ?

– Non, rien à voir.

– Je l'ai pas vu depuis la semaine dernière.

– Il a démissionné ?

– Il est pas venu bosser, il a pas appelé pour dire qu'il était malade. Il a plus de boulot, voilà. J'ai un business à faire tourner moi.

L'homme sourit, mais il n'a rien à ajouter. Jimmy sent qu'il voudrait qu'il s'en aille.

– C'est quel genre de type?

– Vous êtes flic ou quoi?

– Je l'ai été. Maintenant, je travaille pour le bureau du procureur.

– Qu'est-ce qu'il a fait?

– On ne sait pas trop pour l'instant. Je veux lui parler.

Jimmy sort son calepin, l'ouvre et demande à l'homme comment il s'appelle.

– Vous d'abord.

Jimmy se présente et l'homme lui dit qu'il s'appelle Roberto Ayala, mais que tout le monde l'appelle Papi.

– J'ai engagé Odin parce qu'il m'a raconté qu'il était allé se battre en Afghanistan avec les marines. Faut soutenir son armée, pas vrai?

– Des amis passent le voir des fois?

– J'en ai jamais vu.

Jimmy réfléchit pendant qu'il jette un coup d'œil autour de lui. Son regard s'arrête sur une femme du collage dont le visage lui rappelle celui de Darleen. Il repense brièvement à son ex et s'aperçoit qu'il ne sait même pas où elle vit maintenant. Il se tourne vers le pitbull endormi.

– Une dernière chose: quel est le nom de ce chien?

– Gasoline.

– Ça vous embête si je le prends en photo?

– Pas de problème.

Alors que Jimmy sort son portable pour photographier le chien, il entend un gamin s'écrier:

– Hé, Papi! Vise un peu!

Il se retourne et découvre un jeune garçon latino, d'une douzaine d'années, en train d'effectuer une roue arrière sur un vélo motorisé, avec un grand guidon dans le style chopper. Le moteur est rouge vif et quand le gamin s'arrête devant la porte du bureau, Jimmy constate qu'il est tout neuf.

– Joli vélo, commente-t-il. Où tu l'as eu ?

Papi jette un regard à Jimmy. Pourquoi cette question ?

– C'est mon oncle qui me l'a donné, répond le gamin en se tournant vers Papi.

– J'avais le même, dit Jimmy. J'avais installé le moteur tout seul. (Il voit Papi se détendre un peu.) Il vient d'où, ce moteur ?

– eBay, répond Papi. C'est pas croyable tout ce qu'on peut trouver.

– Exact, dit Jimmy.

Le gamin regarde son oncle, en se demandant s'il a fait une bêtise. Papi, lui, observe Jimmy. Le pitbull s'étire, mais ne se lève pas, et Jimmy le prend en photo.

– Vous avez une facture pour l'achat sur eBay ? interroge-t-il, nonchalamment.

– Je l'ai balancée.

Jimmy hoche la tête.

– Oui, évidemment. (Il s'adresse au gamin.) Amuse-toi.

Il regagne sa camionnette, émerveillé par ce monde où les fauteuils roulants volés finissent dans une casse automobile de Fontana.

http://www.machiavel-du-desert.com
6/11 - 14:17

Tous les mois de novembre, le Machiavel retrouve foi en notre système. S'il s'érode tous les autres jours de l'année, le jour de l'élection marque une aube nouvelle. Les électeurs envoient peut-être constamment au Congrès la même bande de maquereaux menteurs et de putes arnaqueuses, mais la beauté de la démocratie, c'est qu'il y a toujours une chance pour que les choses s'améliorent. Malheureusement, nous autres dans le désert, nous n'avons pas la possibilité d'élever le niveau aujourd'hui. Le candidat sortant est un politicard qui ne fait pas honneur à ses administrés. Et son challenger? Elle n'est pas qualifiée pour diriger une réunion de la SPA et encore moins pour arpenter les couloirs bénis, bien que légèrement souillés, du Congrès. C'est une menteuse, une démagogue, et un de ses principaux supporters, Hard Marvin, le chef de la police de Desert Hot Springs, fait l'objet d'une enquête pour meurtre. Je ne suis pas fan de Duke, mais comparé à l'Hôtesse de l'air, c'est Nelson Mandela. Aujourd'hui, je me pincerai le nez et je voterai pour lui.

38

Odin et House Cat sont dans une chambre de motel au bord de la Nationale 16, à la sortie de Victorville, à l'extrémité nord-ouest du désert de Mojave. C'est un établissement de plain-pied, délabré, avec une enseigne antédiluvienne qui indique : *Télé par câble Piscine Chambres libres.* Les couvre-lits des lits jumeaux sont tachés d'humidité et près de la fenêtre, une table en bois est flanquée de deux chaises assorties. Jonchée d'emballages de fast-food et de cartons de pizza, la chambre dégage une forte odeur de renfermé, comme dans un vestiaire. Les stores vénitiens sont baissés, les rideaux sombres tirés et seule la lueur tremblotante de la télé éclaire l'obscurité.

Le samedi précédent, Odin a émergé de son sommeil artificiel pour découvrir que Princess l'avait abandonné en emportant les cinq mille dollars en liquide. Dans un geste qu'il trouve particulièrement cruel, elle avait également fait main basse sur ses médicaments contre l'agoraphobie. Résultat, il avait peur de sortir seul de la maison. Craignant, par ailleurs, que la police débarque pour l'interroger au sujet de la blessure qui l'avait conduit à l'hôpital, il a immédiatement appelé House Cat, qui est venu le chercher au volant de sa Toyota Corolla rouge sang cabossée. Ne voulant pas laisser l'Impala sur place car il pensait que Princess allait peut-être revenir pour la récupérer, il a convaincu son comparse de garer sa Corolla dans une rue voisine. Quand House Cat lui a demandé pourquoi ils n'y laissaient pas plutôt l'Impala, Odin lui a répondu : je suis sûr que cette salope a des superpouvoirs et qu'elle va la repérer, comme une putain de squaw, voilà pourquoi !

Cela fait maintenant trois jours qu'ils sont cloîtrés dans cette chambre, à attendre que Dale leur apporte l'argent qu'il leur doit.

Allongé sur le lit, Odin sirote un soda.

House Cat marche de long en large en téléphonant. Impeccable dans son pantalon noir et sa chemise à carreaux, on pourrait croire qu'il a rendez-vous à la banque pour réclamer un prêt. Sa voix est étonnamment détendue compte tenu des circonstances, voire amicale.

– C'est le quatrième message que je te laisse. C'est aujourd'hui et pas un autre jour, mon pote. Je ne vais pas te menacer car je pense que c'est inutile. Tu nous connais.

House Cat referme le portable et caresse ses cheveux coupés en brosse. Il se tourne vers Odin.

– Tu crois que Dale aura le fric ?

– Où tu veux qu'il le trouve ?

– Chez celui qui lui a dit de nous engager. C'est pas Dale qui avait intérêt à éliminer cette fille, pas vrai ? On est des sous-traitants.

– Tu vas aller lui parler ?

– Moi ?

– Je peux pas quitter cette chambre, sauf si tu me trouves des médocs.

– Je ne veux pas parler seul avec Dale.

– De quoi tu as peur ? C'est un putain d'invalide.

– Il a peut-être un flingue. Peut-être que si je me pointe, il va me buter.

Odin finit son soda, rote et lance la boîte vide par terre.

– Trouve-moi du Zoloft et je suis ton homme. En attendant, je reste ici à mater ESPN.

– Tu ne peux pas soigner ton problème avec de l'homéopathie, des herbes ou une connerie comme ça ?

– De l'origan, par exemple ? Je souffre d'une maladie reconnue, mon pote. (Odin ne quitte pas le match des yeux.) J'ai besoin de cette saloperie de Zoloft.

Odin se lève et se rend aux toilettes, en chaussettes. Il laisse la porte ouverte. House Cat s'assoit sur une des chaises, pose ses coudes sur la table et son menton dans ses mains. Il en a assez d'Odin, qui s'avère beaucoup plus difficile à gérer que prévu. Il a fallu qu'il aille le chercher dans sa baraque d'Antelope Valley, où il l'a trouvé couché en position fœtale sur le sol du salon, après que sa nana avait foutu le camp avec le fric et le môme. Odin a emporté son oreiller, ce que House Cat trouve curieux, même si son complice lui a expliqué qu'un psychiatre de la prison lui avait conseillé de s'entourer d'objets familiers s'il devait s'absenter de chez lui pendant un certain temps. Durant le trajet jusqu'à Victorville, Odin avait tenu à s'allonger sur la banquette arrière, recouverte d'une couverture miteuse, en affirmant que c'était la seule façon d'éviter une crise. Ensuite, comme c'était lui qui s'était fait tirer dessus et comme sa nana lui avait volé sa part, il avait suggéré que House Cat partage la sienne avec lui pour qu'il retire de cette histoire autre chose qu'une moitié de gueule déchiquetée. Bref, House Cat en a marre de le supporter. Il commence à comprendre pourquoi Princess a foutu le camp. L'attirance homoérotique qui pouvait exister s'est nettement dissipée au cours des trois jours passés dans cette chambre d'hôtel. Et voilà qu'il doit dégoter du Zoloft afin de pouvoir se rendre à Mecca tous les deux pour mettre la pression sur Dale ? Ça ne lui plaît pas. Et d'abord, où est-il censé trouver ce putain de médoc ?

– À l'hôpital des anciens combattants de L.A., dit Odin en sortant des toilettes pour retourner s'allonger sur le lit.

Je te filerai mon permis de conduire et tu te feras passer pour moi.

– On ne se ressemble pas, mec. (House Cat ne prend même pas la peine de vérifier.) Personne ne me prendra pour toi, surtout si j'essaye d'obtenir un médicament sur ordonnance.

House Cat ferait mieux d'abandonner Odin dans cette chambre. Il aurait trop peur de sortir et le gérant de ce motel miteux finirait par appeler la police ; le problème serait réglé. Mais ensuite, House Cat devrait s'occuper seul de Dale. Or Dale est rusé, il ne faut pas s'y tromper ; il ne se laisserait pas surprendre une deuxième fois dans son lit. Non, House Cat doit fournir des médicaments à son complice pour qu'ils puissent aller à Mecca ensemble afin de toucher leur fric.

39

Alors que le bleu du jour quitte le ciel, remplacé par un lavis rose et vermillon aux reflets jaunes à l'horizon, Jimmy rentre chez lui, où il donne à manger à Bruno et à Diablo. Eh oui, Diablo. Le chihuahua s'est installé dans le mobil-home, Jimmy n'allait quand même pas abandonner ce petit salopard surexcité aux bons soins de Coral. Il hache un peu d'ail, coupe un citron, passe deux escalopes de poulet à la chapelure et se prépare à dîner. En jetant un coup d'œil à la pendule au-dessus de l'évier, il constate qu'il est vingt heures passées de quelques minutes. Les bureaux de vote ferment dans moins d'une heure. Un court instant, il envisage d'aller voter, puis se ravise.

Un peu plus tard dans la soirée, il allume la télé pour regarder les infos et découvre que Randall a été réélu, avec moins de cinq cents voix d'avance. C'est une surprise car il pensait que Mary Swain allait l'emporter. Cette dernière aussi, apparemment, car elle exige un recomptage des votes. L'envie irrésistible de balancer un marteau dans le téléviseur le saisit, mais il reconnaît la manifestation temporaire de la colère – contre ses frères? contre Mary Swain? il l'ignore – alors il attend qu'elle retombe. Il met le DVD des poissons qui nagent dans leur aquarium et s'installe dans le canapé pour regarder les mollys, les tétras, les xyphos et les scalaires aller et venir de manière hypnotique d'un bord à l'autre de l'écran.

Dans la lueur silencieuse de l'aquarium vidéo, Jimmy songe qu'après ce succès, la suffisance de Randall ne va pas s'atténuer. Malgré tout, il se surprend à avoir envie d'ébouriffer ses cheveux durcis par la laque, et cela l'amène à se demander pourquoi il est apparemment incapable de vivre deux secondes sans penser à ses frères, et aux répercussions de leurs vies sur la sienne. Comme si une partie de lui-même réclamait les contrariétés qu'ils provoquaient. Est-il accro à la colère ? Cela ne l'avait encore jamais effleuré. Et il croit avoir mis le doigt sur une idée importante. Sans être du genre à succomber au langage de l'addiction, Jimmy se demande s'il n'est pas dépendant de sa colère comme un fumeur devient dépendant de la nicotine ou les joggeurs accros aux endorphines. Est-ce une sorte de moteur dont il se sert pour avancer dans son travail et son existence ? Cela expliquerait en partie pourquoi son mariage a échoué. (Darleen avait une part de responsabilité, mais à la réflexion, il était souvent furax quand elle était là.) Par ailleurs la colère était directement liée à son renvoi de la police de Desert Hot Springs. C'était parce qu'il avait frappé le criminel que Hard avait été conduit à réclamer ce stage de contrôle de l'agressivité, et comme Jimmy n'avait pas pu aller au bout, cela avait provoqué un regain de tension, et quand l'affaire Bruno avait éclaté, ç'avait été la goutte d'eau qui avait fait déborder le vase et qui lui avait coûté son boulot. Alors, il conclut qu'il y a probablement du vrai dans cette théorie de l'addiction, mais le fait qu'il y réfléchisse est un signe encourageant car ça signifie qu'il affine sa capacité à observer ses pensées les plus sombres de l'extérieur, et donc à mieux les contrôler.

Il n'a pas envie de faire plonger Dale, mais c'est ainsi. Quant à Randall, il l'a mérité. Pendant un instant, il s'imagine en train de l'appeler pour lui annoncer que la partie est terminée, mais cette brève satisfaction permettrait à Randall de préparer sa contre-attaque. Il songe ensuite à appeler Cali pour lui annoncer ce qu'il a découvert, mais il craint qu'elle transmette directement l'information au procureur.

Pourquoi prévenir Cali ou Arnaldo ? Ou Glenn Korver ? Ou même Oz Spengler ? Cette affaire lui appartient.

Il pourrait se connecter sur le site de Bodhi Colletti. Il aimerait la remercier car elle l'a aidé à clarifier ses pensées.

Le téléphone sonne. Jimmy se demande s'il doit se lever pour répondre étant donné qu'il se sent calme maintenant. Mais ça pourrait être Cali, alors il répond sans regarder le nom qui s'affiche sur l'écran. Maxon.

– Où êtes-vous, Jimmy ?

– En quoi ça vous intéresse ?

– J'aimerais que vous veniez fêter la victoire avec nous.

En entendant ces mots, Jimmy cesse de respirer pendant un instant. Est-il prêt à se rendre là-bas et à s'adresser à Randall pendant la soirée ? Veut-il risquer de provoquer un esclandre ? En voyant ses paumes moites, il s'aperçoit qu'il n'est pas aussi serein qu'il l'avait cru. Il songe alors que c'est l'endroit idéal pour tester à grande échelle sa théorie selon laquelle il serait accro à la colère. Il parlera à Maxon, il verra Randall, Dale sera probablement présent lui aussi. Il faut qu'il le fasse ; il doit se mettre au défi, rester calme et maître de soi face à des stimuli hostiles car c'est seulement en réussissant à maîtriser cet aspect de la vie qu'il pourra faire de son existence autre chose qu'une épreuve quotidienne. Et demain, il poussera la porte du bureau du procureur.

Le casino de Cahuilla est un monolithe curviligne de quinze étages, décoré de néons, qui semble survoler le désert tel un vaisseau spatial. Jimmy pénètre sur le parking bondé vers vingt-deux heures. Il réfléchit à la manière dont il va se comporter face à Dale. Jimmy ne parlera pas immédiatement d'Odin. Il se concentrera sur les activités de Dale depuis sa sortie de prison, les gens qu'il a rencontrés, ses projets. Il se souvient que Dale aime le whisky coca et il a l'intention de lui en offrir quelques-uns. Histoire de le détendre, de le rendre loquace, expansif. Dale adore parler et quand il est suffisamment ivre, Jimmy sait que l'on peut compter sur lui pour se vanter.

Un lustre en faux cristal de la taille d'un piano à queue illumine le hall encombré. Planté sur le sol en marbre noir, Jimmy regarde autour de lui. Sur sa droite, des gens entrent et sortent du casino. Droit devant, une volée de marches conduit au grand salon du premier étage où a lieu la soirée de Randall. Alors qu'il marche dans cette direction, il aperçoit Arnaldo et Cali ; il est content de la voir et lui adresse un petit sourire auquel elle ne répond pas. Du coup, il se félicite de ne pas l'avoir appelée. La gêne allait-elle s'installer entre eux désormais ?

– Jimmy, on peut aller discuter dehors ? propose Arnaldo.

– Bien sûr.

Il essaye d'analyser les ramifications de leur présence. À voix basse, il demande :

– Qu'est-ce qui se passe ?

Cali montre la sortie d'un mouvement de menton et tous les trois se dirigent vers la grande porte. Jimmy s'interroge. Y a-t-il du nouveau dans l'affaire, a-t-il été coiffé au poteau ? Si Cali et Arnaldo sont ici, raisonne-t-il, c'est qu'un truc sent le roussi dans la campagne.

Dehors, dans la douceur du soir, sous les lumières criardes du stand des voituriers, Jimmy se tourne vers ses ex-collègues.

– Vous allez me dire que ce n'est pas Hard ?

– Tu vas trouver ça anormal, dit Arnaldo.

– À nous non plus, ça ne nous plaît pas, ajoute Cali.

– Faut que tu restes calme, OK ?

C'est encore Arnaldo.

– Oui, oui. Alors?

– Tu promets? insiste Cali.

Elle lui sourit cette fois, mais Jimmy sent bien qu'elle se force. Les deux inspecteurs échangent un regard furtif, sans rien dire.

– Bon, je retourne à l'intérieur, dit Jimmy.

Arnaldo le retient par le bras.

– Non, tu ne peux pas.

– De quoi tu parles? (Il se tourne vers Cali.) De quoi il parle?

– Ce qu'il veut dire, c'est que tu ne peux pas retourner à l'intérieur.

– Parce que?

– Tu es en état d'arrestation, dit Arnaldo.

– Très drôle.

Il repart vers le casino, mais à peine a-t-il fait un pas que Cali et Arnaldo l'attrapent, avec suffisamment de force pour qu'il comprenne immédiatement qu'il ne s'agit pas d'une plaisanterie, et il ne résiste qu'une seconde, le temps que son esprit conscient prenne le dessus sur la partie de son cerveau qui se prépare instinctivement au combat. Quand ils constatent qu'il ne va pas se débattre, ils le relâchent. Le regard de Jimmy met au défi ses anciens camarades de fournir une explication à cette situation absurde.

– Il faut qu'on te confisque ton arme, dit Cali.

Le tressaillement de ses lèvres suggère un sourire de compassion avorté, mais ses yeux sont du silex.

Arnaldo s'excuse quand il glisse la main à l'intérieur de la veste de Jimmy pour lui prendre son revolver. Il ôte les balles, les met dans sa poche et glisse l'arme dans sa ceinture. Un groupe de fêtards passe, sans un regard pour ce trio qui exécute cette partition étrange. Jimmy se réjouit de n'en connaître aucun.

– Pourquoi vous m'arrêtez ?

– Vol qualifié et falsification d'un rapport de police, dit Cali.

Jimmy est abasourdi, assommé, il ne comprend pas de quoi il s'agit.

Arnaldo l'informe :

– Quelqu'un a rancardé le chef du conseil municipal au sujet du chien. Ce type flippe tellement à cause de Hard qu'il veut tout passer au détergent.

Les épaules de Jimmy s'affaissent de manière à peine perceptible, mais c'est le signe de la défaite. Ce round est terminé et, allongé sur le tapis, il contemple les lumières. Arnaldo et Cali ont l'air un peu gênés et sincèrement désolés de devoir faire ça. Jimmy a presque de la peine pour eux. Mais il hoche la tête comme s'il comprenait : finissez-en, faites votre numéro et rentrez chez vous. Par respect, ils ne lui mettront pas les menottes.

Durant le trajet, Jimmy voyage sur la banquette arrière grillagée, réservée habituellement aux criminels. Arnaldo conduit, Cali est assise à côté de lui. Jimmy envisage de leur parler de Princess et d'Odin Brick, de Dale et du moteur chez Papi, mais décide finalement de s'abstenir. Il veut s'en occuper tout seul.

Les techniques qui s'étaient révélées si prometteuses pour contrôler sa colère sont totalement inefficaces. Il a envie de hurler, de brailler jusqu'à avoir la gorge en feu, de faire un trou dans le siège à coups de pied. Heureusement il reste encore un endroit calme où une petite voix le prévient que s'il ouvre la bouche, ce qui en sortira ne fera que refléter le chaos que la fureur a provoqué dans sa tête.

Ce n'est pas comme s'il était innocent. Bruno appartient à la municipalité de Desert Hot Springs et il n'avait pas à le prendre. Mais le moment où cette plainte a été déposée lui fait comprendre qu'on lui adresse un message subtil. Son poste au bureau du procureur ne survivra pas à cet incident et sans ce boulot, pas de retraite.

– Jimmy, j'ai vraiment les boules, dit Cali.

– Ça vaut pas la peine.

Arnaldo ne dit rien, c'est inutile.

Le règlement interdit de placer un ancien ou actuel agent de la police de Desert Hot Springs dans une cellule de ce poste, c'est pourquoi ils le conduisent au centre de détention du comté à Indio. Comme on est mardi soir, il comparaîtra le lendemain matin pour répondre des charges retenues contre lui. Et comme personne n'est de garde, il ne peut pas verser de caution pour rester en liberté jusque-là. Ça ne le réjouit pas de passer sa première nuit aux frais du procureur de Riverside County, mais il s'est fait une raison et, partisan du principe qui veut qu'on doit passer sous silence tout ce qui ne peut être dit, il n'ouvre plus la bouche durant tout le trajet.

On lui évite les formalités d'admission, Arnaldo lui explique qu'il s'en chargera. Une fois qu'il a remis son portefeuille, sa montre et sa ceinture, Cali lui réclame les clés du mobil-home. Quand elle les glisse dans sa poche, il la regarde. Si c'est pour le draguer, le moment est mal choisi.

– Les services de la fourrière passeront chez toi demain à la première heure.

– Et tu leur ouvriras la porte ?

– Je vais y aller ce soir, imbécile. Le chien ne sera plus là demain matin.

Difficile pour Jimmy d'exprimer toute l'ampleur de sa gratitude, alors il se contente de dire merci. Sur ce, elle lui fait franchir la porte métallique derrière laquelle se trouvent les trois cellules qui constituent la zone de détention provisoire. C'est là qu'il va être enfermé étant donné qu'un représentant de l'ordre qui a été arrêté ne peut être mis en contact avec la population carcérale ordinaire. La cellule la plus proche de la porte est vide, comme celle d'à côté, mais celle du fond est occupée par un type corpulent allongé sur le dos. C'est avec un mélange d'incrédulité, d'appréhension et de tristesse que Jimmy découvre son identité.

40

La porte de l'ascenseur s'ouvre et Randall pousse le fauteuil roulant de Dale sur la moquette du couloir du casino, vers le grand salon ; Maxon les suit en parlant avec un journaliste au téléphone.

– Je veux que tu restes avec moi, Dale, dit Randall. Je te présenterai.

– Je suivrai tes instructions, je suis ici pour te témoigner mon admiration.

– Tu peux faire toute la poésie que tu veux ce soir, frangin.

Dale, rasé de près, porte un pull rouge par-dessus une chemise blanche ; ses cheveux sont propres et peignés. Un taxi envoyé par Maxon est venu le chercher pour le conduire au casino et il se sent flatté de faire partie de la mise en scène de Randall. Aucun des deux frères n'a évoqué ce qui s'est passé à la supérette.

Kendra et Brittany attendent devant une porte ; Randall a un sourire radieux en les voyant. Sa fille l'observe comme un entomologiste examine un insecte exotique. Dale remarque que Kendra semble nerveuse, et ça l'étonne car c'est une excellente comédienne. Il est accueilli sommairement. Kendra se déclare enchantée qu'il ait pu venir et Dale devine qu'elle ment. En temps normal, il en serait contrarié, mais il se réjouit tellement de participer à la fête qu'il s'en fiche. Ça ne le gêne pas non plus que la fille de Randall le snobe. Il n'est pas du genre à envoyer des cartes d'anniversaire et il oublie très vite cette rebuffade. Maxon annonce aux Duke qu'il va monter sur scène pour les présenter et il disparaît par la porte à double battant qui donne sur le salon.

Un silence pesant succède à son départ. Les échos de la musique, les éclats de voix et le brouhaha provenant de la fête ne parviennent pas à l'atténuer. Dale regarde son frère pulvériser dans sa bouche un spray contre la mauvaise haleine. Kendra serre l'épaule de son mari. Brittany promène sa langue à l'intérieur de sa lèvre supérieure luisante de gloss rose. Elle était encore gamine quand Dale avait été envoyé en prison. Sa sexualité adolescente le rend un peu trop nerveux à son goût. Il la surprend à le regarder, mais là encore c'est avec l'œil du scientifique qui examine un spécimen. Il paraît que cette fille est extrêmement intelligente. Il n'a jamais eu l'occasion de lui parler et pour le moment, il n'en a pas envie. Il n'a pas besoin d'une adolescente pour se sentir idiot.

La célébration de la victoire de son frère réveille en Dale quelque chose qui continue à palpiter au fond de lui, le souvenir d'un serment d'allégeance au drapeau, des Pères fondateurs de ce pays arraché à la nature sauvage… Être un criminel n'a jamais été son objectif dans la vie et il s'accroche à l'idée que si les choses avaient tourné différemment, s'il avait eu plus de chance, il ne serait pas dans un fauteuil roulant, il ne serait pas *devenu* un criminel. Le plan qu'il a mis en branle et qui s'est achevé de manière si désastreuse est né de ce fond d'innocence. Dale veut bien faire, il pense être foncièrement bon. Si seulement il pouvait échapper aux forces qui le clouent au sol continuellement, il pourrait vivre le restant de sa vie d'une tout autre manière. Son expiation débutera ce soir. Après la fête, il s'excusera auprès de Randall.

Quelques secondes plus tard, on le propulse dans le grand salon bondé ; c'est Randall qui pousse le fauteuil, sous les applaudissements, et Dale salue comme s'il était Miss Amérique. Ce rassemblement, qui aurait été beaucoup plus calme si quelques centaines de partisans de Duke avaient boudé les urnes aujourd'hui, a pris l'apparence d'une fête tapageuse. Du mauvais rock sort des enceintes qui flanquent une scène ornée de fanions et le bar est pris d'assaut. Randall est tellement excité par sa victoire que dans sa magnanimité il présente Dale à tous les donateurs, les apparatchiks de campagne et les sympathisants qui passent. Dale rayonne comme s'ils étaient colistiers, il remercie les gens qui ont voté pour son frère, il serre des mains en disant à chacun combien il est heureux de le rencontrer. Depuis l'époque où il fonçait sur l'autoroute avec sa moto, en sentant la route gronder sous lui, Dale n'a pas éprouvé d'exaltation aussi débridée.

Randall a insisté pour qu'il demeure près de lui – Dale ne sait pas si c'est par grandeur d'âme ou par peur qu'il vide le bar. D'honnêtes citoyens lui serrent la main et leurs sourires radieux masquent parfaitement le léger malaise qu'éprouvent la plupart d'entre eux, il le sait bien, en présence d'un criminel infirme. Pendant que la fête semble tourner autour de lui, il parvient à oublier temporairement ce qu'il a fait à Randall, il se persuade qu'il ne s'est rien passé. Quand sa belle-sœur monte sur scène pour se lancer dans une version karaoké de *I Will Survive*, il reprend le refrain en chœur avec la foule. Puis la musique s'arrête et Randall monte à son tour sur l'estrade. Tenant le micro à deux mains, comme s'il priait, il contemple ses partisans. Après avoir remercié son épouse, sa fille et Maxon Brae, il remercie « mon petit frère Dale, qui se trouve juste là au premier rang ». *Mon petit frère Dale.* C'est tellement inattendu que Dale est abasourdi. Pour lui, c'est un pardon public inespéré. Ce geste l'émeut tellement qu'il ne lui en veut presque pas de ne lui avoir offert que du ginger ale durant toute la soirée.

La seule note discordante survient quand Dale informe Maxon qu'il a besoin des dix mille dollars immédiatement.

Il est minuit passé et l'ambiance commence à retomber. La sono crache *N'arrête pas de penser à demain.* Plusieurs couples s'agitent de manière spasmodique sur la piste de danse, à la manière des Blancs qui fêtent la victoire dans une réunion politique. Maxon se tient à côté du fauteuil roulant de Dale, à l'écart du salon.

– Je vous parle de salopards capables de piquer son fauteuil à un handicapé.

– Ça peut prendre plusieurs semaines pour rassembler l'argent.

– Jimmy commence déjà à fouiner.

– Ne vous inquiétez pas pour Jimmy.

– Je suis l'intermédiaire moi, vous pigez? Je peux vous pourrir la vie.

Maxon le regarde sans rien dire. C'est Dale qui est dans le fauteuil, mais il croit que Maxon est du genre à se laisser intimider par l'œil noir du taulard. Après une poignée de secondes, il a l'étrange sensation qu'il le sous-estime peut-être. Un jeune couple qui s'en va s'arrête pour féliciter Maxon. Il les remercie brièvement, sans prendre la peine de présenter Dale.

Dès qu'ils se sont éloignés, Dale dit:

– Il faut que vous me trouviez un flingue.

– Ne parlons pas de ça ici. Je vous ai réservé une surprise pour demain matin.

– Je ne veux plus de surprises.

Dale lui fait signe de se pencher. Quand Maxon s'exécute, il le saisit par la nuque pour l'obliger à s'approcher davantage. Il sent la résistance de Maxon, mais il accentue sa pression.

– Je veux ce flingue, chuchote-t-il.

Il lâche Maxon. Celui-ci se redresse en jetant des regards autour de lui pour voir si quelqu'un a assisté à la scène.

L'équipe de nettoyage s'est mise au travail. Quelques groupes de personnes discutent tranquillement. Apparemment, nul n'a rien remarqué.

– C'est le genre de surprise qui vous plaira.

– Le fric ?

– Mieux que ça.

– Moi aussi j'ai une surprise pour toi, mon pote. Je resterai chez toi jusqu'à ce que tu m'apportes le pognon pour que je puisse filer leur prime à ces mecs.

Maxon hoche la tête. Un geste qui calme Dale. Il ne peut pas vraiment obliger Maxon à raquer. Au moins, il a accepté de continuer à l'accueillir dans la chambre d'amis. Dale sait que House Cat ne lui laissera aucun répit.

Dale demande où est Randall.

Maxon répond :

– Il est reparti.

Dale s'enfonce dans son fauteuil. Il n'a pas pu présenter ses excuses sincères à son frère pour les ennuis qu'il lui a causés.

Du temps où il faisait partie de la police de Desert Hot Springs, Jimmy a escorté des centaines de criminels en cellule, c'est donc déstabilisant pour lui de se retrouver dans la position de celui que l'on tient par le coude pour le mettre derrière les barreaux. Sentiment accentué par le fait que c'est sa récente partenaire sexuelle qui l'escorte ; et sa confusion atteint son comble quand il découvre l'identité de l'autre prisonnier. Hard Marvin.

Jimmy regarde Cali et montre le chef. Cali hausse les épaules pour exprimer à quel point elle est désolée.

– Ça veut dire qu'on ne pourra pas se voir demain soir ? dit-il.

Pour Jimmy, c'est de l'humour, mais son ton manque de légèreté.

– On verra si tu es libéré sous caution, répond Cali avec la même absence de désinvolture.

Elle ouvre la porte de la première cellule et lui fait signe d'y entrer. Il y a un petit lit en fer sans matelas. L'espace spartiate est éclairé par un néon fixé au plafond et entouré d'un grillage pour empêcher les détenus d'en faire une arme ou de commettre un suicide sanglant. Cali lui demande s'il veut un sandwich; il décline la proposition. S'il a besoin de quelque chose, il n'a qu'à crier, ajoute-t-elle et elle s'en va. La porte de la cellule claque. Jimmy ne la regarde pas s'éloigner. Il jette un coup d'œil à Hard qui continue à contempler le plafond, allongé sur le dos.

Jimmy se demande s'il a remarqué qui venait d'arriver, mais il ne peut pas croire que cela lui ait échappé. Il s'allonge sur le lit en fer et essaye de se détendre. Difficile de trouver une position confortable. Inutile d'espérer pouvoir méditer, alors il compte ses respirations, mais il n'arrive pas à dépasser la troisième sans que son esprit se mette à dériver. Dix minutes s'écoulent avant qu'il entende:

– J'espère que ce n'est pas un plan foireux pour me tirer les vers du nez car je n'ai rien à dire.

– Ce n'est pas un plan, chef. Quelqu'un m'a dénoncé.

Il lui expose les charges qui l'ont envoyé ici, en se gardant de préciser qu'il voit la main de Randall derrière les événements de la soirée. Inutile de confier ses soupçons à son ancien chef qui semble se moquer des détails.

– Tu l'as dans le cul, cow-boy.

La parfaite immobilité et la position allongée de Hard se combinent pour donner à Jimmy l'impression que ces paroles émanent d'un cadavre.

– Je sais.

– Mais pas autant que moi.

Il ne faut pas longtemps à Jimmy pour comprendre que Hard a raison. Qui sait jusqu'où s'étend l'influence de Randall ? Alors que Jimmy sera sans doute libéré sur parole, la caution réclamée à Hard, compte tenu de la nature épouvantable du crime dont on l'accuse, atteindra un montant prohibitif. Son procès n'aura certainement pas lieu avant un an, et pendant tout ce temps, il restera derrière les barreaux. S'il est condamné, cette année pourrait se prolonger jusqu'à la fin de ses jours.

Une autre demi-heure s'écoule dans un silence total, puis Hard reprend la conversation comme si elle avait été interrompue pendant deux secondes seulement.

– Pour ta gouverne, Duke, sache que je n'ai rien à voir avec ces meurtres. Peut-être que je me tapais Nadine, et alors ? Je ne devais pas être le seul. Oui, elle a tué mon chien, et oui je l'ai menacée, mais je ne l'ai pas tuée, et ce type non plus, bordel de Dieu !

– Je vous crois.

– Va te faire foutre, Duke. Tu ne m'as pas cru quand ça aurait pu m'aider.

– Je disais ça comme ça.

– Je vais virer mon avocate.

– Pourquoi ?

– C'est une abrutie.

– Elle ne vous a pas aidé à vous sortir de cette histoire d'homicide involontaire ?

– Je vais te dire une bonne chose à ce sujet.

Hard s'interrompt et sa voix résonne contre les murs carrelés. Jimmy attend qu'il continue. Durant toutes les années où ils ont travaillé ensemble, il n'a jamais entendu la version de Hard. Mais il n'est pas d'humeur à l'écouter raconter comment il a tué un pauvre immigré clandestin.

– Le Mexicain qui s'est fait buter ce jour-là ? J'ai pas touché à un seul de ses cheveux gras. C'est un des *troopers*, un gars de la brigade de Calexico. On a tous été interrogés pour l'enquête, et dès qu'on me posait la question, je laissais croire que c'était moi. Tu sais comment c'est, tu veux que les gens aient peur de toi. Mais c'est ce type de Calexico qui l'a tué. J'étais là, c'est vrai, et j'aurais pu intervenir, mais j'étais juste complice. Je suis pas un putain de meurtrier.

Jimmy a du mal à comprendre comment un officier de police peut estimer que c'est une bonne chose de passer pour un meurtrier, mais cela fait partie des raisons pour lesquelles il n'a jamais aimé Hard.

– Peut-être que vous pourrez vous en tirer.

– Regarde autour de toi, espèce de connard. Où est-ce qu'on discute, là ?

– J'aimerais dire qu'on est au boulot, mais on est du mauvais côté des barreaux.

– Continue à jouer au con, Duke. Peut-être que tu es ici parce que tu es un petit prétentieux sans cervelle qui a cru qu'il pouvait voler un chien, mais moi, je suis ici parce que mon avocate n'a pas réussi à l'éviter, alors qu'il n'y a pas un iota de preuve qui ne soit pas bidon à cent pour cent.

Jimmy ne sait pas si c'est la fatigue due à une journée dangereusement longue et pénible, ou le sentiment de totale impuissance engendré par son environnement, ou l'effet cumulé de ses tentatives pour apaiser son esprit au cours de ces derniers mois, toujours est-il que l'animosité, la colère et la dyspepsie qu'il ressentait quelques instants plus tôt refluent. C'est fou ce que le spectacle d'une autre personne marinant dans ses propres brûlures d'estomac cosmiques fait comme effet, songe-t-il en regardant Hard. Les vibrations d'agressivité et de ressentiment qui émanent de lui commencent à avoir un effet paradoxalement apaisant sur Jimmy, qui est frappé par l'absurdité du comportement de Hard. Même si tout ce qu'il vient de dire est vrai, il est à côté de la plaque. Bien sûr l'ancien chef de la police ne peut pas changer sa situation, mais il n'a pas la lucidité nécessaire pour voir qu'il peut changer sa manière d'y réagir. Jimmy sait bien que ce n'est pas le bon moment pour le lui faire remarquer.

– Quand mon chien a été assassiné, je t'ai vu sous un jour différent, dit Hard.

– Sous un jour différent ? Moi ?

– Peut-être que j'ai été trop dur avec toi au sujet de... comment il s'appelait ?

– Qui ?

– Le chien.

– Bruno.

– J'aurais dû être un peu plus compréhensif. Trop tard, hein ? Tu m'as dit que tu l'avais relâché dans le désert. Une meute de coyotes a dû le dévorer une heure plus tard.

– Je ne l'ai jamais relâché dans le désert. Je vous ai menti. Le chien est dans mon mobil-home, déclare Jimmy avec un degré de satisfaction que son interlocuteur n'apprécie peut-être pas, se dit-il.

– Sans déconner ?

– Sans déconner.

Jimmy attend la réaction habituelle de Hard quand on le contrarie : l'explosion de colère et les jurons, rendus poignants par son environnement, mais Hard dit simplement :

– À la bonne heure.

– Nadine Never avait un chien.

– Ce petit salopard m'a fait un trou dans la cheville, il méritait de crever.

– En fait, il est dans mon mobil-home, lui aussi.

– Cette espèce de rat échappe à la mort et il mène la grande vie chez toi pendant que je suis enfermé ici. (Hard ricane sèchement.) Ça fait quel effet, Duke ?

– Quoi donc ?

– De perdre son insigne ?

Tout d'abord, Jimmy envisage de protester, de répondre qu'il n'a encore rien perdu, qu'il prendra un avocat, il y aura un jugement, il pourra se défendre. Mais il sait qu'il va se retrouver à la porte et qu'il pourra passer beaucoup plus de temps à photographier les chiens ; sa carrière de combattant du crime est terminée. Alors, il répond :

– Je crois que je devrais choisir un autre métier, de toute façon.

– Je ne t'ai jamais aimé, Duke.

– Vous n'aimez personne.

– Les gens ne valent rien, en général. Mais toi au moins, tu as eu le courage de défendre ta cause. Pasco et Escovedo ? Tout ce qu'ils veulent, c'est me voir plonger.

– Ce n'est pas dirigé contre vous, chef.

Des paroles prononcées sans grande conviction.

– Tu parles ! Tu as un autre suspect ?

– On va me demander de démissionner de mon poste dès demain. Qu'est-ce que ça peut faire que j'ai un suspect ou pas ?

Jimmy se demande à quoi cela servirait s'il lui faisait part de sa théorie sur l'implication de son frère dans ce double meurtre.

– Aucune idée, dit-il. Je sais qu'on a eu une prise de bec tous les deux. Mais j'ai toujours apprécié ton travail. Tu te serais rendu un grand service si tu avais su contrôler un peu mieux tes émotions.

– Je regrette de vous avoir menacé, et je tiens à m'excuser.

– Ce qui est fait est fait. Et puis, tu vas être libéré demain. Et quand tu seras dehors, j'ai un service à te demander.

– Quoi donc ?
– Je veux que tu penses à moi.
– C'est tout ?
– Finito.

Quelques minutes s'écoulent, puis Jimmy l'entend ronfler. Hard ne dit plus rien de toute la nuit. L'air est frais dans la cellule et l'odeur de désinfectant envahit ses narines. Il ne dort pas. En observant la lumière en cage, il songe à la façon dont les conséquences de notre comportement nous collent à la peau dans la vie, et il en conclut que si Hard est responsable de sa situation, lui aussi doit prendre son destin en main. Il sait que c'est son frère Randall qui l'a envoyé ici. Du moins, il croit en être certain. Ou bien est-il possible que Randall ne soit pas à l'origine de sa situation actuelle ? Il se demande s'il existe des événements qui n'entrent pas dans un cadre établi, des exceptions qui font obstacle à toute analyse rationnelle ? Que se passe-t-il quand une situation n'a aucun sens ?

En ruminant toutes ces pensées, Jimmy songe que c'est peut-être une chance qu'il se retrouve en prison ce soir car cela l'empêchera de faire une chose qu'il pourrait regretter.

Depuis l'époque où il cambriolait des pharmacies pour voler des produits qu'il revendait ensuite aux laboratoires clandestins de méthédrine, House Cat sait qu'il est plus facile de s'introduire dans les commerces indépendants que dans ceux appartenant à des chaînes car leurs systèmes d'alarme sont souvent moins sophistiqués. C'est pour cette raison qu'il est allongé à l'arrière de l'Impala d'Odin sur le parking, derrière la Pharmacie Jojo, à quelques kilomètres de Victorville. Elle est située dans un mini centre commercial où voisinent une quincaillerie, un salon de manucure, un restaurant de poulet frit et un courtier d'assurances. Cela fait deux heures qu'il est là et la police est passée deux fois à quarante-cinq minutes d'intervalle. Il a du matériel de cambrioleur avec lui et quand les feux arrière de la voiture de patrouille disparaissent pour la troisième fois, il prend ses affaires et traverse le parking en direction du bâtiment.

Il lui faut une dizaine de minutes pour débrancher l'alarme, et une fois à l'intérieur, dix minutes de plus pour forcer les placards et rafler suffisamment d'antidépresseurs pour traiter un troupeau d'éléphants névrosés. À trois heures du matin, il est de retour dans la chambre de motel et il tend son butin à un Odin reconnaissant.

http://www.machiavel-du-desert.com
6/11 - 23:53

Postface électorale. Le Machiavel a un peu le regard trouble. Je rentre de la fête de Duke où j'ai fait une apparition incognito et bu quelques Singapore Sling de trop. Je mettrai de l'ordre dans mes pensées à mon réveil et je les posterai quand je n'aurai plus la gueule de bois.

Mercredi 7 novembre

41

Kendra et Randall regagnent leur maison de Little Tuscany sur les coups d'une heure du matin. Après avoir vérifié que Brittany est couchée, ils décident de boire un dernier verre dans la cuisine. Toujours vêtue de la robe qu'elle portait à la soirée, Kendra a envoyé valdinguer ses escarpins et posé les pieds sur la table. Randall, lui, a ôté sa veste et desserré sa cravate. Il leur sert à chacun une dose de cognac et lève son verre à dégustation pour porter un toast à son épouse.

Ils trinquent. Ayant réussi depuis le début de la soirée à chasser de son esprit toutes les images troublantes de Nadine, Kendra observe son mari par-dessus son verre. Il est fatigué, mais il s'est rasé avant la fête et son brushing électoral est impeccable. Il a peut-être des défauts en tant qu'époux, pense-t-elle, mais quand Nadine a menacé de détruire leurs projets, il a promis de s'en occuper et il a tenu parole. Elle fait tournoyer le cognac dans son verre.

– Ça ne t'embête pas que Harding Marvin soit en prison ?

– Tu sais qu'il a tué un clandestin, n'est-ce pas ?

– Je l'ai lu dans le journal.

– C'est son châtiment.

Kendra avale une gorgée de cognac ; elle sent la brûlure dans sa gorge.

– Tu crois que l'on risque un châtiment nous aussi, un jour ?

Randall sourit, les commissures de ses lèvres se retroussent à peine. Il prend la bouteille pour remplir son verre. Il boit et garde l'alcool en bouche ; le feu se répand sur sa langue et ses gencives. Avec la pointe d'une chaussure, il enlève l'autre. Il se gratte la plante du pied et ôte sa seconde chaussure. Il étend ses jambes devant lui, pose son verre sur la table, noue ses mains dans sa nuque et se renverse contre le dossier de sa chaise.

– Si j'avais peur du châtiment, dit-il, je ne pourrais pas me lever le matin.

– Il risque la peine de mort.

– Mieux vaut que ce soit lui que mon frère.

– Tu es dur.

– Si tu veux réussir dans ce métier, tu ne dois pas faire de sentiment.

Kendra réfléchit à ces paroles. La vie est un jeu à somme nulle désormais et le monde de la politique n'est que la version sans fard de ce que les Américains connaissent chaque jour. C'est une nation de gagnants et de perdants, et Kendra se dit que si vous n'êtes pas l'un, vous êtes l'autre. Certes, les perdants ne méritent pas forcément de mourir, mais Nadine a commis l'erreur de se mettre sur le chemin d'un gagnant. Plus sa mort s'éloigne, plus c'est facile de s'en persuader.

Tandis qu'elle repense à ce qui s'est passé au cours de la semaine écoulée, au stress, à la pression, à l'incessant remue-ménage interne, elle se jure que plus jamais elle ne laissera la culpabilité prendre le pas sur la partie la plus rationnelle de son esprit. À quoi bon se sentir coupable? Elle n'a violé aucune règle. Elle estime les respecter à la lettre, au contraire.

Ils finissent leur verre et, main dans la main, ils se retirent dans leur chambre. Ils se couchent et, convaincus qu'un geste s'impose pour célébrer la victoire, ils font l'amour pour la première fois depuis plus d'un an.

Après avoir récupéré son portefeuille, sa ceinture et son portable, Jimmy est assis avec ses camarades détenus dans un espace clos sur le côté de la salle de tribunal et il écoute le juge Jaime Iglesias procéder aux auditions. Ses cheveux gris séparés par une raie au milieu et ses lunettes à monture d'écaille lui confèrent un petit air professoral. Il enchaîne rapidement une affaire de drogue, un cambriolage, un vol à l'étalage et une agression. Quand il entend son nom, Jimmy prend place à la barre. Il s'est présenté bien des fois devant le juge, en sa qualité d'inspecteur de police. En le voyant, Iglesias hausse les sourcils.

– Vol qualifié et falsification d'un rapport de police ?

– J'ai sauvé un animal innocent d'un destin cruel, monsieur le juge.

Le magistrat reste insensible à cette explication. Jimmy plaide non coupable et il est surpris d'apprendre que le montant de la caution exigée pour sa remise en liberté s'élève à dix mille dollars. Le juge explique que, quelles que soient les circonstances – il promet de les écouter en détail lors du procès –, il s'agit d'un crime grave et on ne trouverait pas normal qu'il fasse preuve d'indulgence envers un ancien policier, actuellement au service du procureur. Jimmy a droit à un coup de téléphone qu'il utilise pour contacter un garant de caution et il est libéré dans l'heure. Il ne prend pas la peine d'aller au bureau ; un simple appel à Oz Spengler confirme ses soupçons : suspendu sans salaire dans l'attente du jugement dans l'affaire « État de Californie contre Jimmy Duke ». Un marshal du palais de justice qu'il connaît le ramène au casino de Cahuilla, à bord d'une voiture banalisée, pour qu'il puisse récupérer sa camionnette.

Assis à la place du passager, il se réjouit que le marshal ne tente pas d'engager la conversation. Alors qu'ils roulent vers le nord, Jimmy contemple le ciel. Un avion vole vers l'ouest. À l'intérieur de l'appareil, tout est calme, on n'entend que le rugissement des réacteurs. Dans la rangée 12, siège A, une femme regarde le désert tout en bas, elle aperçoit les montagnes de granit avec leur peau rugueuse de broussailles qui bordent l'oasis verdoyante de Palm Springs, au milieu de la plaine brune et infinie. Princess trouve cette vue remarquablement propre et ordonnée. Sur le siège voisin, Chance King dort déjà. Elle ôte le biberon de sa bouche et le pose sur les genoux de l'enfant, puis lui caresse les cheveux. Le vol jusqu'à Los Angeles dure moins d'une heure. Là, ils prendront un avion à destination de Manille. Princess sait qu'elle ne reverra plus Odin. Il ne les suivra pas. Et elle ne reviendra jamais dans le désert.

Sur un aérodrome privé du désert de Mojave, une femme d'une beauté saisissante, vêtue d'un tailleur Chanel jaune, portant des lunettes noires griffées, est accompagnée de quatre enfants. Un jet Gulf Stream de douze places stationne à proximité. C'est un modèle plus récent que celui à bord duquel elle était hôtesse, et elle songe avec satisfaction au chemin parcouru. Son mari sort du hangar, avec le pilote. Il prend son épouse par la taille et ensemble ils conduisent leur famille vers l'avion. Après un coup de fil de félicitations à Randall Duke, les Swain ont discuté en buvant du vin jusqu'à une heure avancée. Mary réclamait un recomptage, mais Shad l'en a dissuadée, en lui expliquant que cela paraîtrait inconvenant dans le cadre d'une course au Sénat et puis personne n'aime les mauvais perdants. Tous les deux sont finalement tombés d'accord pour dire qu'elle avait perdu parce qu'elle n'avait pas visé assez haut. Ils ont porté un toast à un ancien politicien qui avait été battu lors des élections à la Chambre des représentants, avant d'être élu gouverneur, puis Président. En attendant,

Shad et elle créeraient la Grande Fondation pour la Liberté, afin de financer les candidats de leur bord.

Ils ont reçu une proposition pour une émission de téléréalité : les producteurs veulent montrer comment une femme politique-mère débordée élève sa progéniture tout en nageant dans les eaux électorales infestées de requins ; un livre est prévu. Pourtant elle a perdu ! Imaginez un peu ce qui l'attend quand elle gagnera ! Tout cela conforte Mary Swain dans sa conviction que la nation réclame ce qu'elle a à offrir ; c'est elle, et non pas les Randall Duke du monde entier, qui représente l'avenir : une femme glamour, avec des enfants, capable de courir avec les lions.

Le jet roule sur la piste et s'élève dans le ciel d'automne. La famille Swain vole vers Hawaï. Les enfants s'ébattront dans les eaux tropicales sous le regard attentif d'une nounou (qui a signé un accord de confidentialité en acceptant ce poste), pendant que les parents s'offriront de grandes promenades sur le sable blanc en faisant des plans pour l'avenir. Le soir, sur la plage, une boisson fraîche dans sa main manucurée, Mary Swain contemplera à l'horizon les rivages étoilés de son avenir.

42

Après une nuit d'insomnie sur une banquette-lit en vinyle bleu-vert, dans la chambre d'amis de Maxon, Dale n'est pas d'excellente humeur. Maxon lui prépare des œufs brouillés pour le petit déjeuner, puis lui demande de s'installer confortablement devant la télé, le temps qu'il aille faire une petite course. Une fois de plus, Dale lui réclame une arme pour se protéger et Maxon lui répond qu'ils s'occuperont de ça plus tard.

Dale fait rouler son fauteuil jusqu'à la salle de bains pour se laver. Après trois ans en prison, il a encore du mal à s'habituer aux produits de toilette et de beauté exposés dans la salle de bains blanche et rose, immaculée, de Maxon. Il y a du gel douche au poivre épicé, un onguent au thé vert pour les poches sous les yeux, de la lotion tonifiante, de la crème antirides, du lait hydratant et de la mousse à raser pour peaux sensibles. Face à cette débauche d'amour de soi, Dale essaye d'imaginer Maxon entre les quatre murs de Calipatria, et l'incongruité de cette image lui arrache presque un rire.

À son retour, Maxon lui annonce qu'ils vont faire une balade.

– J'ai une surprise pour vous.

– J'ai dit que je ne voulais plus de surprises.

– Celle-ci va vous plaire.

– Je peux toujours filer ton adresse à ces types, Max. Ne l'oublie pas.

– Nous sommes dans le même camp, mon ami. Quand vous verrez ce qui vous attend, vous me remercierez.

Maxon charge le fauteuil roulant de substitution à l'arrière de la Toronado et ils prennent la direction d'Indio. La radio est réglée sur une station pop et les deux hommes restent muets. Dale pense à Randall; il faut qu'il lui parle, il lui expliquera ce qui s'est passé, comment il voulait l'aider, et combien maintenant il est effondré, il a l'impression d'être retourné en prison, mais une prison dont il ne pourra jamais s'échapper ou être libéré sur parole. Et il veut recevoir l'absolution. Il est interrompu dans ses pensées quand Maxon pénètre sur le parking de Lucky Bob, un concessionnaire Chevrolet. Dale regarde autour de lui en se demandant ce qu'ils viennent faire ici.

Quand il était couché sur son lit dans sa cellule, un de ses fantasmes récurrents tournait autour d'une virée en moto, sans fin, avec le soleil, le vent, la route éternelle et rien d'autre. Il a fait la paix avec ses jambes défectueuses et appris à se contenter de l'idée de mouvement. Mais cette envie est la plus forte qu'il ait jamais connue et le fait de se retrouver sur le parking de ce vendeur de voitures l'attise.

Maxon revient une minute plus tard, ouvre le coffre de la Toronado, sort le fauteuil, le déplie, le fait rouler jusqu'à la portière du passager et demande à Dale de s'asseoir; il veut lui montrer quelque chose. Est-ce à cause du temps magnifique ou de cette journée sans but qui lui a permis, momentanément, de mettre ses ennuis de côté, en tout cas, Dale se montre plus accommodant qu'à l'accoutumée et il se glisse dans le fauteuil. Maxon commence à le pousser, mais Dale lui ordonne d'ôter ses sales pattes, il peut se débrouiller tout seul. Il roule aux côtés de Maxon jusqu'à ce qu'ils arrivent devant un SUV noir flambant neuf.

– Il vous plaît?

Dale répond qu'il lui plaît beaucoup.

– Alors, il est à vous.

Dale observe le véhicule un long moment, en se demandant s'il a bien entendu. Puis il dit :

– Je n'en veux pas.

– Comment ça, vous n'en voulez pas ? On a fait installer des commandes manuelles et ainsi de suite.

– Sérieux ?

– Vous pouvez même partir avec tout de suite. Lucky Bob a soutenu notre campagne. Cet homme croit en la rédemption, Dale. Il tient à vous offrir ce véhicule.

Dale regarde alternativement le SUV et Maxon.

– Oublions cette putain de caisse. J'ai besoin du fric pour payer les deux autres enfoirés.

– On pourra vous le donner dans un jour ou deux. En attendant, allons faire un tour. Si vous tenez vraiment à payer, vous pourrez trouver un système de remboursement avec Lucky Bob.

– Parce que c'est un ami de Randall ?

– Vous savez comment ça marche.

Dale est trop alléché par la proximité de ce véhicule spécialement aménagé à son intention pour résister et il accepte finalement d'essayer le SUV. Le plaisir exquis qu'il éprouve en sortant du parking surpasse tout ce qu'il a connu depuis l'accident. Il teste le frein manuel plusieurs fois et actionne la poignée qui contrôle l'accélérateur.

Ils roulent maintenant sur la 111 en direction de la Salton Sea. Il n'est que dix heures, mais le soleil est suffisamment haut pour répandre son éclat sur les montagnes. Quelques nuages filandreux dérivent dans le ciel d'un bleu intense. Dale se redresse pour se grandir au maximum. La circulation est fluide, les commandes manuelles faciles à utiliser. L'autoroute, l'air du désert et la vitesse améliorent considérablement son humeur. Ils voyagent dans une agréable quiétude.

– Vous vous êtes bien amusé à la fête, hier soir ? demande Maxon.

– Ouais, pas mal.

– Les gens semblaient heureux de faire votre connaissance.

Dale regarde Maxon ; il essaye de déterminer s'il se fout de lui.

– Si vous vous tenez à carreau, rien ne vous empêche de travailler à la permanence de Randall à Palm Springs.

– Je ne veux plus de la charité de Randall, c'est clair ?

– Je dis juste que votre frère a confiance en vous.

Dale allume la radio. Il tombe sur une station hispanophone. Il ne comprend rien à ce que raconte l'animateur, mais cela lui évitera peut-être d'entendre parler de Randall.

Maxon propose :

– Si on s'arrêtait au Date Oasis, pour boire un milk-shake ?

– Sans rire ?

– Ce n'est pas ce que vous vouliez faire le jour de votre libération ? Vous disiez qu'ils faisaient les meilleurs milk-shakes aux dattes.

Le Medjool Date Oasis est installé au nord de la Salton Sea, depuis 1921, en bordure d'une plantation de palmiers importés du Moyen-Orient et fait partie des attractions touristiques que l'on ne voit plus que sur les cartes postales kitsch.

Dale et Maxon dégustent leurs milk-shakes aux dattes autour d'une table de pique-nique. Deux couples âgés assis à une table voisine, chemises de golf et bobs pour les hommes, jupes amples et T-shirts larges pour les femmes, profitent de cette matinée de farniente.

– Regardez ces gens, commente Maxon. Ils n'ont aucun souci. Imaginez un peu.

Dale acquiesce. Il a du mal à se représenter un esprit léger, et il ne se donne même pas la peine d'essayer. Mais les milk-shakes sont si épais que Dale boit le sien à la cuillère, et pour aujourd'hui, ça lui suffit.

– J'ai grandi dans une région de raisins secs, confie Maxon. Des terres agricoles plates, d'un ennui mortel. Parfois, je suis stupéfait par le chemin que j'ai parcouru, en travaillant pour Randall.

Il suit du regard un pick-up qui roule en direction du sud. Dale ne s'engouffre pas dans le silence.

– J'envisage de me lancer dans le consulting maintenant, pour mener d'autres campagnes.

– Ah oui ? fait Dale.

Il aimerait que Maxon la ferme.

– Il faut que je songe à accumuler mon propre trésor de guerre, je ne peux pas me contenter d'avoir une seule corde à mon arc, mais je resterai toujours attaché à votre frère.

– Moi aussi.

C'est ce que Maxon a envie d'entendre, pense Dale.

– Quand il briguera de plus hautes fonctions, je serai là.

Cette fois, Dale se contente de hocher la tête. Il se dit que s'il cesse de réagir, Maxon finira par laisser s'éteindre la conversation. Les deux vieux couples regagnent lentement leur camping-car. Dale et Maxon demeurent silencieux une minute entière, pendant laquelle seul un semi-remorque appartenant à une gigantesque chaîne de supermarchés passe dans un rugissement.

– Si on faisait un saut à Bombay Beach ? suggère Maxon.

– Pour quoi faire ?

– Il paraît que vous n'aimez pas Mecca.

– C'est un trou paumé.

– J'ai passé quelques coups de fil. Je crois que nous pouvons vous trouver un truc au bord de l'eau.

Dale regarde Maxon d'un air hébété. Est-ce possible ? Quoi qu'il pense de Randall, c'est un homme de parole. Le risque qu'il a pris pour son frère lui paraît plus compréhensible de nouveau. Il aura bientôt de quoi payer Odin et House Cat, et avant longtemps il sera à Bombay Beach, avec vue sur la Salton Sea et son SUV à commandes manuelles. Une semaine seulement après sa libération sur parole : on ne pouvait pas espérer mieux, raisonnablement.

Ils ont repris la 111 vers le sud. Maxon fait un cours à Dale sur l'histoire architecturale de la région.

– Dans les années 1950, après la guerre donc, beaucoup de gens pensaient que ça pourrait devenir un lieu de vacances chic.

– Ah oui ? dit Dale qui essaye d'avoir l'air intéressé.

– Un nommé Albert Frey, un immigrant autrichien, figure importante du mouvement moderniste du milieu du XXe siècle, a été engagé pour dessiner le North Shore Yacht Club. Ils l'ont laissé tomber en ruine, mais l'organisation à laquelle j'appartiens, le Comité de sauvegarde architecturale de Palm Springs, l'a repéré et nous avons poussé le comté à prendre en charge sa restauration.

Dale hoche la tête. Difficile de faire semblant de se passionner pour le bavardage de Maxon, mais ils roulent vers Bombay Beach, alors il veut bien lui faire plaisir. Maxon continue ses envolées lyriques sur les exemples d'architecture moderniste du milieu du siècle dernier, expliquant de quelle façon cette école a émergé à la fin des années 1940, s'est développée dans les années 1950, pour s'épuiser à la fin des années 1960, et comment une armée de nouveaux habitants, disposant uniquement de leurs réserves de volonté et d'un goût exquis, ont transformé cette région en aimant international pour les aficionados du design. Dale hoche la tête et émet des grognements, et quelques minutes plus tard, la Salton Sea apparaît sur leur droite. On est en fin de matinée maintenant, pourtant le brouillard ne s'est pas encore entièrement dissipé au large et le soleil trace un trait de lumière éblouissante qui s'étire sur l'horizon tel un portail éclairé s'ouvrant sur un autre monde. Dans ce décor radieux et calme, Dale parvient à oublier House Cat et Odin ; il inspire l'air marin et sent le soleil sur sa peau, alors qu'il longe le rivage sablonneux au volant de son SUV flambant neuf. Maxon continue à jacasser et au bout d'un moment, le North Shore Yacht Club surgit à son tour : un bâtiment long et bas, avec une partie supérieure incurvée, surmontée de quatre fenêtres en forme de tuyaux censées représenter des hublots. Cette évocation maritime fantasque est tout ce qui reste des distractions qui avaient lieu ici il y a plus de cinquante ans. La rénovation est quasiment achevée, mais la structure restaurée semble désertée.

– Tournez là, dit Maxon. J'aimerais prendre quelques photos.

Esclave temporairement des largesses de Maxon, Dale quitte la nationale pour prendre la direction de ce bâtiment de bord de mer. Le SUV cahote sur les pierres du parking.

– Voilà à quoi il devait ressembler il y a cinquante ans, commente Maxon, en contemplant la construction.

Ils roulent lentement sur la surface irrégulière quand soudain, Dale voit réapparaître un trouble de la vision malheureusement familier. Sa nuque se raidit, ses molaires grincent. La frustration et la peur montent comme de la bile dans sa gorge. Dans l'excitation de l'élection et de la fête, obnubilé par la visite de House Cat, il a oublié de prendre son médicament ce matin. Son champ de vision se rétrécit. Pendant qu'il peut encore contrôler son corps, il arrête le SUV, alors que ses yeux se révulsent et que son cœur cogne comme un poing qui martèle sa poitrine. Sa colonne vertébrale se raidit et se cambre, il sent pendre sa langue. Tout son corps est saisi de spasmes. Incapable de regarder à droite ou à gauche, Dale ne comprend pas tout d'abord pourquoi il est incapable de respirer, mais juste avant de perdre connaissance, il sent des doigts étrangers lui pincer le nez et une paume chaude se plaquer sur sa bouche. La pression broie sa poitrine. Il reprend vaguement conscience. Quelques secondes plus tard ? Difficile à dire. Les doigts et la main continuent à entraver l'arrivée de l'oxygène et son corps en quête d'air se contracte violemment, puis ses poumons s'affaissent et il plonge dans le noir et l'oubli.

Une fois certain que Dale est mort, Maxon jette un coup d'œil en direction de la route déserte. Puis il ôte le frein à main et laisse le véhicule descendre vers l'eau. Le SUV roule sur la pente rocailleuse, défonce le muret et s'enfonce dans la Salton Sea. Sous le choc, les airbags se déploient, les plaquant contre leurs sièges ; l'eau qui s'engouffre par les vitres ouvertes emplit l'habitacle du véhicule en train de sombrer. La température de l'eau est étonnamment basse et Maxon sent les muscles du haut de son corps se crisper lorsque le niveau atteint sa poitrine, puis sa gorge. Un goût salé envahit sa bouche. Il se faufile par la vitre ouverte et regagne la rive. En se retournant, il constate que tout l'avant du SUV est maintenant immergé. Il n'avait pas l'intention de tuer Dale, mais comment pouvait-il ne pas frapper dans une balle lente arrivant droit sur lui ? En définitive, il n'y avait aucun moyen de savoir si Dale aurait parlé ou pas. Maintenant, ils n'auraient plus à s'inquiéter.

Accroupi à l'ombre du bâtiment d'Albert Frey, Maxon attend plusieurs minutes. Quand on ne voit plus que le toit du SUV à la surface, il marche jusqu'à la route et attend qu'une voiture passe.

43

Des coups frappés à la porte réveillent Jimmy. Il s'est couché pour faire une sieste et il ne sait pas combien de temps il a dormi. Il enfile un caleçon et regarde par la fenêtre. Une voiture est garée devant le mobil-home.

Quand il ouvre la porte, il découvre Cali et Arnaldo, la mine sombre.

– Vous venez pour vous excuser ?

– Non, dit Arnaldo.

– Alors, qu'est-ce que vous voulez ?

Malgré toute sa sérénité méditative, il n'est pas disposé à oublier le passé.

C'est Cali qui prend la parole :

– Ton frère Dale est mort.

Jimmy attend la chute de la plaisanterie. Ses genoux flageolent à peine quand il s'aperçoit qu'elle ne viendra pas. Il en oublie de respirer pendant plusieurs secondes.

– Je suis vraiment désolé, mec, dit Arnaldo.

Jimmy regarde la montagne derrière eux. C'est presque comme si les deux inspecteurs n'existaient plus. Il pense drogue, alcool ou suicide, une fin adaptée au gâchis qu'était la vie de Dale.

– Qu'est-ce qui est arrivé ?

– D'après le rapport, il s'est noyé, dit Cali.

– Noyé ?

– On tenait à te l'annoncer nous-mêmes, ajoute Arnaldo.

– Il s'est noyé ?

– Dans la Salton Sea, précise Cali.

– Il était avec quelqu'un ?

– Maxon Brae, dit Arnaldo.

– Avec ce connard ? Ils nageaient ensemble ?

– Ton frère venait d'avoir un véhicule tout neuf, explique Cali. Ils roulaient tous les deux, Dale conduisait, avec des commandes manuelles. D'après Brae, il a fait une attaque, il a perdu le contrôle, le véhicule est tombé à l'eau et lui n'a pas réussi à sortir ton frère. Il prétend avoir essayé.

Ils restent muets tous les trois.

Un engourdissement total, voilà ce dont il se souviendra, la disparition soudaine de toute sensation. Pendant des années Jimmy avait attendu le moment où on lui annoncerait la mort prématurée de son jeune frère. Il ne savait pas si elle serait due à un accident de voiture, une balle ou une overdose, mais il avait toujours su, au fond de lui-même, que Dale ne ferait pas de vieux os. Il se souviendra également de l'étrange soulagement qu'il a éprouvé en comprenant qu'il n'aura plus à anticiper avec angoisse l'inévitable conclusion.

Si Jimmy avait vécu une expérience similaire l'an dernier, il se serait mis en quête d'un bar. Et il aurait bu avant de regagner sa camionnette à quatre pattes, perdre connaissance ou appeller un taxi pour pouvoir rentrer chez lui et se disputer avec sa femme. Il s'imagine avec un verre à la main. Il regarde cette pensée grandir. Il l'étiquette. Et il attend qu'elle s'envole. En vain. Il a encore envie d'un verre, mais c'est plus par habitude. Toutes les souffrances proviennent de l'attachement.

– Pas de bol, dit Arnaldo.

Cali lui demande si ça va aller, si elle peut faire quelque chose pour lui. Non. Ils ne peuvent rien faire. Les condoléances se poursuivent pendant quelques instants pénibles.

Finalement, les deux inspecteurs lui disent à plus tard, remontent en voiture et s'en vont. C'est Cali qui conduit. Debout sur le seuil du mobil-home, Jimmy les regarde descendre la colline. Il a oublié de demander où étaient les chiens et comment ils allaient.

Dale était avec Maxon ?

44

Maxon est monté à bord de l'ambulance avec les urgentistes qui ont insisté pour le conduire au Centre médical Eisenhower de Rancho Mirage où un médecin pourrait l'examiner. Après avoir appelé Randall d'un poste fixe pour lui exprimer ses condoléances, il contacte son assistant, Tyson Griggs, au moment où celui-ci ferme le QG de campagne de Duke à Palm Springs. Il demande à Tyson d'aller lui chercher des affaires propres, puis de venir le chercher à l'hôpital afin qu'il aille récupérer sa Toronado chez le concessionnaire Chevrolet.

Maxon enfile un pantalon et une veste sport. Sur le trajet qui les conduit chez le concessionnaire, Tyson demande ce qui s'est passé et Maxon lui répond que c'est une tragédie, et qu'il préfère ne pas en parler pour le moment.

En se glissant au volant de sa Toronado, Maxon songe à ce qu'il va faire maintenant. Il aimerait consulter ses messages sur son BlackBerry, mais l'eau de la Salton Sea l'a rendu inutilisable. À la réflexion, il se dit qu'il y aura surtout des appels de journalistes et de politiciens voulant le féliciter pour l'élection et exprimer leur inquiétude après ce qui lui est arrivé ce matin. Dans l'immédiat, une chose plus importante réclame son attention. Il regagne la nationale et prend la direction de Mecca.

Maxon introduit la clé dans la serrure de la porte de Dale et entre dans l'appartement. L'immeuble est toujours inoccupé et il n'y a personne dans les parages. Il doit absolument intervenir avant les hommes du shérif d'Imperial County, au cas où Dale aurait laissé des indices compromettants.

Celui-ci n'a vécu ici qu'une semaine et pourtant, c'est un vrai capharnaüm. Maxon sort une balle de tennis de sa poche de veste et la pétrit dans sa main gauche.

La poubelle de la cuisine déborde, sur le comptoir traînent des assiettes en carton contenant des restes de sandwiches. Des magazines jonchent le sol. Maxon ne sait pas ce qu'il cherche. Dale tenait peut-être un journal. Avec sa manie stupide de faire des rimes, il avait pu remplir tout un carnet de poèmes accusateurs. Quelle façon absurde de plonger, se dit Maxon : piégé par le rap inepte d'un ex-détenu mort. Il ouvre tous les tiroirs et les placards de la cuisine, sans découvrir autre chose que des couverts et des assiettes rudimentaires, pour deux personnes, qu'ils lui avaient fournis lors de sa libération, ainsi que quelques poêles et casseroles qui semblent ne pas avoir été utilisées. Le réfrigérateur ne contient que trois cannettes de bière. Une petite boîte de pastilles de menthe est posée sur le comptoir. En soulevant le couvercle, Maxon découvre cinq joints roulés très serré. Il décide de les laisser là.

Un rapide examen du salon ne donne rien. Maxon soulève les coussins du canapé et la seule chose qui apparaît, c'est la télécommande du téléviseur à écran plat, acheté par le comité de réélection.

La salle de bains est située dans le petit couloir, entre le salon et la chambre. Deux serviettes sales traînent par terre. Une brosse à dents, un tube de dentifrice, un stick déodorant, du gel de rasage, un rasoir et une brosse à cheveux. L'armoire à pharmacie est vide.

La chambre maintenant. S'il y a quelque chose à trouver, c'est là. La commode contient des caleçons, des T-shirts et des chaussettes, tout cela offert par Duke. Maxon ouvre l'armoire. Une paire de tennis en toile est posée sur le sol, à côté d'un petit tas de vêtements sales. Maxon les déplace pour voir ce qu'ils cachent. Rien, là encore.

Le lit défait l'attire. En soulevant l'oreiller, il découvre un carnet à la couverture marbrée blanche et noire. Dale n'a griffonné que les premières pages. Maxon a du mal à déchiffrer ces pattes de mouche ; il parvient néanmoins à distinguer quelques mots ici et là : moto, Calipatria et ce qui ressemble à Salton Sea. Ce ne sont que des mots jetés au hasard, sans signification, alors il remet le carnet sous l'oreiller.

– Vous êtes un pote à Dale ?

Maxon sursaute et la balle de tennis lui échappe ; elle tombe sur la moquette, rebondit contre son pied et roule sous le lit. La voix est bourrue, mais pas menaçante. Deux hommes se tiennent sur le seuil de la chambre. L'un des deux, mince, les cheveux lissés en arrière, vêtu d'un jean et d'un T-shirt, a une trentaine d'années. Un épais bandage couvre la moitié de son visage. Le deuxième porte un pantalon de toile et une chemise à carreaux. Musclé, les cheveux coupés en brosse, il semble avoir dix ans de plus que son comparse. Maxon remarque les bagues à chaque doigt.

– Non, je ne suis pas son ami, répond-il d'une voix maîtrisée.

Il relâche ses épaules. S'ensuit un moment de silence. Maxon devine que le type sec et musclé est un ancien détenu. Une seconde lui suffit pour comprendre qui sont ces hommes.

– Dans ce cas, qu'est-ce que vous foutez ici ? demande le type au visage bandé.

Le ton est moins amical.

– Je suis son contrôleur judiciaire. Et vous, qui êtes-vous ?

– Mon cul, oui, crache Coupe en brosse.

Il est moins aimable tout à coup. Maxon regarde les deux hommes tour à tour. Il voit bien qu'ils ne le croient pas. Le plus jeune entre dans la chambre, tandis que le type aux bagues bloque la sortie. Maxon jette un coup d'œil à la fenêtre. Elle est fermée et le rideau à moitié tiré. Il se sent soudain oppressé.

– Comment vous vous appelez? demande le plus jeune en marchant lentement vers lui.

Maxon glisse la main dans sa poche et sort son portefeuille.

– Officier Brae.

En voyant l'insigne doré, le type se fige. Coupe en brosse se raidit. Maxon sait qu'ils sont en train de se dire qu'ils ne veulent pas encourir la peine infligée pour le meurtre d'un officier de justice. Maxon referme son portefeuille de manière autoritaire et le remet dans sa poche.

– Quand vous verrez Dale, lui dit le plus âgé en reculant, dites-lui que son cousin est passé.

– Attendez une minute, répond Maxon. Je ne vais pas jouer les emmerdeurs. Je n'ai pas l'intention de vous dénoncer pour effraction de domicile.

– Tant mieux, dit le plus jeune.

Il est nerveux. Maxon le voit se tourner vers son comparse, qui évite son regard.

– Je veux juste vous poser quelques questions sur Dale.

D'un mouvement du menton, Maxon leur fait comprendre qu'ils devraient ressortir de la chambre.

Quand ils se retrouvent tous les trois dans le salon, il demande :

– Vous êtes qui déjà, tous les deux ?

Les intrus se regardent comme pour décider qui va répondre. Le plus âgé ouvre la bouche, mais Maxon lui tire dessus avant qu'il puisse dire un mot. Le plus jeune voit la tache de sang s'étendre sur la chemise de son comparse et le regarde s'écrouler. Sous le choc, il se retourne vers Maxon, juste à temps pour recevoir deux balles dans la poitrine. Les coups de feu résonnent dans l'appartement, mais il n'y a pas de voisin pour les entendre. Il n'est pas obligé de recharger.

Maxon se demande, brièvement, si son père aurait eu assez de cran pour faire ce qu'il vient de faire. Peut-être aurait-il pondu un article pour un magazine, « Une théorie du meurtre en politique », et discouru sur Staline ou le général Pinochet, à l'abri dans son bureau lambrissé dans une banlieue du Maryland. Il aurait peut-être réfléchi longuement sur les blessures morales qu'il fallait endurer afin d'atteindre son objectif dans ce vaste monde brutal. Mais aurait-il pu faire ce que son fils illégitime a fait dans le désert ? Jamais.

Quand Maxon quitte l'appartement, il n'y a personne dans la rue. Les seules voitures garées devant l'immeuble sont la sienne et une Impala bleue poussiéreuse. En reprenant la nationale qui conduit vers le nord, il remercie intérieurement les deux hommes morts de ne pas avoir regardé de plus près l'insigne sur lequel on peut lire : *Shérif adjoint à titre honorifique.*

Jimmy sait que Dale écrivait des choses et il veut chercher tout ce qui pourrait expliquer son état d'esprit au cours de cette dernière semaine. Il veut agir avant que la police ne se rende sur place. Le Walther .38 qu'il conserve pour son usage personnel est bien calé sous sa veste ample. Il se gare devant l'immeuble vide et entre dans l'appartement de son frère. L'air est stagnant, le salon sent le renfermé. Il ne s'attendait pas à ce comité d'accueil affalé dans une mare de sang. Il ressort aussitôt pour scruter les environs. Le soleil calcine la rue. Au loin, il entend un semi-remorque rouler vers le Mexique.

Après s'être assuré qu'il n'y a personne dans les parages, il fait le tour du bâtiment et jette un coup d'œil par les fenêtres de la salle de bains et de la chambre pour vérifier qu'aucun intrus n'est caché à l'intérieur. Sur ce, il retourne dans l'appartement et ferme la porte derrière lui.

Jimmy a vu suffisamment de scènes de crime pour savoir que ces hommes sont morts depuis plusieurs heures. Leurs blessures à la poitrine et à la tête ont déjà commencé à coaguler et des mouches se rassemblent dans leurs narines et leurs yeux ouverts. En voyant qu'un des deux types a le visage bandé, il identifie immédiatement le mari de la femme qui s'est présentée au bureau du procureur. Il va prévenir les services du shérif, mais pas avant d'avoir inspecté les lieux. Une fouille rapide du salon et de la cuisine ne livre aucune information. Il explore ensuite la chambre. Sous l'oreiller, il trouve le carnet. Les premières pages sont remplies de notes qu'il survole. Rien ne lui saute aux yeux. Alors qu'il s'apprête à reposer le carnet, il l'ouvre à la dernière page. Là, de l'écriture de Dale, il lit ces mots: *Randall, Randall, mon frère, je suis une bougie solitaire, la célébrité et l'indignité seront ma réalité...*

C'est tout. Rien d'autre. Le début d'une note? Une explication? Jimmy n'en a aucune idée et il sait que le mystère de ce dernier vers ne sera jamais éclairci.

Déçu d'avoir fait chou blanc, il se met à genoux pour regarder sous le lit et ses yeux s'arrêtent sur la balle de tennis.

Avant de partir, il regarde une dernière fois les deux macchabées. Il songe au mauvais chemin qui les a conduits là où ils sont maintenant, leur chair lacérée en train de se décomposer sur le sol d'un appartement. Les besoins impérieux qui les guidaient, le combat dans lequel ils étaient engagés, sont les préoccupations qu'il a essayé de transcender. Il connaît ces appétits, il a ressenti cette faim dans ses tripes. Il aimerait que Dale soit ici pour éclairer cette situation horrible. Une semaine plus tôt, les deux frères partageaient des sandwiches dans cette même pièce, et maintenant l'un des deux était mort. Alors qu'il se tient au milieu de cette scène sanglante, une profonde tristesse l'envahit et un sentiment de désespoir absolu le submerge l'espace d'un instant.

Le soleil fait miroiter un objet métallique. En s'agenouillant, Jimmy aperçoit le pistolet glissé dans la ceinture de l'homme au visage bandé. Il se dit qu'il pourrait s'agir de l'arme utilisée lors du double meurtre. Il se rend dans la cuisine et revient avec un couteau à steak. Il introduit la lame sous le canon de l'arme pour l'extraire du pantalon sans y toucher. Puis il la laisse tomber dans une taie d'oreiller prise sur le lit. Il s'en fiche de déranger une scène de crime. Il ne fait confiance à personne pour mener à bien cette enquête. Il apportera lui-même cette arme au bureau du procureur en expliquant où il l'a trouvée. Et il leur parlera des deux morts. Mais pour l'instant, il ne veut pas s'occuper de ça.

htttp://www.machiavel-du-desert.com
7/11 - 15:18

Qui aurait pu croire que faire sortir un criminel de prison et l'utiliser pour manipuler cyniquement les électeurs pourrait se révéler dangereux? Pas Randall Duke fraîchement réélu au Congrès, c'est certain. Vous pouvez accueillir une hyène chez vous, mais vous ne pouvez pas la transformer en animal domestique et la laisser jouer avec les enfants. Elle les dévorera. Elle boira leur sang, grignotera leurs os et vous vous retrouverez avec des enfants morts. L'expérience «Randall Duke est prêt à tout pour être élu» a pris fin de manière désastreuse aujourd'hui. Après avoir été acclamé au cours de ce qui fut, je peux en témoigner personnellement, une célébration tapageuse de la victoire au casino de Cahuilla, le frère de Randall, Dale le récidiviste, s'est rendu au bord de la Salton Sea en compagnie de l'aide de camp de Duke, combinard par excellence, j'ai nommé Maxon Brae, dont le rôle dans cette campagne de réélection, qui semblait perdue, mérite une mention spéciale. Il est véritablement le cerveau de Randall Duke, comme vous le diront tous ceux qui ont suivi la carrière de Randall. Dale, qui a eu des problèmes avec la drogue et l'alcool, aurait été victime d'une crise cardiaque, il aurait projeté son véhicule dans l'eau et se serait noyé. Brae affirme qu'il a tenté de le libérer en plongeant à plusieurs reprises, mais sans succès. Maxon, si vous lisez ces lignes, envoyez-moi un mail car j'aimerais que vous apportiez une confirmation. Randall Duke ne veut faire aucun commentaire.

45

Bombay Beach forme un quadrillage au bord de la Salton Sea. La plupart des maisons sont des constructions de plain-pied, parmi lesquelles de simples mobil-homes posés sur des parpaings. Elles présentent différents stades de délabrement et beaucoup paraissent abandonnées. Certaines ont été ravagées par des incendies. D'autres se sont écroulées sous le poids des ans, du soleil implacable et du manque d'entretien. Les jardins, mélange de graviers et de sable, sont jonchés de tout un bric-à-brac : matériel électroménager rouillé, outils abandonnés, vases brisés. Ce qui étonne Jimmy, c'est le nombre de maisons clôturées, avec le sous-entendu poignant qu'il y a à l'intérieur quelque chose qui mérite d'être protégé. Des pancartes sont accrochées aux grillages : *Propriété privée, Entrée interdite* et l'omniprésent *Chien méchant.* De fait, des chiens à l'aspect menaçant patrouillent dans chaque jardin, ou presque, et grognent en le voyant.

Devant un mobil-home délabré, un vieil homme en bleu de travail bricole sous le capot d'une camionnette en panne. Sa femme très âgée, coiffée d'une résille et vêtue d'une robe de chambre fleurie, arrose une rangée de pots en terre contenant de jeunes plants. Aucun des deux ne salue Jimmy quand il passe. Cela ne correspond pas au souvenir de cette ville, qu'il avait connue presque trente ans plus tôt avec ses frères et leur père. La peinture était fraîche alors, les gens plus jeunes.

Jimmy est à Bombay Beach parce que Dale avait voulu y aller. Son frère avait-il cette image en tête quand il parlait de revenir ici, ce paysage post-apocalyptique de déclin, de ruine et de malheur? Était-ce ce dont il se rappelait derrière les barreaux? Ou bien se souvenait-il de la ville telle qu'elle était des années plus tôt, la fois où ils étaient tous venus pêcher ici? Jimmy remarque, non sans ironie, que Dale aurait été déçu s'il pensait avoir vue sur l'eau. Depuis ce jour lointain où la famille Duke s'est rendue ici, une haute digue a été construite à la périphérie ouest de la ville pour lutter contre les inondations et elle masque totalement la Salton Sea. On peut encore trouver une partie de Bombay Beach au-delà de cet immense monticule de terre, mais tout est sous l'eau ou à moitié enseveli dans la vase.

Une pancarte indique *Plage fermée Accès interdit,* mais Jimmy franchit malgré tout l'ouverture de six ou sept mètres dans la fortification. Au-delà de cette limite s'étend une plage de boue séchée et craquelée. Jimmy songe à l'impressionnante série d'événements inattendus qui ont précédé cette journée. À son père prédicateur qui vénérait un dieu en qui Jimmy ne croyait plus. À ses frères et à leur réaction face à la vision du monde de leur père; l'un d'eux s'était tourné vers la politique, un autre vers la prison, criminels tous les deux. Et comment lui aussi a rejoint l'entreprise familiale.

Il pense à l'éducation qu'il a reçue, aux livres qu'il a lus, aux films qu'il a vus, à son exposition à la culture opulente de l'Amérique moderne. Aux espoirs qu'il a placés dans le travail, le mariage, la vie. À toutes les expériences qu'il a vécues, de ses premiers pas dans la maison de ses parents jusqu'à sa présence ici aujourd'hui. À tous les choix qu'il a faits, qu'il s'agisse de se lever le matin, de divorcer ou d'essayer de faire son travail de manière honnête. Toutes ces choses se sont combinées pour dessiner la route qui conduit à cet instant. C'est ce que disait son professeur: le passé n'existe plus et l'avenir n'est que chimère. Seuls existent cet instant et le fait de l'habiter pleinement, de s'y trouver, sans réfléchir, ni penser, ni raisonner, mais simplement être.

Jimmy n'y croit pas. Il sait qu'on ne peut pas se débarrasser du passé, pas plus qu'on ne peut affirmer que sa famille n'est pas sa famille. Et le futur finira bien par arriver si vous attendez quelques minutes. Mais il retient le point essentiel de Bodhi Colletti : il devrait essayer de ne pas être dépendant du passé ou de l'avenir au point de ne pas remarquer les oiseaux de mer blancs qui tournoient au-dessus de sa tête en battant des ailes dans le ciel du désert d'un bleu de plus en plus profond, ou le jeu du soleil sur la rive lointaine, ou encore le parfum salé de l'air en cet après-midi de fin d'automne. Jimmy se dit qu'il a été vaincu par l'attachement, à sa famille ou à son travail, ou à l'image qu'il a de lui-même, et qu'il va consacrer le temps qu'il lui reste à passer sur cette planète dans la peau de Jimmy Duke, à transcender ses origines et son conditionnement, et à tout recommencer, pour se libérer, pour devenir un être plus léger, un être véritablement libéré, qui a jeté les fers du passé et qui ira de l'avant.

Mais il a beau se concentrer sur l'aridité de son environnement et absorber sa beauté nue et terrifiante, il a beau lutter pour briser les chaînes du passé et éviter de faire des pronostics sur l'avenir afin d'habiter le présent éternel, la fureur qui le consume ne faiblit pas. Elle brûle sa peau, ses nerfs, ses os, l'étouffe sous une chaleur infernale qui torture son âme épuisée avec une force démoniaque.

Il a du mal à respirer.

46

Les longs doigts des derniers rayons de soleil s'étendent dans la chambre de la jeune fille. Pieds nus, vêtue d'un T-shirt ample, Brittany Duke est assise en tailleur sur son lit, devant un ordinateur ouvert. Dans quelques minutes, elle va dîner avec ses parents qui continueront d'ignorer la présence de cette espionne, leur chroniqueuse, la jeune observatrice des peccadilles et des présages aux yeux perçants, qui envoie ses rapports sur Internet. Elle relit une dernière fois ce qu'elle a écrit, change un mot, modifie une ponctuation. Voici le texte :

http://www.machiavel-du-desert.com
7/11 - 17:12

Le Machiavel va partir en croisière pour des vacances bien méritées, mais avant qu'il mette dans sa valise sa crème solaire, ses sandales et son maillot, voici quelques ultimes réflexions sur la compétition épique à laquelle nous venons d'assister. Mary Swain reviendra, vous pouvez parier vos plus belles bottes italiennes. Quand les temps sont incertains et les gens inquiets, il y en a toujours qui s'empressent d'exploiter la peur dans leur intérêt personnel. Je m'étonne qu'elle n'ait pas gagné mardi. Comme le général MacArthur, elle reviendra, et elle aura bien meilleure mine que lui. Quant à Randall, j'ai écrit des choses désagréables sur son compte, dont certaines que je pourrais, après plusieurs vodka martini, avouer regretter. Car il n'est pas si mal. Voilà, c'est dit. Nul n'est entièrement gouverné par la malveillance. Et nul n'est entièrement gouverné par la vertu non plus. Toute la question est là, amis internautes, vous les amateurs de cette foire d'empoigne qu'est devenue la politique américaine. Nous sommes des citoyens imparfaits, des créatures déchues, prisonniers de la boue et tendant les bras bêtement vers les cieux. Mes chers compatriotes, nous sommes infects, vraiment. Mesquins, aveugles, cupides, stupides et dénués d'humour. Certes, il nous arrive d'envahir le mauvais pays. Mais nous avons inventé le punk rock. Je vous laisse vous débrouiller avec ça. Mais surtout, nous avons les leaders que nous méritons. Alors, la prochaine fois que vous tempêterez contre ces salopards et ces bons à rien de Washington que vous méprisez, souvenez-vous d'une chose : quand vous les regardez, c'est votre visage que vous voyez.

Elle estime qu'il s'agit d'une fin saisissante et appropriée à l'histoire qu'elle a racontée. Peut-être qu'un jour, tout sera réuni dans un livre. Une portière de voiture claque et Brittany jette un coup d'œil par la fenêtre. Son oncle Jimmy marche vers la maison.

L'après-midi touche à sa fin, Jimmy se tient sur le seuil pendant que la domestique l'observe de la tête aux pieds. Une seconde plus tard, Kendra apparaît derrière elle, fatiguée. Son visage est impassible. La domestique s'éclipse.

– Que viens-tu faire ici ?

La voix de Kendra est une rumeur venue du fond de sa gorge. Ses traits restent figés. Jimmy l'a toujours considérée comme une comédienne de seconde zone, mais il s'aperçoit maintenant qu'elle n'est pas si mauvaise. Ou peut-être qu'elle prend des tranquillisants. La pâleur grisâtre et le regard vide trahissent la consommation de médicaments ou la maladie.

– Tu veux dire : pourquoi je ne suis plus enfermé ?

Elle ne répond pas. Il demande où est Randall et Kendra lui dit d'attendre, qu'il est au téléphone. Elle lui fait signe de s'asseoir dans le salon, mais il dit qu'il préfère rester debout.

Randall apparaît et marche vers Jimmy, les épaules basses. Lui aussi a le teint pâle, ses yeux sont rougis. Il s'approche si près que Jimmy sent son après-rasage, parfum d'épices avec une touche de vétiver. Et l'odeur de café de son haleine. Pendant un bref instant, Jimmy se voit en train de serrer le cou de Randall et d'appuyer sur son larynx avec ses pouces, jusqu'à ce qu'il s'écroule, exsangue et sans vie ; il se voit appelant les secours pour annoncer que quelqu'un est mort au domicile de Randall Duke, et qu'il faut envoyer une ambulance pour récupérer le corps. Kendra et la domestique sont reparties au fond de la maison.

Randall étreint Jimmy, qui reste les bras ballants.

– J'allais à l'aéroport quand j'ai appris la nouvelle, dit Randall. J'ai fait demi-tour.

– Je suis content que tu sois là, dit Jimmy, impénétrable.

– Je m'en veux, dit Randall.

Jimmy ne relève pas. Il se met à trembler. Sa poitrine se dilate, il ferme les yeux et essaye de se contenir. Quand il rouvre les yeux, Randall est en train de dire :

– Je l'ai fait sortir, je lui ai trouvé un boulot, un appart.

Il libère Jimmy de son étreinte et recule. Il regarde son jeune frère comme s'il attendait une tape dans le dos ou un signe de tête compatissant, mais Jimmy a déjà donné.

– J'ai veillé sur lui toute sa vie.

En disant cela, Randall se met à pleurer, discrètement tout d'abord, puis il laisse la bride sur le cou à ses sentiments et tout son corps est secoué par une représentation du chagrin. Jimmy assiste à la scène, il attend que le numéro soit terminé. Peu importe que ce soit authentique ou fabriqué. Les vagissements, le visage marbré de larmes, les marques habituelles du deuil doivent être interprétées pour cet unique spectateur.

Jimmy demeure stoïque. Un léger tremblement agite sa jambe droite. Difficile de conserver son calme pendant que Randall joue le frère affligé. Il sent venir la lame de fond, la colère lente bouillonne, accélérant la course du sang dans ses veines. Ses poings se serrent. Plusieurs secondes s'écoulent, pendant lesquelles le politicien fait mine de prendre sur lui. Aucune voiture ne circule dans la rue. Le soleil frôle les montagnes maintenant. L'été indien est terminé, la chaleur a disparu jusqu'à l'an prochain. Les sanglots de Randall s'apaisent, puis cessent totalement; il sort un mouchoir. Jimmy aimerait lui briser le nez, enfoncer l'os dans la cervelle de son frère avec son poing et le buter sur le seuil de sa maison exquise. Les lèvres de Randall dessinent un sourire triste et il dit:

– J'ai fait tout ce que j'ai pu.

Une autre envie s'empare de Jimmy: il voudrait applaudir, mais il pense que son frère ne comprendrait pas la signification complexe de son geste. Alors, il rassemble ses émotions tumultueuses, attire Randal vers lui et murmure:

– Mensonge.

Randall réagit comme si on l'avait giflé; il fait semblant d'être blessé. Il en profite pour exprimer en silence le choc, l'affront et une profonde blessure: comment son frère a-t-il pu arriver à cette conclusion? Ils échangent un regard dur, aucun ne veut baisser les yeux.

– En cet instant d'immense chagrin, c'est ce que tu penses?

– Ce que je pense, c'est que tu devrais être dans la boîte à sa place.

– Ne transforme pas un drame familial en une chose qui n'a pas lieu d'être.

La voix de Randall ne marine plus dans l'apitoiement sur soi-même. L'ersatz de cordialité familiale a disparu, remplacée par la vigueur guerrière.

– Il n'y a plus que nous deux maintenant, toi et moi.

Tous les muscles de Randall se raidissent quand il sent le canon de l'arme contre ses côtes. Il ne s'attendait pas à ça. Ses yeux s'écarquillent et son menton tremble devant l'imminence de la mort. Il ouvre la bouche, mais aucun son n'en sort. Va-t-il s'excuser, soulager sa conscience, passer aux aveux devant le vengeur, la chair de sa chair ? Jimmy songe alors que le moment serait bien choisi pour parler de ce qui s'est passé avec Darleen, de faire savoir à Randall ce qu'il pense, de régler enfin ce problème, une dernière mise au point. Mais cette pensée s'envole rapidement, balayée par une vague d'émotion qui l'empêche de s'accrocher à une unique pensée pendant plus de quelques secondes, une vague composée à parts égales de colère, de tristesse et de profonde aspiration à un passé qu'il voudrait différent, et à un frère qu'il voudrait autre.

Ne me supplie pas de ne pas le faire, s'il te plaît, pense Jimmy, car nous sommes au-delà des mots, de tout ce que nous avons déjà accompli ou laissé inachevé, au-delà des rôles que nous avons joués et des personnes que nous pensions connaître.

Dans l'abîme sans paroles qui suit, Jimmy voit les derniers rayons de soleil entrer par les grandes fenêtres, illuminer l'intérieur d'une construction qui ne lui a jamais paru si éphémère ; ses étais et ses poutres ne sont qu'une fragile cloison face au destin obscur qui nous attend tous.

En remuant à peine les lèvres, Randall dit dans un murmure sec :

– Je ne savais pas ce que faisait Dale. Tu peux le croire ou pas, je m'en fiche.

Son corps est immobile. Il ne cherche pas à s'écarter de l'arme. La peur n'existe plus.

Inspirer. Un, deux.

Jimmy sent la détente du revolver au creux de son doigt, le soleil dans son dos, le souffle de son frère sur sa joue mal rasée. L'envie de tirer demeure, mais elle n'est pas aussi intense qu'il l'avait imaginée car maintenant il voit Randall flotter dans le ciel du désert, vers un banc de nuages d'automne. Jimmy voudrait lui souhaiter bonne chance, être soulagé. Son corps se détend, son rythme cardiaque ralentit, les tremblements cessent.

Expirer. Trois, quatre.

Il s'éloigne de son frère, il s'éloigne de la maison lumineuse aux lignes pures et aux baies vitrées qui donnent sur les montagnes. Il entend la porte se refermer derrière lui et s'en réjouit. Au crépuscule, une brise se lève. Elle rafraîchit son visage. Il a quelques coups de téléphone à passer avant de se rendre au bureau où il tentera de mettre de l'ordre dans tout ce désordre. Soudain, comme un réfugié vêtu de haillons qui fuit un village en flammes, il se retourne pour un dernier regard. À côté d'un rideau ouvert, à moitié dans la pénombre, il voit le visage juvénile de Brittany. Ils s'observent d'un air impassible pendant un moment, immobiles, jusqu'à ce que Jimmy regagne sa camionnette. Il se demande s'il a bien vu ce qui vient de se passer, il se demande si elle l'a regardé avec cette absence d'attachement vers laquelle il marche péniblement, mais avec assiduité. Il ignore si ce combat a une fin, ou si la fin survient quand le combat cesse.

CET OUVRAGE A ÉTÉ ACHEVÉ D'IMPRIMER
SUR ROTO-PAGE
PAR L'IMPRIMERIE FLOCH À MAYENNE
EN SEPTEMBRE 2011

N° d'édition : 418. N° d'impression : 80501
Dépôt légal : octobre 2011
Imprimé en France